EMU	Economic and Monetary Union	経済通貨統合
ESAF	Enhanced Structural Adjustment Facility	拡大構造調整ファシリティー（IMF、1999年に貧困削減・成長ファシリティ PRGFに改名）
ESCAP	United Nations Economic and Social Commission for Asia and the Pacific	国連アジア太平洋経済社会委員会
EU	European Union	欧州連合（従来のECに共通外交安全保障政策、司法・内務協力を加えた総称）
FAO	Food and Agriculture Organization of the United Nations	国連食糧農業機関
FS-X	Fighter Support Experimental	次期支援戦闘機
FTA	Free Trade Agreement	自由貿易協定
FTAA	Free Trade Area of the Americas	米州自由貿易地域
G 8	Group of Eight	先進主要国（日、米、英、仏、独、加、伊、露）
GATS	General Agreement on Trade in Services	サービスの貿易に関する一般協定
GATT	General Agreement on Tariffs and Trade	関税及び貿易に関する一般協定
GCC	Gulf Cooperation Council	湾岸協力理事会
GDP	Gross Domestic Product	国内総生産
GEF	Global Environment Facility	地球環境ファシリティー
GII	Global Issues Initiative	地球規模問題イニシアティヴ
HDI	Human Development Index	人間開発指数
HIPCs	Heavily Indebted Poor Countries	重債務貧困国
IAEA	International Atomic Energy Agency	国際原子力機関
IBRD	International Bank for Reconstruction and Development	国際復興開発銀行（世銀グループ）
ICBM	Intercontinental Ballistic Missile	大陸間弾道ミサイル
ICJ	International Court of Justice	国際司法裁判所
ICPD	International Conference on Population and Development	国際人口・開発会議
ICRC	International Committee of the Red Cross	赤十字国際委員会
IDA	International Development Association	国際開発協会（世銀グループ）
IDB	Inter-American Development Bank	米州開発銀行
IEA	International Energy Agency	国際エネルギー機関
IFAD	International Fund for Agricultural Development	国際農業開発基金
IFC	International Finance Corporation	国際金融公社（世銀グループ）
IIC	Inter-American Investment Corporation	米州投資公社
ILO	International Labour Organization	国際労働機関
IMF	International Monetary Fund	国際通貨基金
IOM	International Organization for Migration	国際移住機関
IPCC	Intergovernmental Panel on Climate Change	気候変動に関する政府間パネル
IPPF	International Planned Parenthood Federation	国際家族計画連盟
IRA	Irish Republican Army	アイルランド共和軍
IRC	International Red Cross	国際赤十字
IRRI	International Rice Research Institute	
ISO	International Organization for Standardization	
ITER	International Thermonuclear Experimental Reactor	

クリティーク
国際関係学

関下 稔　永田秀樹　中川涼司　編

Analyse Critique des Relations Internationales

マニラのビル群とスラム

東信堂

はしがき

　前回、われわれが立命館大学国際関係学部の教員の共同作業として『プロブレマティーク国際関係』を出版してから、5年が経過した。幸いにして、われわれの学部での基礎演習の教材や、立命館大学内での国際関係論のテキストとしてばかりでなく、全国の大学での同種の科目の教材としても幅広く受け入れられた様子で、執筆者一同、思わず快哉を叫びたい気持ちであった。われわれのささやかな学問的営為が一般に受け入れられ、広く普及していくことは、学問・科学に携わるものとして、至福の思いでいっぱいである。とはいえ、内容面での不十分さや未完成度は措いても、この5年間の世界の激変を考えたとき、よくぞ5年間の使用に耐ええたという思いも正直のところ感じている。そこで、この間の国際関係の激変を考慮に入れ、21世紀世界における国際関係の方向を見据えながら、大学入学時における導入教育の一環としての、基礎演習ならびに国際関係学の入門テキストを新たに編み直す作業に昨年より入った。執筆者も一新し、内容面でも新たな領域を開拓しながら、叙述や体裁にも工夫しつつ編集し直した。その結果、執筆担当者の努力と共同作業、共同討議を経て、ここに新しく『クリティーク国際関係学』を出すことができたことは、編集者一同、欣喜のかぎりである。
　ここでのわれわれの主要な主張点と特徴は以下のとおりである。
　第一に、前回の成果を受け継ぎながらも、今回は問題の領域を大きく広げる努力をして、21世紀世界の主要な問題群に積極的に取りくんだ。その理由は、そのことが学生諸君の問題関心に直接に答えることができると考えられたからである。例えば、国際ボランティア活動やITに関する問題などである。これら最新の問題群を取りあげ、かつそれらを国際

関係論の固有の領域内で扱うことで、学生諸君の国際関係学への関心を高め、その認識を高めることは必定である。またそれに合わせて、執筆者も一新し、それぞれの専門分野の碩学や気鋭を集めた。

　第二に、多種・多様な問題群を多重的・多元的・多面的に解き明かすという国際関係学の特徴を生かして、政治、法律、経済、経営、社会、文化といった伝統的な部門構成をあえて避け、それらを混然一体とした編成にした。そのことによって、この学問分野が既成の学問体系の単なる寄せ集めやそれらの延長ではないことを改めて意識させることを意図している。それは同時に、国際関係学の固有の領域と固有の理論体系への学問的営為を積み重ねる必要を自覚させることにも繋がると考えられる。

　第三に、今回は現実の国際関係の認識ばかりでなく、21世紀世界がどこに導かれるかを展望するため、問題群と現象への、より批判的な接近方法を取るように心がけた。それがクリティークというタイトルの由来にもなっている。もちろん、われわれの最終目標は国際関係学の創造的発展にあるが、そのためには、問題群の把握、現象への批判的見地、そして学問的創造性はいずれも不可欠なものである。そのためのステップを順次、踏んでいくため、今回は、前回の問題群の把握（プロブレマティック）に続いて、現象への批判的見地の重要性という意味で、クリティークとしたわけである。これがさらに肯定的な創造物に進化していくことを望むものである。

　以上が今回の編集方針の基本だが、前回同様、東信堂編集部の下田勝司氏には多くの労苦をおかけした。記して感謝に代えたい。願わくば幅広い読者に認められ、利用されることを願うものである。

　　　2001年早春

　　　　　　　　　　　　　　　　　　　　　編集委員を代表して
　　　　　　　　　　　　　　　　　　　　　　　　関下　稔

目次／クリティーク国際関係学

はしがき……………………………………………………………… i

第1章　国際関係学への招待………………… 松下　冽…… 3
　　本章のねらい（3）
　1　私たちが生きている時代とは……………………………………… 4
　　1　同時代認識の重要性と困難さ ………………………………　4
　　2　グローバリゼーションとは──その現実と課題 …………　6
　　論点1（9）
　2　揺らぐ世界の基本構造……………………………………………… 9
　　1　ネーション・ステート（国民国家）のゆらぎと強靱さ…　9
　　2　国民国家と主権国家システムの基本的原理と構造 ……　11
　　論点2（13）
　3　「グローバル・ソサイエティ」の課題と挑戦 ……………… 14
　　1　21世紀が直面している諸課題 ……………………………　14
　　2　21世紀の国家と社会はどのようになるのか……………　16
　　3　これからのデモクラシーと自律型・地球的市民社会 …　18
　　論点3（21）
　終わりに──国際関係学の構築を目指して……………………… 21
　　参考文献（23）
　　用語解説（25）

第2章　現代の紛争と核兵器拡散………… 中逵　啓示…… 27
　　本章のねらい（27）
　1　冷戦後の戦争…………………………………………………………… 28
　2　いくつかの事例………………………………………………………… 29
　　1　イラクの場合……………………………………………………　29
　　2　北朝鮮のケース…………………………………………………　32
　　3　インド・パキスタンによる核爆発実験……………………　35
　3　地域紛争をもたらしているものと国際社会の対応………… 38
　　論点1、2、3（41）

参考文献 (41)
用語解説 (41)
●コーヒーブレイク　冷戦後の平和と日本の役割 (42)

第3章　国家とNGO
――民主化時代のアジアの鼓動……… 本名　　純…… 45
本章のねらい (45)
1　国家の発展 …………………………………………………… 46
1　植民地主義の遺産………………………………… 46
2　冷戦環境のインパクト…………………………… 47
3　開発国家のひずみ………………………………… 49
論点1 (51)
2　国家の限界 …………………………………………………… 51
1　冷戦の終焉………………………………………… 51
2　NGOの台頭と飛躍……………………………… 52
3　国家の抵抗………………………………………… 55
論点2 (56)
●コーヒーブレイク (57)
3　市民運動の発展と流行 ……………………………………… 58
1　政治アクターとしてのNGO…………………… 58
2　ピープル・パワーとレフォルマシの伝染……… 59
3　国際社会の役割…………………………………… 62
論点3 (63)
参考文献 (64)
用語解説 (64)

第4章　人権の国際化と日本……………… 永田　秀樹…… 65
本章のねらい (65)
1　人権の国際化と国連の役割 ………………………………… 66
1　人権の普遍性と国民国家………………………… 66
2　国際平和と人権との相互関係…………………… 67
3　国連のイニシアティブと日本…………………… 68

2　死刑と代用監獄 ……………………………………………… 70
　　1　日本は人権先進国か……………………………………… 70
　　2　死刑廃止は世界の流れ…………………………………… 71
　　3　代用監獄 ………………………………………………… 74
　3　外国人の参政権 …………………………………………… 74
　　1　外国人の人権…………………………………………… 74
　　　●コーヒーブレイク　2000年版アムネスティ年次報告書から (75)
　　2　外国人に認められる人権……………………………… 76
　　3　日本の現状と外国の事例……………………………… 77
　　論点1, 2, 3 (79)
　　　●コーヒーブレイク (80)
　　参考文献 (81)
　　用語解説 (82)

第5章　「IT革命」とグローバリゼーション…中川　涼司……85

　　　本章のねらい (85)
　1　「IT革命」とは何か………………………………………… 86
　　1　「IT革命」とは何か……………………………………… 86
　　2　「IT革命」の経済的・社会的インパクト ……………… 87
　　論点1 (89)
　2　「IT革命」と国家主権 ……………………………………… 89
　　1　近代国民国家のシステムと電気通信 ………………… 89
　　2　国際システムの形成と電気通信 ……………………… 90
　　3　国際システムの変貌と電気通信技術………………… 91
　　4　国際システムの変貌と電気通信事業規制…………… 92
　　5　新たな国際システムによる制御が必要な諸問題 …… 94
　　　①徴税問題 (94)　②事業規制問題 (95)　③国際刑事問題 (95)　④電子署名 (95)　⑤国際的なデジタル・デバイドへの対処 (96)
　　論点2 (96)
　3　ITと発展途上国開発 ……………………………………… 96
　　論点3 (99)

●コーヒーブレイク　電気通信規制の国際的動向 (100)
参考文献 (102)
用語解説 (102)

第6章　貧困問題と日本の経済協力 …… 高橋　伸彰 …… 103
　　本章のねらい (103)
1　戦後日本の経済成長とその問題点 …………………… 104
　1　キャッチアップから失われた10年への軌跡 ………… 104
　2　誰が、なぜ、より高い成長を望むのか …………… 106
　3　経済成長に反映されない社会的費用 …………… 108
　論点1 (109)
2　途上国の貧困問題と人間開発 …………………………… 109
　1　所得格差からみた貧困の実態 ………………… 109
　2　人間開発の概念とHDI ……………………………… 111
　3　多様な開発の道 ………………………………………… 113
　論点2 (115)
　●コーヒーブレイク　東アジアの奇跡とその後 (115)
3　日本の経済協力 ……………………………………………… 116
　1　日本のODAと援助の理念 …………………………… 116
　2　DACの新開発戦略と日本の責務 ……………………… 120
　論点3 (122)
　参考文献 (122)
　用語解説 (123)

第7章　世界の食料・農業と環境問題 …… 丸岡　律子 …… 125
　　本章のねらい (125)
1　世界は飢えている ………………………………………… 126
　1　日本の飽食と世界の食料事情 ………………………… 126
　2　農業生産の仕組みと構造的問題点 ………………… 128
　3　アフリカ農業の問題点 ……………………………… 130
　論点1 (131)
2　農業と環境問題 ……………………………………………… 131

1　土地劣化の状況………………………………………………131
　　2　農業が引き起こす環境問題…………………………………132
　　3　持続可能な農業は可能か……………………………………134
　　論点2（135）
　3　新たな問題：技術革新と農業評価 ……………………………135
　　1　技術革新と普及………………………………………………135
　　2　農業が環境を守る……………………………………………137
　　論点3（139）
　　●コーヒーブレイク　環境は誰が、何のために守るのか
　　　（140）
　　参考文献（141）
　　用語解説（141）

第8章　ヨーロッパ統合と「共生」 ………… 中本真生子……143
　　本章のねらい（143）
　1　EUと女性………………………………………………………144
　　1　「市民権」と女性……………………………………… 144
　　2　EUの男女平等政策…………………………………… 145
　　3　スウェーデンの男女平等システム ………………… 146
　　4　パリテ：フランスの決断……………………………… 147
　　論点1（150）
　2　ヨーロッパ統合と「外国人」……………………………………150
　　1　「市民権」と外国人 …………………………………… 150
　　2　「ヨーロッパ市民権」とは何か……………………… 151
　　3　「ヨーロッパ人」の形成………………………………152
　　論点2（155）
　　●コーヒーブレイク『カフェ・オ・レ』と『憎しみ』：カソ
　　　ヴィッツの映画に観るフランスの現在（155）
　3　EUと移民――「共生」から取り残される人々……………… 156
　　1　EUと移民……………………………………………… 156
　　2　非ヨーロッパ系移民の現在 ………………………… 158
　　論点3（161）
　　参考文献（161）

用語解説（162）

第9章　グローバル時代の報道とマスメディア……………………………… 大空　博……163

本章のねらい（163）

1　情報革命の中でのテレビと新聞………………………… 164
――第四のメディア・インターネット

1　ケネディ暗殺・初の衛星生中継……………………… 164
①特別番組のハプニング（165）　②おお!! ノー!! と大統領夫人（165）③衝撃が世界を回った（166）

2　メディア新時代………………………………………167
①事故現場からダイレクトに写真（168）　②変わる国際報道（169）

論点1（170）

2　世界の情報・発信のメカニズム ………………………… 170
――情報にはさまざまな"顔"がある

1　特異な存在・新聞大国日本………………………… 170
①7,000万部を超す発行部数（171）

2　情報の現場 ………………………………………… 171
①駆け出し事件記者（173）　②国家機構に回収される情報（173）　③競合する新聞・テレビ（174）　④特派員は孤軍奮闘の日々（174）　⑤世界に広がる取材拠点（175）　⑥海外情報網でも日本は世界一（176）

論点2（177）

3　メディアの寡占化と情報の「南北格差」………………… 177
――世界を正しく読み解くカギは何か

1　国際情報の発信源…………………………………… 177
①通信社情報の偏り（177）　②日本メディアの特殊性（178）　③「報道」と「隠蔽」（179）　④IT時代の落とし穴（179）　⑤メディア・リテラシーのすすめ（180）

論点3（180）
参考文献（180）
用語解説（181）
●コーヒーブレイク　戦場のカメラマン（182）

第10章　文化って何だろう？……………… 原　毅彦…… 183

本章のねらい（183）
1　レッスン1：具体的なものから……………………………… 184
　　1　辞書の中の雑煮………………………………………184
　　●コーヒーブレイク　辞書のおはなし（185）
　　2　自分の雑煮 ………………………………………… 187
　　3　〈私〉ってなーに？…………………………………… 192
　　論点1（194）
2　レッスン2：どこから、どこまで？………………………… 194
　　1　人間と動物…………………………………………… 194
　　●コーヒーブレイク　文化の諸定義（195）
　　2　道具を使う…………………………………………… 196
　　3　近親相姦……………………………………………… 199
　　4　人間と機械…………………………………………… 201
　　論点2（202）
3　レッスン3：文化の分化——異文化へ…………………… 202
　　1　ことばと文化………………………………………… 202
　　2　宗教と文化…………………………………………… 204
　　●コーヒーブレイク　「文化Culture」という言葉の歴史
　　（206）
　　3　文化の進化…………………………………………… 207
　　論点3（208）
　　参考文献（208）

終　章　国際関係学の未来………………… 関下　稔……209

1　グローバリゼーションの進展と国民国家の体系……… 210
　　1　グローバリゼーション・グローバリティ・グローバリズム…… 210
　　2　「市場原理主義」の蔓延……………………………… 212
2　国際関係学の射程とその限界…………………………… 214
　　1　国際関係学の有効性………………………………… 214
　　2　21世紀の新たな問題群……………………………… 217
3　国際関係学を超えて——新たな理論と秩序の模索…………… 218
　　参考文献（220）

クリティーク国際関係学

Prologue

第1章　国際関係学への招待

松下　冽

―〈本章のねらい〉――

　私たちはどのような時代に生き、どのような時代を生きることになるのか。このことを考えることは、私たちが時流に流されずに主体的に各人の生活を築いていく出発点であろう。私たちは、とくに「日本人」は「国家」を当然のものと受け入れ、その存在をあまり意識しない。こうした態度は世界中の人々にとって共通なことであろうか。多くの人々が移民として、難民として「くに」を捨てている。あるいは、国家の政策を拒否して固有の自治を要求している。また、統合や分裂を通じて国家の形態を変えている。なぜなのであろうか。

　今日、「グローバリゼーション」という言葉が普通に使われている。「グローバリゼーション」の進行は世界の人々の生活を豊かにし、潤いを与えるものであるのか。私たち「日本人」にはたしかにその恩恵を受けている部分が多い。発展途上国のすべての人々もそうなのであろうか。そもそも「グローバリゼーション」とは何なのか。それにより私たちが失うものはないのか。

　「グローバリゼーション」が最大限に発展すれば「世界政府」ができないのだろうか。そうすれば、多くの世界の諸問題が解決できるであろうに。これは一つのユートピアである。しかし、たとえ不可能であってもそのユートピアに近づくことはできないのか。

　本章は「世界の基本構造」とその「ゆらぎ」を最低限踏まえて、以上のことを考え、議論するため素材を提供したい。最近では、多くのテキスト、参考書、辞典類等の情報源に事欠かない。そこで、思い切って暗記のための用語説明は省略した。ともかくすべてを疑ってほしい。

1　私たちが生きている時代とは

1　同時代認識の重要性と困難さ

　私たちはどのような時代に生き、いかなる時代を迎えようとしているのか。21世紀に向かう10年の期間だけを振り返っても多くの時代を象徴する言葉が踊っていた。「ポスト冷戦」、「新世界秩序」、「民主化」、「ネオリベラリズム*」、「グローバリゼーション」、「ボーダーレスの時代」、「IT革命」、「国民国家の終焉」、「ポスト・ウエストファリア」、「多文化主義」……等々。私たちが激しく変化する時代に、それも連続的な変化が常態化している時代に生きていることはたしかであろう。自明であった秩序や観念は解体、再編、変容を迫られている。それゆえ、歴史の一時代の終わりを画する時代に生きているという感覚は、漠然としたものであっても私たちの中に共有されていよう。それでは「新たな」時代とは、どのような秩序と関係（国家間、国家と社会、国家と個人などの）を基盤に形成されるのであろうか。この点は当然のことだがきわめて不透明、不確実である。簡単に言えば、われわれは世界秩序の構造的変動の中で地図のない世界に生きているのであろう。

　日々の生活のあまりにも急速な変化、情報通信革命による時間と空間の希薄化は歴史感覚を失わせ、変化の感受性を奪い、その結果、私たちの主体的な思考態度を衰退させる要因になっている。その意味で、私たちは今日ほど主体的に歴史的な位置の確認作業を行うために同時代の認識を深める必要があろう。また、従来の思考態度・方法や理論枠組みを乗り越え、新しい構想力を発揮して新しい秩序と関係を作り上げるためにも同時代を認識する作業は、困難で限界性がつきものではあるが、不可欠であろう。歴史性を欠いた発想や思考態度は危うく脆いものなのである。そこでまず改めて、われわれが生きている時代を問うてみよう。

　イギリスの歴史家、エリック・ホブズボームは「短い20世紀」（1914-1991年）を、①1914年から第二次世界大戦の終結にかけての「破局の時

代」、②1947年から73年にかけての異様なまでの経済成長と社会的変容の「黄金の時代」、③それに続く「危機の20数年」と鳥瞰的に三つの時代に区分している。その上で、「短い20世紀」は熱戦、冷戦を含め「戦争の時代」であったし、「宗教戦争の時代」でもあったと言う。

　ホブズボームが描写する20世紀の特徴的ないくつかの側面を見てみよう。第一に、歴史上最も厳しい飢餓から組織的な大量殺戮にいたるまで、前例のない規模の人間による人間の破壊が行われた「歴史の記録に残っている最も残酷な世紀」であった。20世紀の大量死者数は1億8,700万人と見積もられる。そして、地球規模での超大国の対決とはまったく関係のない戦争が永続的な可能性となった。第二に、「黄金の時代」は経済的、社会的、文化的な転換が大規模に進み、それは記録に残っている歴史上で最大かつ最も急速で根本的であった。また歴史上初めて、単一の統合をますます深めていく普遍的な世界経済が形成された。世界経済は国境を、したがって国家イデオロギーを大きく越えて展開していった。その結果、政治体制、経済体制についての既存の理念が掘り崩された。第三に、冷戦構造の崩壊とも結びついて、既存の「安定的な国際体制」が崩れ、国民国家の亀裂・分裂が進んだ。超国家的、ないし国家間的な経済諸力によって、また分離を企てる地域や人種集団のような国家内的な諸力によって国民国家が引き裂かれた。

　20世紀全体がどのような時代であったのかは、人により、また立場や視点、専門領域により当然、その認識のしかたに違いがある。しかし、今日、私たちが次のような諸現象を経験していることについてはかなりの一致がみられるであろう。第一に、世界は西欧中心に動いていないこと。したがって、西欧中心の発想は、いまだ根強く残っているが克服されるべきである。第二に、財、資本、情報・知識、理念、ヒト、兵器、犯罪、麻薬、汚染、ファッション等々が容易にナショナルな領域を超えて動いている。地球は単一の作業単位となり、社会・経済活動の多くがリージョナルな、あるいはグローバルな規模で組織され、世界の各地域のコミュニティーの運命を複雑に結びつけている。それゆえ、第三に、

従来の学問領域や理論枠組みに依拠しての現状認識や分析では限界がある。例えば、人口や環境の問題、移民・難民・外国人労働者の問題、エイズ・麻薬・犯罪問題などはインターディシプリナリーなアプローチが不可欠になる。第四に、以上の諸点と関連して最も重要な問題は国民国家が絶対的存在でも、自明な枠組みでもないことが明らかになってきたことである。国民国家のイメージは、いわば「独立した権力コンテナー」としての国家から「諸フロー空間としての国家」に転換している(図1-1)。

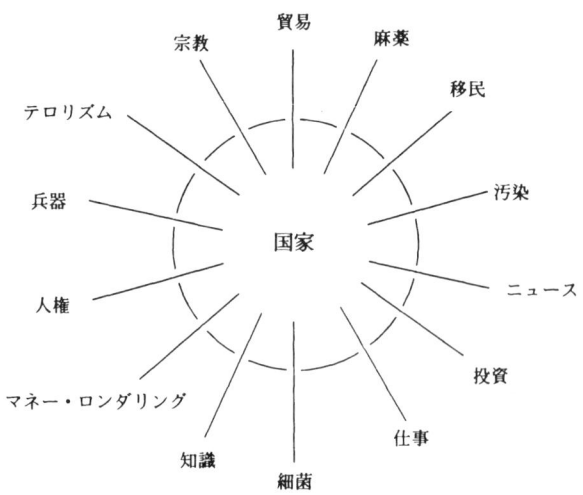

図1-1　フロー空間としての国家

出典) David Held ed., *A Globalizing World? : Culture, Economics, Politics,* The Open University, 2000, p.149

　こうして、21世紀への転換の地平から20世紀をみると、膨大な破壊と犠牲を伴った「世界史の一つの時代が終わり、新しい時代がはじまった」ことは確かなようだ。それでは、私たちはどのような時代に入ろうとしているのか。この問題を考えるためにグローバリゼーションの考察が必要となる。

2　グローバリゼーションとは――その現実と課題

1980年代末から90年代初めにかけて、グローバリゼーションあるいはその関連用語が爆発的に使用され、その傾向は現在にまでいたっている。これは冷戦の終焉により「一つの市場経済」が形成され、その結果、グローバルなものの暴走が起こったことに一因がある。グローバリゼーションは、グローバルな相互連関性の拡大・深化およびそのプロセスと単純に定義できるが、若干の説明を要する。第一に、それは世界のある部分での諸事件、諸決定が地球の異なる部分の諸個人や社会にとって直接的な意味をもつようになるほどに社会的・政治的・経済的諸活動が国境を越えて伸張するようになっていることを意味する。例えば、中国の米作の失敗は、われわれの地方のスーパーマーケットにおける米の高値に反映する。

　第二に、グローバリゼーションは、近代世界システムを構成する国家と社会を超える相互作用もしくは相互連関性のフローやパターンにおける深化あるいは稠密化の増大を含んでいる。世界貿易の拡大により、すべての国家は今やグローバルな貿易秩序の一部を構成している。

　第三に、グローバルな相互作用の拡大と深化は、ローカルなこととグローバルなことの絡み合いの深化と結びついており、その結果、国内的なことと対外的なことの区別は著しく不鮮明となっている。

　第四に、相互連関性は大量破壊兵器の拡散から麻薬のグローバルな売買にいたるまで、多くのトランスナショナルな諸問題を生み出す。これらの問題は、個別政府の活動によって解決されるのではなく多国間あるいは国際協力によってのみ解決できる。グローバリゼーションは、こうして、テレコミュニケーションから原発の安全基準にいたるまでの多国籍な活動領域を調整するための国際組織や多国間メカニズムの拡大を促進する。

　第五に、グローバルでトランスナショナルな相互連関性のパターンの深化と拡大は国家、さまざまな非国家アクター、とりわけ国際政府間組織（IGO）、コミュニティー、非政府組織（INGOとNGO）、そして多国籍企業の間の緊密で、複雑な関係のネットワークをこれまで以上に作り上

げている。

こうして、グローバリゼーションを国民国家や国家的領域を横切る単なるフローやコネクション以上のものを含むプロセスと考えることができるし、それは経済、文化、テクノロジー、政治、法律、軍事、環境、そして社会を含めた現代生活のあらゆる主要な制度的領域においても明らかである。しかし、それぞれの領域において、グローバルな相互連関性の規模、深まり、インパクトは異なっており重層的なプロセスをたどる。そして、重要なことは、グローバリゼーションの全過程が不公正とハイアラーキーを深く刻みこんでいることである。諸国家、諸国民、コミュニティーはグローバルでトランスナショナルなフローとネットワークに不均等に巻き込まれている。グローバリゼーションの不均等な展開は、同時にグローバルな分断化とグローバルな統合のプロセスを推進しているのである。結局、グローバリゼーションは、国連開発計画(UNDP)の『人間開発報告』(1999年)が述べているように、ダイナミックで肯定的で革新的な側面をもちながら、否定的で破壊的で人々をマージナル化する側面ももっているのである。同報告が指摘する驚く

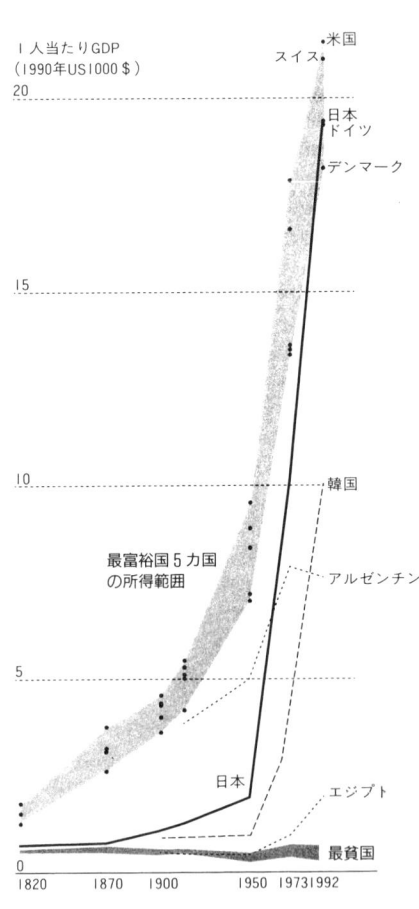

図1-2　19世紀初期以降広がりつつある貧富の差

出典）UNDP『人間開発報告』1999年、50頁

べき実態のいくつかを取りあげてみる。
- 世界全体の不平等は過去2世紀近くにわたり確実に悪化している。とりわけ近年、急速な貧富の格差拡大がみられる。1960年には、最も豊かな国に住む世界人口の20%は最も貧しい20%の人々の30倍の所得があり、1997年にはさらにその差は開いて74倍に達した（図1-2参照）。
- 世界の最も裕福な200人の純資産は、1994年から1998年のたった4年間で4,400億ドルから1兆ドル以上へと膨らんだ。上位3人の資産は48の後発開発途上国全体のGNP合計額よりも多い。
- 違法な薬物取引、武器の密輸、婦女子の売買などの不正の核心には、年間1兆5,000億ドルを稼いでいると見こまれる犯罪組織の勢力拡大がある。これは多国籍企業に劣らない大きな経済力である。
- 今日の文化や文化製品の流れは富める国から貧しい国への一方向に大きく偏っている。米国では、現在最大の輸出産業は航空機でもコンピュータでも自動車でもなく、映画やテレビ番組などのエンターテインメントである。

それでは、現代のグローバリゼーションが既存の世界の基本構造にいかなるインパクトを与えているのであろうか。この問題は、グローバリゼーションの歴史的意味を問うことであり、ウエストファリア体制の基本原理の「有効性」および「ポスト・ウエストファリア」時代の到来の議論にかかわっている。

論点1　あなたが生きてきた時代とはどのような時代であったのか考えてみよう。

2　揺らぐ世界の基本構造

1　ネーション・ステート（国民国家）のゆらぎと強靱さ

1980年末以降、私たちは冷戦終結の過程と平行して主権・国民国家を巡る大変動を目撃した。90年の東ドイツの消滅と西ドイツへの吸収・統

一、91年のソ連の崩壊およびロシア連邦などの諸共和国の誕生・再編、92年のユーゴスラビアの解体・再編とクロアチア共和国など分離独立、さらに93年のチェコスロバキアのチェコとスロバキアへの分離など。こうした主権・国民国家の分裂・解体・崩壊・再編は、歴史的に、とりわけ冷戦構造の下で強制的に組みこまれ、維持されてきた国家のアイデンティティーが危機的状況になったことを示していた。他方、別の方向での国家の相対化が主権国家システムの誕生の地である西ヨーロッパにおいて起こっている。91年のマーストリヒト条約締結(93年発効)はヨーロッパが地域統合に向かう過程において決定的出来事であった。EU統合の動きは戦後、一進一退を続けながら国家単位の国際システムの空洞化を示してきたのである。

　しかし、同時に再確認しなければならないことは、第二次大戦以降、多くの国々が国家的独立を目指し、主権国家を単位とする国際システムがめざましいまでの優位を保持し続けたことである。新興独立諸国では多大な犠牲とエネルギーを払って独立を達成し、最近にいたるまで国家中心主義の考え方が優勢となっていた。その多くの政府は国家建設を急ぎ、国民統合に苦心し、国内秩序を維持し、また国外からの浸透に抵抗力をもつような有効な国家を形成するという課題に取りくんだ。国家主権と内政不干渉の相互尊重に立脚した平和共存の原則の遵守が叫ばれたのはこのためである。

　このように今日、主権国家の分裂的傾向と統合的傾向が顕著にみられ、主権国家単位の国際システムの優位に対して、さまざまな方向から挑戦が次々となされてきた。にもかかわらず、国家中心的な国際システムが依然としてその強靭さを示してきたと言える。それは、今日なお主権国家を求め、あるいはその内実化のための運動が生まれ、エネルギーが注がれていることに大きな理由がある。ここで、主権国家とその国際システムの「強靭さと限界」、そのアイデンティティーの危機の背景などを考える意味で、国民国家および主権国家システムの基本原理と基本構造を考えてみる。

2　国民国家および主権国家システムの基本的原理と構造

　近代「国民国家」の前身は絶対主義国家であった。絶対主義国家は16-18世紀のヨーロッパにおいて近代主権国家の典型として誕生し、近代市民革命の達成とナショナリズムの浸透、そして産業資本主義の発展を媒介として近代「国民」国家へと移行し確立する。その際、国民国家は絶対主義国家から「主権」と「領土」を継承し、主権の主体は君主から「国民」に転換する。そして、「国民」は市民的身分と市民権を確保し、理念的には国家権威の正統性の源泉となった。国民国家は同質な市民から構成されていることを想定しているが、現実には実態とは違っていた。それゆえ、特定の言語や歴史解釈（国語と国史）を浸透させるなどして「国民文化」や「国民統合」を図る必要があった。また、国民国家は暴力手段の効果的管理により、監視能力の拡大と国内平定、つまり秩序維持を図った（権力コンテナー化）。

　他方、複数の主権国家から成立する国際システムが主権国家システムである。しかし、この主権国家システムがアプリオリに世界的政治秩序の規範になったわけではない。華夷秩序*を中心にした東アジア国際体系やイスラム国際体系が存在していたのである。近代の国家間関係の基本的枠組み、すなわち主権国家システムは、30年戦争終結で締結されたウエストファリア条約（1648年）に明文化された。その意味で、近代主権国家システムはウエストファリア体制（西欧国家システム）とも呼ばれるが、それは以下の原則を前提に考えられていた。

　第一に、国家政府に優越する権威は国内・外に存在しない。ここにはウエストファリア秩序の中心的原則である領域性と主権性が組みこまれている。国家はその法的管轄権の限界および政治的権限の範囲が限定された領域的境界をもっている（領域性）。さらに、これらの固定された領域空間において、国家あるいは政府は疑う余地のない排他的支配権を有し、それゆえ境界内の人民に対して法的・政治的権限の究極の源泉を代表している（主権性）。このことを前提に、国際関係における基本的アク

ターは主権国家であり、この主権国家は領域内で人、物、事実に対して排他的に統治を行うことができる（領域主権）。また、主権国家は他国の主権に従属しないから、主権は国家の対外的独立性を意味する（独立権）。主権国家は法的には互いに平等の地位にある（主権平等）。

国民国家の形成は、フランス革命を契機としたヨーロッパにおける政治的再編過程の中で人民が主権の担い手となったこと、その内実を占めるようになったことを意味する（人民主権）。言い換えれば、主権国家領域内に住む市民・人民が政治権力を構成することを承認する点で、国内政治における正統性原理の転換であった。19世紀後半以降、国民国家を形成しようとするナショナリズムの動きはヨーロッパを中心に拡がり、その流れは第二次世界大戦以後には新興独立国家の誕生によりピークに達した。

第二に、国家間関係は基本的にアナーキー（無政府状態）であると想定される。主権国家は、その内部に存在する個人とは違い、共通の政府（世界政府）に従っていないし、そのような政府は存在しない。その意味で「国際的アナーキー」が存在する。しかし、それは完全にはホッブス的自然状態＊に類似していたわけではない。国際法上の実効力はまだ弱いものの、さまざまな運動や世論と結びついて発展してきている。また、世界政府が存在しないことは産業や通商など多岐にわたる経済活動の障害にはならなかった。しかし、国際法上は戦時こそが国際関係の常態であったし、国家は最終手段としての軍事力を含むあらゆる手段を動員して国家目標を達成しようとしてきたことも歴史的な事実であった。

第三に、明確に規定された領域内における軍、警察など暴力装置の首尾よい独占は近代国家の重要な特徴であり、西欧国家システムにおいてこれら諸国家が対峙することになる。国際政治において政府は国家の名においてさまざまな権限が与えられており、したがって、主権国家間の公的外交関係は外交官もしくは政府機関を通じて調整された。18世紀以降のヨーロッパでは、内政と外交の区別を前提に勢力均衡に配慮しながら国益が追求された。

以上の特徴をもった近代の国家関係の基本的枠組みは、今日大きく変容しているが、主権・国民国家そのものも多くの矛盾を内包し、強い虚構性を帯びていたことに注意しなければならない。例えば、多くの場合、国民国家はナショナリズムの象徴を意図的に育成したり操作して、ナショナリズム感情と国家の領域との一致を図らなければならなかった。このために、国家の領域内のさまざまな集団や階級にとって明らかに矛盾をもたらす政策を実施する際、国民共同体全体の支持を結集するために国民連帯意識や「国民の利益」などを掲げたナショナリズムが利用された。発展途上諸国においてはこの虚構性は、今日、私たちが目撃しているとおり日々証明されている。地縁、血縁、民族、部族、種族、言語、宗教など幾重にも差異のあった諸地域が独立して国民国家をつくったのであるから当然のことと言える。

　このように国民国家は虚構の上に構築されるとしても、それが社会的存在として国民の意識の中に深く根をおろすようになり、国民生活の枠組みとして実体化してくる。19世紀以降の歴史は国民国家の実体化、現実化の発展・強化を示している。そして、国民国家の成立・発展はその内部と国外に二重の支配を構築していく過程でもあった。すなわち、国内的には社会の深部と細部にわたって統合的・統制的な権力機構とイデオロギー装置を発展させた。同時に、世界的規模での不均等な、ハイアラーキーな諸国家間関係が形成されていった。この関係は先進地域とその他の地域との間の階層化だけではなく、先進地域内部での「辺境」地域の形成という形でも進んだ。こうした世界的規模での階層化は、資本主義世界経済のグローバルな展開過程と密接に関連していた。

> 論点2　『「日本人」をやめられますか』『日本人をやめる方法』という本がある。これらの設問にあなたならのどのように考え、どう答えますか。

3 「グローバル・ソサイエティ」の課題と挑戦

1 21世紀が直面している諸課題

　グローバリゼーションの不均等な展開が世界の人々を分極化し、一方の極に人々をマージナル化する側面をもっていることは初めの部分で述べた。ある人はこれを「地球大のアパルトヘイト構造」と表現する。社会学者ピエール・ブルデューは、グローバリゼーションの神話的側面を強調し、ネオリベラリズムを激しく批判する。国際政治学者スティーヴン・ギルはグローバリゼーションの不可避性を否定し、ネオリベラリズムは経済的機会の拡大を目指す政治勢力によって意図的に作りだされた点を強調している。「国家の退場」や「市場の勝利」で象徴的に表現されるネオリベラリズムは、資本主義を自己変革できるのか。

　これまで述べてきたように、国民国家と国民国家システムは部分的にその変容を蒙りつつも、強靭さを維持している。またそれらの限界、虚構性、ゆらぎも明らかであるが、それに替わる新しい世界秩序の見通しは当面、現実化しそうにない。しかし、今日のグローバリゼーションの展開とともにいっそう深刻化している地球的問題群（グローバル・プロブレマティークあるいはグローバル・イシュー）に対して、グローバルな対応と解決策が不可欠であろう。そこで、まず、21世紀の私たちが直面している緊急課題を再度検討してみよう。

　スーザン・ストレンジは以下のように警告した。地球温暖化、環境保護、核兵器と原子力発電所の管理、人権保護、国際貿易と知的所有権など、これらすべての事がらに関して国際政治システムは、領土的に境界を画された諸国家の主権（すなわち干渉を受けないこと）という時代遅れの原則に基づいており、社会的あるいは道義的な責任感をほとんどもち合わせていない世界市場の強大なパワーに対して、悲しいまでに遅れをとっているのである、と。

　環境問題ひとつを取りあげても、その解決は人類にとって決定的に緊

急を要する問題であり、無制限の利潤追求に駆られた世界経済とは両立不可能である。明らかに、市場経済の社会的不公正や環境問題に対処するため公共の利益を代表する公権力の何らかの形態がこれまで以上に不可欠であろう（第7章参照）。

　ソ連の崩壊と労働者階級および労働運動の凋落・解体に励まされて、自由貿易主義と市場万能主義のイデオロギーは国民国家の諸機構を弱体化、無力化することに成功し、今のところその勢いを増している。その結果、最低限、市民を保護していた国家の社会福祉的機能を喪失させている。その一方で、国家はコンピュータの発達と相まって市民の行動を監視・統制する能力を強化している。民主化の「第三の波」が論じられ、自由民主主義がグローバルな文明にとっての政治的基準を獲得したと思われたまさにその時、グローバリゼーションの諸力が自由民主主義を時代遅れにしているようにも思える。国民の多数が政治から手を引き、国民のさまざまな基本的問題を政治的エリートに委ねていると思える現象もみられる。メディアが政党と選挙制度よりも重要な政治過程の要素になる可能性も否定できない（第9章参照）。

　グローバリゼーションは民衆やマイノリティーの文化とアイデンティティーの問題をも提起している。EU統合により経済的に、またある程度、政治的・文化的にもヨーロッパ人としてのアイデンティティー感情が深まった反面、競争と市場主義信仰への強い抵抗が生じ、サブナショナル・アイデンティティーや地域主義も強まっている。EU統合過程でみられたデンマークやフランスでの民衆の反応、フランドル地方、カタロニアとバスク地方、スコットランド地方などのサブステイト・ナショナリズム、そしてイタリアの北部同盟の台頭など。北米では1994年のNAFTA[*]の発足により、国民統合を巡る諸問題が深刻化している。メキシコでは南部チアパス州で先住民族の反乱が起きており、カナダではケベックの政治エリート層に対する抵抗が激しくなっている。その他、イスラム復興運動やヒンドゥー改革運動など世界のいたるところで起こっているエスニシティーや宗教を巡る対立、分離独立や自治要求などの運動も固有

の歴史的・社会的背景があるが、冷戦後のグローバリゼーションとの関係を無視できない（第2・8・10章参照）。

　簡単に20世紀末の地球規模での目立った政治・経済・文化・環境などを振り返っても、重要かつ緊急な課題が21世紀に引き継がれた。そこにおいて、中心的課題はグローバリゼーションがグローバルなリスク・ソサイエティを生み出しつつあることであり、それに対してグローバルな諸決定を行う権力関係の在り方、新しいグローバルな民主主義とガバナンス*の在り方が問われている。

2　21世紀の国家と社会はどのようになるのか

　グローバリゼーションの諸力によって国民国家あるいは国民政府は衰退しつつあるのだろうか。ウエストファリア体制において資本主義経済も民主主義も国民国家の領域内で発達することが暗黙のうちに想定されていた。すなわち、それは国民経済であり、「国民の代表を通じての民主主義」であった。しかし、資本主義経済は、そして民主主義も国境を越えてグローバル化している。もちろん、資本主義経済のグローバル化の方が圧倒的に先行しており、資本主義経済の民主的コントロールはますます困難になっているのだが。こうした状況の中で、国家は領域性と主権性の名の下にその役割と機能を制約され、グローバリゼーションに対抗できないのであろうか。あるいは、国家はグローバリゼーションとの関係でウエストファリア的諸原則を再規定・再構成しようとしているのか。

　グローバリゼーションの諸力によって国民国家が衰退に向かっているという認識は正しくない。反対に、国家がさまざまな点で強力であり続けていることは安全保障、租税、教育等の諸政策をみても明瞭である。しかし、グローバル・ポリティクスの環境の中では、国家はグローバルな、リージョナルな、そしてローカルな諸力に挟まれてその役割や機能を調整し、再定義しなければならなくなっている。例えば、国民国家の政治空間を画する領域性の原則は、政治権力と権威が多様な規模で組織

化されている今日の世界においてますます対立的になっている。グローバリゼーションの諸力の下で、重複する運命共同体と国境を越える諸問題は、政治コミュニティーと政治権力の新たな枠組みと位置づけを必要としている。

　領域的に分割できない絶対的公権力としての主権的権力の観念も必ずしも浸食されているわけではなく、再規定されているのである。多層的ガバナンスの複雑なシステムの中で、主権はさまざまなレベルでの公的権力の中で交換・共有・分割されている。また、主権国家を超える世界政府のような権威が存在しないという意味で、国際社会は未だアナーキーな世界とも言えるが、今日の世界秩序はさまざまな諸層の間で政治的権威が共有され、分割されており、多くのエージェンシーがガバナンスを共有しているシステムであるという視点からするとヘテラーキー

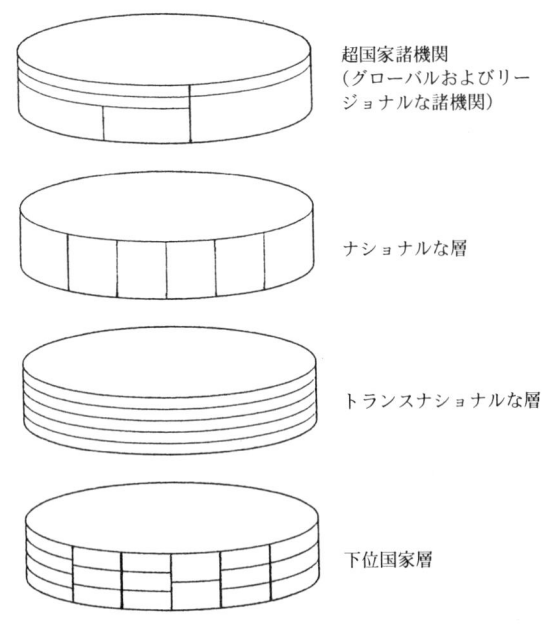

超国家諸機関
（グローバルおよびリージョナルな諸機関）

ナショナルな層

トランスナショナルな層

下位国家層

図1-3　多層型グローバル・ガバナンス

出典）図1-1に同じ。p.143

(heterarchy) という主張もありうる。

　以上の論点は、多層的なグローバル・ガバナンスの中で国家の位置を考えると説得的であろう。第二次世界大戦後に形成された協調の諸機関およびネットワークを強化しつつ、グローバル・ガバナンスの基礎構造は複雑で多層的システムへと発展した。このシステムは超国家（スプラ・ステイト）、下位国家（サブ・ステイト）、そしてトランスナショナルの三つの異なる層としてみることができる。これらの三層の間にナショナル・ガバメントの層が挟まれている（図1-3参照）。

　結局、グローバル・ポリティクスの出現は国家の終焉を意味するのではなく、むしろ国家の再編・再構築の必要性を示しているのである。そして、グローバル・ポリティクスは重複する運命共同体の存在ならびに人間の諸問題の管理・運営における多層的グローバル・ガバナンスを承認している。こうして、ウエストファリア的理念に基づいた国家はネットワーク型国家におき換えられつつある。ネットワーク型国家は、グローバルな、リージョナルな、トランスナショナルな、そしてローカルな支配およびガバナンス・システムの交差する場でその権力を再構成しようとしている。この文脈において、国家権力の浸食を語ることよりもその転換ないしは再構築を語るほうが意味があると言えよう。

3　これからのデモクラシーと自律型・地球的市民社会

　これからの民主主義は、古典的な主権国家システムの時代とは違った民主主義の新しい視点が必要であることはこれまでの議論から明らかである。その第一は、国民国家の主権原理を正統性の根拠として強権的支配をしばしば顕在化させてきた国家権力の暴力性を制約し、とりわけ少数民族や社会的弱者、体制反対勢力の自由と基本的人権を完全に尊重する条件とシステムを作り出すことである。第二に、国家と資本の論理に優先する諸価値、すなわち生命、健康、自由、平等、生活条件、環境などに普遍的な価値を付与することである。しかし、第三に、グローバリゼーションが進展する状況において、民主主義は一国レベルにとどめる

ことなくグローバルな視点が要請され、新たな国家の再構成と結合されることが重要であろう。

こうした方向での民主主義の転換はグローバルなレベルを含めたその担い手および市民社会の形成の問題を提起することになる（第3・4章参照）。ここで注目したいのは非国家アクターの中でも、とりわけ新しい社会運動とNGO（非政府組織）である。新しい社会運動は、従来の階級基盤の運動とは異なるタイプの社会運動で、学生運動、エコロジー運動、フェミニズム運動、平和運動、エスニシティー運動、地域主義運動、スラム改善運動、人権と民主主義の擁護の運動、解放の神学にみられた教会の諸活動などがあり、多様な課題に取りくんでいる。その特徴は、国家中心的発想に批判的で、アイデンティティーや自己決定性を強調し、生活領域を重視し、直接民主主義への指向性が強い点にある。この運動はその組織力や持続性の点では不安定であるが、人類的な新しいアイデンティティーに立脚した新しい政治秩序を構想するため重要な主体的構成部分を担える。

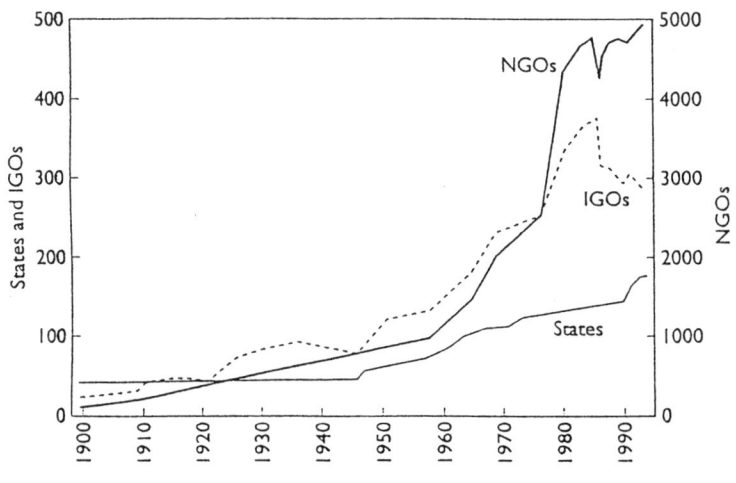

図1-4　1900年以降のIGOsとNGOsの成長

出典）Held et al., *Global Transformations : Politics, Economics and Culture*, Polity Press, 1999, p.151

国際NGOの活動も注目を集めている。現在、その数は1万5,000団体にのぼっていると言われる（図1-4参照）。NGOは従来国家の守備範囲であった分野を含め、平和、軍縮、開発、環境、人権などあらゆる分野で行動している。最近では、「国際地雷禁止キャンペーン」（ICBL）が、1997年の対人地雷全面禁止条約締結で示したように世界を動かす主体になっている。NGOはそれぞれの社会を超えて資源、情報および権力を調整するトランスナショナルな政治的結合および組織の重要性が増大していることを示している。草の根のレベルからグローバルなレベルに及ぶこうした新しい社会運動やNGOの活動は、新しい種類の「ネットワーク・ポリティクス」を生み出している。それは、グローバル資本の支配に対する抵抗の動員、組織化において、グローバル市場とグローバルな諸制度を世界の人民の利益のために機能させようとする。

　その他に、注目しておきたいことは「市民社会」についての最近の議論である。主に東欧諸国の民主化経験の中から「市民社会論のルネッサンス」とも言える状況が生まれている。市民社会概念はもともと思想史的背景をもっており、多義的であるので深入りしない。ここでは、本章との関連で2点について述べておきたい。第一に、東欧諸国の連鎖型民主主義革命において市民社会という概念は、「政党支配型国家に抵抗しうると想定される社会諸階級や関連諸制度」を含み、「強固な政治体制に対する抵抗の戦略」と結びついた「実践的性格の強いもの」であった。また、政治の場を国家や政治制度から広義の社会諸関係へと移して、「市民権の回復を求める声が底辺から発せられる」ことを可能にし、その結果、「国家に完全に管理されることのない自律型市民社会」を主張することが目的とされた。簡単に言えば、専制的・抑圧的国家に抵抗し、同時に民主主義を達成・深化させる概念として市民社会が認識された。第二に、市民社会に「市場」を含めるのか、排除するのかについては議論が分かれている点である。この問題は、今日、とくにグローバル資本との関係で重要な意味をもつ。

　グローバルな時代における新し社会運動と国際NGOの活動およびそ

れらの役割と市民社会論とを結びつけて、地球市民社会（グローバル・シビル・ソサエティ）の登場を想定する議論もある。21世紀の民主主義的構想として興味深い議論であろう。同時に、NGOや市民社会を無条件に賛美することは、市場主義を唱え、国家や政府の役割の抑制を強調し、構造調整政策をおしつけているネオリベラリズムに足をすくわれる危うさもある。先進国はもちろん、発展途上諸国の多数の諸国でも国家は最低限の社会福祉的機能をもっていたのである。

> 論点3　本章で描いた「国際関係学」の視点から、今後の日本政府および私たちは具体的に何を求められていると考えますか。

終わりに——国際関係学の構築を目指して

　これまで述べてきたことから私たちは何を言えるのか。つまり、私たちはどのような時代に生きていて、どのような課題を抱え、どのような展望を切り開こうとしているのか。そのための「国際関係学」を構築できるのであろうか。もちろん、これらすべての問いは複雑であり、明確で一義的「答え」などない。立場やアプローチや認識の相違によってその「答え」は多様であろう。したがって、本論は一つの意見であり、議論の素材提供の意味をもてば十分である。各人がこの議論に積極的に参加することが望ましい。その前提は、「現実」を疑い、「現状」を相対化することから始まるのであろう。以下、最後に「国際関係学」にかかわる若干の「事実」と論点を要約しておこう。　第一に、これからも急速に進行するであろうグローバリゼーションが、環境問題を初めとして「地球的問題群」を引き起こしており、これに対して一主権国家では解決不可能な深刻な事態が進んでいること。第二に、グローバリゼーションは不均等・不平等に進行し、地球規模の貧困と差別を増大し、格差を拡大しており、いわば「地球大のアパルトヘイト」を生み出していること。第

表1-1 トップ企業の総売上高は多くのGDPを上回る〈1997年〉

企業または国名	GDPまたは総売上高（10億$）
ゼネラルモータース	164
タ　イ	154
ノルウェー	153
フォードモーター	147
三井物産	145
サウジアラビア	140
三菱商事	140
ポーランド	136
伊藤忠	136
南アフリカ	129
ロイヤルダッチ・シェルグループ	128
丸　紅	124
ギリシャ	123
住友商事	119
エクソン	117
トヨタ自動車	109
ウォルマートストアーズ	105
マレーシア	98
イスラエル	98
コロンビア	96
ベネズエラ	87
フィリピン	82

出典）*Forbes Magazine*, 1998

三に、これらに対して主権国家間からなる各種の国際機関が多数設立されてきたが、より重要なことはNGOのような非国家的アクターが急速に増加し、国家領域を越えた広範な活動を積極的に展開し大きな影響力を及ぼしていること。第四に、「私的」アクターである巨大でグローバルな「私的」資本の活動は、ある面ではかなりの主権国家の能力を上回っており、公的秩序や公共空間を破壊し従属化させている事例も見受けられること（表1-1参照）。第五に、冷戦の終焉が「平和の配当」を確実に保証していないのみならず、むしろ冷戦の終焉が地域紛争を触発するという逆説がみられた。また、兵器、麻薬、犯罪が規模を拡大して自由に国境を越えているという新たな状況がある。さらに、国境を越えて移動する資本に対する課税の困難さがある。これらの点は、暴力の独占や徴税といった国家の基本的機能の衰退・空洞化を示している。第六に、国家は、一方でのトランスナショナルな動きと、他方での地域主義的運動に挟まれている。この意味でも主権国家の相対化が進んでいる。

　グローバリゼーションと関連したこれらの事実が私たちに提起していることは、第一に、これまでの学問体系を脱構築せざるをえないことである。現在、グローバル・イシューに対して学際的アプローチが要請されよう。そして、第二に、国家中心型の世界秩序の欠陥は明らかであることである。主権国家システムと国民国家システムを超えた「ポスト・ウエストファリア」的秩序の模索が要請されている。また、このことは、

「国際関係学」の分析枠組みをグローバルに設定すること、同時に市民・民衆の生活レベルからのアプローチが不可欠になる。だが、第三に、国家はグローバリゼーションの下で「諸フローの空間」としてのイメージを強めつつ、多くの根本的挑戦を受けている。しかし、国家は廃棄・解体されることはなく、むしろ新たな意味をもって再編されることが必要であろう。第四に、人間生活の向上と富の平等は、配分および生態系バランスの安定に貢献するような国境を越える民際的で民主的な社会的諸勢力によって構成されるグローバルで民主的な市民社会の可能性を追求することが困難だが必要である。第五に、「公的なこと」と「私的なこと」の区分が不明瞭になっている状況の中で、積極的な「公共空間」の創出と位置づけが求められよう。最後に、市場とビジネス優位の、そして大国中心の発想と文化に同質化されず、また単に拒絶することなくそれらを克服することが求められよう。それらはナショナルな、そしてローカルな文化の発想と創造的に結びつけられ、交差することにより豊かになる。今日、多くの少数民族は、彼らの多様で固有な文化的・言語的共同体を破壊され、自分たちのアイデンティティーを喪失する危機に直面している。彼らのアイデンティティーとその基盤を重視・承認し、保障することは21世紀のグローバル社会と文化を豊かにする基盤でもある。多少、網羅的になったが、これらの内容を取りこんだ「国際関係学」の構築が求められている。

〈参考文献〉
1）エリック・ホブズボーム『20世紀の歴史』（上・下）三省堂、1996年
　著者自身が生き抜いてきた激動の20世紀世界の歴史を政治、経済、軍事だけでなく、科学技術、芸術・文化を含めて全般的に描いた自叙伝的著作。20世紀総括の基本書。
2）鴨武彦他『グローバル・ネットワーク（岩波講座 社会科学の方法 第XI巻）』岩波書店、1994年
　国民国家とその変容を考察するための専門的論文集。国家のアイデンティティー、国際機構、自治体の国際戦略、民族・エスニシティ、人の移動、世界秩序と戦争などを含む。

3）山之内靖『ゆらぎのなかの社会科学（岩波講座 社会科学の方法 第Ⅰ巻）』岩波書店、1993年
　　システム社会と歴史の終焉、国民国家と世界経済秩序のゆらぎ、苦悶する民主政、社会主義認識の方法的反省など、ゆらぎの中にある社会科学を検討した専門的論文集。
4）坂本義和編『世界政治の構造変動』（全4巻）、岩波書店、1994年
　　国際政治と国内政治とを包括する「世界政治」の視点から、世界的構造変動の意味を問いその認識枠組みを検討する。世界秩序、国家、発展、市民運動の4巻からなる論文集。
5）ヘドリー・ブル『国際社会論』岩波書店、2000年
　　世界政治秩序の性質、現代国際システムにおける秩序、現代主権国家システムにかわる選択肢などを考察するE.H.カーの流れをくむ「英国学派」のブルの古典的主著。
6）アンソニー・ギデンズ『国民国家と暴力』而立書房、1999年
　　ギデンズの独自概念（「再帰性」や「構造化」）を国民国家、資本主義、工業化、政治的暴力などに適応させ、その有効性を確認し、モダニティー分析を素描する。
7）田口富久治・鈴木一人『グローバリゼーションと国民国家』青木書店、1997年
　　グローバリゼーションが主権的・領域的国民国家および国民国家システムにどのようなイムパクトを与え、それらの変容をもたらしてきたか歴史的展開を踏まえて平易に考察。
8）アンソニー・マクグリュー編『グローバリゼーションの民主化』日本経済評論社、2001年
　　グローバリゼーションの諸問題を総括し、リベラル・デモクラシーの限界性を軍事、環境、女性運動、人権、多国籍企業、EU、国連システムなどとの関連で考察する。
9）小林誠・遠藤誠治編『グローバル・ポリティクス』有信堂高文社、2000年
　　故関寛治氏のグローバル・ポリティック構想から知的刺激を受けた執筆者たちによる既存の国際政治理論の限界に挑戦する論考。国際政治学の課題を深める応用編。

用語解説

ネオリベラリズム
サッチャー、レーガン政権など80年代以降の西側の民営化や規制緩和政策に大きな影響を与えた経済思想で、F.A.ハイエクやミルトン・フリードマンに代表される。古典的な自由放任ではなく、法の支配の下における自由と自由競争を説く。政府の役割はケインズ的な管理者ではなくレフェリーにあるとされる。債務危機の解決をめぐってIMFなど国際金融機関が融資条件として債務国に採用を求めたこともあって、急速に途上国に広まった。緊縮財政や外資導入、国営企業の民営化、リストラ、公共料金引き上げ、補助金カットなどを進めた。

華夷秩序
中国を頂点とし、同心円的に位置する東夷、南蛮、西戎、北狄を中央の皇帝の徳治によって強化する東アジアの中心－周辺関係をなす国際システム。この華夷秩序を維持する政策的手段として「朝貢－冊封」関係が存在した。

ホッブス的自然状態
ホッブスの描く自然状態は、人間は自己保存のために「自己の欲するままに」自然権を行使し、他人の自然権の侵害を禁ずる法も道徳もなく、その必然として「万人の万人に対する戦い」の状態となる。このように自己保存が相互破壊にいたる自然状態の矛盾を克服するために、自然権の相互譲渡によって自己保存の最適手段として平和の道を追求した。

NAFTA
米国、カナダ、メキシコの3か国が貿易・投資の自由化に関して結んだ北米自由貿易協定のこと。94年1月に発足。人口3億8,300万人、GDP 8兆5,000億ドルの市場が誕生した。

ガバナンス
ガバナンスとは、一般的にもの事を管理・運営していくための諸ルールの体系をいい、グローバルなレベル（グローバル・ガバナンス論）、国家レベル（行政学や開発研究でのガバナンス論）、組織レベル（コーポレート・ガバナンス論）などで使用される。

Conflicts

第2章　現代の紛争と核兵器拡散

中逵啓示

―〈本章のねらい〉―

　人間が生命体である以上、社会にとって構成員の命を守ることは最優先される課題である。いやむしろ人間は、自らや愛しい人達を守るため、集団や社会そして国家を形作ってきた。しかし、近代以降の国際関係において、国家や集団間の永続的平和を提供する仕組みを発達させることが出来なかったため、人類は繰り返し悲惨な戦争を繰り返してきたのである。

　そして人類は20世紀前半には未曾有の世界戦争を二度までも経験することとなった。以来世界平和は悲願となり、戦争と平和について研究する学問として国際政治学が発展してきた。しかし、広島・長崎を経験した後も、東西両陣営による冷戦が国際関係を長年緊張させてきた。そればかりか朝鮮半島、ベトナム、アフガニスタン等で冷戦は熱戦化し、限定戦争と呼ばれても実際には多くの犠牲を伴った戦争が勃発した。やがて共産主義と自由主義的資本主義による世界規模での闘争は終了し、それとともに世界平和への期待は再び高まった。

　しかし冷戦が終わっても世界から紛争はなくならなかった。それどころか民族、宗教、領土等を巡って地域紛争が頻発している。本章のねらいは、冷戦後の地域紛争の態様やそれらが持つ重要性について理解しようとすることにある。

1 冷戦後の戦争

　冷戦が終わり世界大戦の可能性は遠のいたと言われる。しかし、冷戦終焉（1989-91年）直後にみられた世界平和到来に対する高い期待は、湾岸戦争（1991年）の勃発によりもろくも潰えた。その後、ソマリア、ルワンダに代表される中央アフリカ地域での度重なる紛争、ロシアのチェチェン介入に象徴される旧ソ連中央アジア地域の混乱、旧ユーゴスラヴィアの分裂とそれに伴い繰り返された武力衝突等々、地域紛争が数多く発生している。エルサレム周辺やカシミール地方などでみられる、本格的な戦争にいたらない暴力行使も加えれば、まさに枚挙に暇がないありさまである。人の命がかけがえのないものである限り、たとえ世界大戦が勃発しなくても、こうした地域紛争によって失われていく多くの命は軽視されるべきではない。残念ながら人類は、紛争解決の手段として武力行使を選ぶことのない段階にまで到達していないと言えるかもしれない。いやむしろ今後相当程度の長きにわたり戦争は国際関係学の主要研究対象であり続けるであろう。そこでこの章では冷戦後の紛争の特徴について考えることにする。

　冷戦後の安全保障問題には、①地域紛争（民族・宗教対立）の続発と②核兵器開発を進める国家の増加（核拡散）という二大特徴があることが次第に明らかとなってきた。そして危惧されるのは紛争地帯の国家ほど核兵器開発に傾斜する傾向がみられることである。つまり二つの危機に結合現象が現れつつあるのである。そうした場合起こりうる一つのシナリオは、火種（地域紛争）が大火災（広島、長崎に続く甚大な核被害）を招くという悪夢である。世界はこうした新たな危機の高まりに対応できるのであろうか？

　冷戦後の地域紛争は何を原因に誰が起こしているのだろうか。紛争はまったく新しい性格のものであろうか、それとも長年にわたる歴史的背景があるのであろうか。世界中で頻発する地域紛争に国際社会はどのよ

うに対応しているのであろうか。国連を中心とするさまざまな国際機関はどのような役割を果たしているのであろうか。冷戦後唯一の超大国とも呼ばれるアメリカは問題解決の中心にいるのであろうか。それから日本を初めとする米国以外の主要国はどのように行動しているのであろうか。本章では、地域紛争の具体的事例として湾岸戦争、北朝鮮による核開発疑惑、そしてインド・パキスタンによる核爆発実験問題を取りあげ、上記のさまざまな疑問についての解答を見つけだす努力をする。

2　いくつかの事例

1　イラクの場合

　冷戦の終焉とほぼ時を同じくして開始され、参戦国数やその規模の面から冷戦後最大の軍事紛争と言えるのが湾岸戦争である。1990年8月、わずか2時間の交渉の後、領土問題を理由に当時アラブ最大を誇ったイラク軍が、無防備な隣国クウェートに侵攻しその併合を強引に決めたことから問題は始まった。イラクの行動に国際社会は強く反発し、国際連合が撤退を求めたがイラク軍が応じなかったため緊張はいやがうえにも高まった。

　イラクの独裁者サダム・フセインの論理では、イラクとクウェートがそれぞれ別の独立国となったのは、旧宗主国である英国が元来一つであったはずのアラブ世界を分割統治したためであった。したがってイラクとクウェートが併合されるのは当然のことなのであり、イラク軍によるクウェート進駐は反西洋的な勇気ある行動でもあったのである。このようにアラブ地域を一つの領域と考え全体の統合が図られるべきであるとする考え方を汎アラブ主義と言う。

　しかしイラクの行動が問題であったのは、クウェートが併合にまったく合意していなかったということと、武力によって強制的に行われたという事実であった。危機の背景にあったのは、汎アラブ主義という思想

と独立国がいくつも併存するアラブの実態との乖離だけではなかった。それ以上に重要であったのはアラブ諸国間に、豊かな石油資源を所有する持てる国とそれを持たない国との格差があったことである。イラクは格差を英国によって人為的にもたらされた資源の片寄った分割だと説明した。そのためイラクの行動は現状に不満をもつアラブ人達の反西洋感情を部分的に満足させるものでもあった。

　もちろん実際にはアラブ世界はこうした説明よりもはるかに複雑であった。当時のイラク情勢は、人口が爆発的に増加する一方イランとの長年の戦争によって国土は荒れ、国からの指令による経済は負担に耐えかね、政治は崩壊寸前であった。絶望と不満に耐えかねた兵士達が南のクウェートを目指した背景にはこうしたことがあったのである。さらにフセインの汎アラブ主義の呼びかけにもかかわらず、実際にはアラブ諸国は、依然王政をいただくサウジアラビア、クウェートのような諸国から、急進的な社会主義を信奉するリビア、イラクのような国々までさまざまな政治体制を採用しており、合意に基づくアラブ世界の統一は夢物語だったのである。そのことを雄弁に物語っているのは、政治的主張や経済的利害の不一致から、アラブ諸国だけでイラクとクウェートの問題を解決することができなかったという否定し難い事実である。

　そればかりか、自国に対してもイラク軍が侵攻するのではという疑惑を払拭し切れないでいたサウジアラビアは、米軍の駐留を求める決定すらしたのであった。実際イラク軍によるサウジアラビア国境の侵犯がクウェート侵攻当時数回にわたり起こっていた。そしてイラク軍にとって、アメリカ軍による介入さえなければ、サウジアラビアの首都リヤド陥落はたやすいことで3日以内に実現できるとさえ言われていた。加えて当時クウェートから25万〜30万人にものぼる難民がサウジアラビアに押し寄せたのである。またイラクのクウェート併合に対し、チュニジア、アルジェリア、パレスチナの活動家たちは賞賛したが、エジプトやレバノンのイスラム教徒たちはもともと世俗的政治家であったフセインが急にマホメッドの教義の継承を唱え始めたと冷笑し、フセインによる聖戦

(ジハード)の呼びかけを拒否したのであった。

　イラクの行動は、西洋世界をその起源とする国際法の立場からは、主権国家の独立に対する赤裸々な侵犯を意味したため、世界平和に対する波及的な影響を考えると、国連は座視しているわけにはいかなかった。国際法は尊重されるべきであるとするこのような考え方以上に、実際に重要であったのは中東が世界経済にとって最大のエネルギー資源供給地域であったという事実である。クウェートはサウジアラビアに続き世界第二位の石油産出国であり、イラクがさらにサウジアラビアに侵攻した場合世界経済が大混乱を起こすことは必至であった。またアメリカのブッシュ(父親)政権は、イラクの侵攻は誕生しつつあった冷戦後の新秩序に対する露骨な挑戦を構成するとも捉えた。

　このことがあり、アメリカを中心とする主要先進国(中東石油の最大の消費国でもある)は、制裁実施を求めた1990年11月の国連決議の後、イラク軍撤退を求める交渉が不調に終わったのを受け、1991年1月多国籍軍としてイラクに対する武力行使を実施し湾岸戦争が開始された。国連決議が採択された背景にはソ連、中国が最終的には拒否権を発動せず制裁に反対しなかったことも大きかった。

　戦争は多国籍軍の一方的優勢に終始したが、その過程で明確となったのはイラクによる秘密裡の核兵器開発であった。イラクは**核不拡散条約**[*] (Non-Proliferation Treaty, 以下NPT) に加盟し、核施設の査察を担当する国際原子力機関 (International Atomic Energy Agency, 以下IAEA) からも核兵器開発の事実はないとされていただけに、衝撃は大きかった。イラクによる核兵器開発計画は、大量の資金と人材を投入し国際的な資機材調達網を利用したものであることが明らかとなり、核兵器完成一歩手前まで計画が進展していたという見方すら出た。国連はイラクにある核兵器関連施設廃棄のための臨時機関の設置を決め施設の解体を実施した。これによりこの段階では国連はイラクが核保有国となることを阻止することに成功した。イラク政府の抵抗にもかかわらず、それができたのはアメリカを中心とする多国籍軍がイラク軍を破ったという重要な背景が

あったためである。また、当時危惧された今ひとつの重要なことは、イラクが化学兵器を用いてイスラエルを攻撃するかもしれないという危険性であった。そうしたことが実際に起こった場合事態が収拾のつかないものとなった可能性が高いのは言うまでもない。

　それでは紛争の原因はどこにあったのであろうか？　紛争がアラブ世界の在り方に対する考え方の違い、経済格差、政治体制の違いに起因するとすれば、それらは武力的手段によって解決されるものではない。湾岸戦争が意味したのは、問題が暴力によって解決されるべきではないということを、より強力な暴力をもって示したに過ぎないのである。

2　北朝鮮のケース

　朝鮮半島のケースは中東の場合とまた趣を異にしている。それは朝鮮人が、アラブ人以上に、独立した一つの国家・社会・文化を長年にわたり維持し、また日本との併合時代においても単一の行政単位の下で統合状態を継続していたため、彼らの誰もが単一の民族であるという意識を明確にもっているからである。それにもかかわらず第二次大戦後朝鮮民族の悲劇の歴史に新たな一頁を加えることとなったのは、民族の分断と同じ民族内部での殺戮を意味した朝鮮戦争の勃発であった。第二次大戦終了時朝鮮半島で日本軍の武装解除を実施したのは米ソ両軍であった。米ソはそして、朝鮮人自身による独立政府創設までの期間、38度線の北をソ連軍、南をアメリカ軍が一時軍事占領することを決定した。しかし冷戦の進行とともに、次第に米ソは、互いが後援する朝鮮の政治勢力が有利となるよう動くようになり、話し合いによる統一独立政府樹立のための妥協は困難となっていった。また、北でも南でも朝鮮政治勢力間の抗争は熾烈を極め、暴力行為がしばしば行われたため、現地勢力内部においても建設的な合意が成立する余地はなくなっていった。こうして1948年南で大韓民国（以下韓国）が、北で朝鮮民主主義人民共和国（以下北朝鮮）が成立し朝鮮半島は分断されるところとなった。その後米ソ両軍が撤退すると、いよいよ南北の対立は激しさを増し、ソ連の武器援助

を受けた北朝鮮軍は1950年、38度線を越え韓国に対し本格的な軍事進行を開始し朝鮮戦争が勃発した。一枚岩の共産主義勢力による露骨な武力挑戦と捉えたアメリカは、軍事介入を決定ししばらくして戦況が一変すると、今度は中国が参戦し戦いは文字どおり米中戦争となった。結局朝鮮戦争は決着をみず38度線付近での膠着状態のまま休戦を迎えることとなり、朝鮮半島は南北二つの国家に分断されたままとなったのである。

　数百万人の死傷者を出した戦争は南北朝鮮政府に互いに対する強い憎悪の感情を植えつけ、そのためもあり冷戦期間中統一のための話し合いはほとんど進展しなかった。そしてやがて訪れたソ連の消滅（1991年）は北朝鮮の安全保障と経済に大きな打撃を与えることとなった。北朝鮮は軍事的にはソ連による核の傘を失い、経済的には対ソ（露）貿易におけるドル決済を迫られた結果、外貨不足に悩みすでに停滞していた北朝鮮経済に対する、ロシアからの石油の供給は滞りがちとなった。こうして発生した深刻なエネルギー不足は産業の機能不全を生じさせ、工業のみならず、農業においても耕作作業にとどまらず輸送面でも甚大な影響を与え、おりからの自然災害や灌漑政策の失敗が重なり、飢餓状態を広範囲に生じせしめることとなった。一方、ライバル政府である韓国は、アメリカとの比較的安定した安全保障条約を一つの基礎に、輸出志向発展戦略により目覚ましい経済成長を続けた。そうした情勢に北朝鮮政府が強く焦りを感じたとしても不思議ではなかった。

　石油不足によるエネルギー危機を原子力発電所の建設によって解消しようとした北朝鮮は、それによって同時に安全保障問題も解決しようとした可能性が強い。つまり自ら核兵器を開発・保有することによって、失ったソ連による核の傘を代替するという論理である。それに先立ち、国際社会への参加を進めようとした北朝鮮は、韓国とともに国連への南北同時加盟を果たし、NPTにも1985年加盟し、1992年のIAEAとの保障協定の調印後に核関連施設の査察を受け入れることとなった。しかし査察の結果は北朝鮮政府の申告内容と一致せずここに核開発疑惑が浮上す

ることとなった。申告された核廃棄物の分析の結果、これ以外にも未申告のプルトニウムが存在することが判明したのである。ここでIAEAは核施設として申告されていない施設に対しても調査する特別査察を要求したが、北朝鮮政府は新たに査察を求められた施設を軍事施設であるとし特別査察を拒否した。そして1993年3月NPT脱退を通告したため、国際機関としてはそれ以上の打つ手を失った。危機を深刻に受け止めた米国政府は北朝鮮政府との交渉に入った。一時は北朝鮮の核施設に対する外科手術的爆撃も検討されたが、本格的な戦争に発展した場合戦禍が朝鮮半島全域に広がることは避けられず、韓国の強い反対もありアメリカ政府はこれを思いとどまった。

結局、北朝鮮による核開発停止と引き替えに、米国を初めとする関係国が核爆弾製造へのための転用が困難な軽水炉型原発を提供することを条件とし、1994年10月米朝の合意が成立した。この合意遂行のために朝鮮半島エネルギー開発機構（以下KEDO）が設立された。厳しい制裁措置が実施されたイラクのケースとは対照的に、結局北朝鮮の核開発疑惑に対しては原発建設という報酬をもって米国は危機を処理することになったが、韓国の首都ソウルが38度線から数十キロしか離れていないという事実を考えるとこれも致し方のない方法と言えた。韓国を初めとするアジアNIES諸国、東南アジア、中国で進行していた好ましい経済発展を継続するためにも、何としても戦争は回避されなければならなかった。原発提供は、冷戦時代から長年にわたり朝鮮半島情勢を改善することができなかった国際社会が払わなければならなかった代償とも言えるかもしれない。

しかし問題なのは94年の米朝合意で終わらなかったことである。98年8月北朝鮮は多段式ミサイルの発射実験を実施し、ミサイルは日本列島北部を通過しアリューシャン列島近海に着水したのである。テポドンⅠと呼ばれるようになったこのミサイルは大陸間弾道ミサイルに発展できる可能性をもち、日本全土がその射程内に含まれることを意味していた。この実験に対して日本では大きな反発が起こり、北朝鮮に対する一

時的な制裁措置も実施された。しかし北朝鮮によるミサイル開発はこれに始まったことではなく、より射程距離の短いスカッドミサイルは以前から生産・配備されており韓国はそれに対して危機感を募らせてきたのである。アメリカは、不安定な中東地域に対する北朝鮮によるミサイル輸出を警戒しミサイル問題についても米朝交渉を行ってきたのであった。いずれにせよ94年の核疑惑に対する報酬に味をしめた感がある北朝鮮政府は、自ら進める中・長距離ミサイル開発を交渉の材料として使ってきていると言えるかもしれない。

　こうしたことから米朝合意がもたらしたのは、問題の一時的処理に過ぎず、経済破綻の一方、核を含めた極端な軍事増強を行うというアンバランスな北朝鮮の状況そのものが解決されない限り問題が終わらないのは明らかである。そしてそれは朝鮮半島に住む人々の英知にかかっていることは言うまでもない。

3　インド・パキスタンによる核爆発実験

　イラク、北朝鮮のケースと同様に国際社会に対して甚大な影響を与える可能性がある問題が1998年に実施されたインド、パキスタンによる核爆発実験である。その経緯についても簡単に振り返っておこう。

　1947年、長年にわたる独立運動の末英領インドは、イスラム教を奉じるパキスタンとヒンドゥー教徒が多数を占めるインドに分裂し独立することとなった。しかし内部に依然多くのイスラム教徒が居住していたインドは、国教を定めず多民族社会として成立することとなった。しかし南アジアの北部にあり両国に囲まれるように位置していたカシミール地域に関してはその帰属が不明確となった。というのは住民の大多数がイスラム教徒であったにもかかわらずヒンドゥー教徒であった王がインド帰属を宣言してしまったからである。その結果インドとパキスタンはカシミールの領有をともに主張し譲らず、両国はカシミール問題などを巡り今日にいたるまで47年、65年、71年と三度にわたり戦争を行うこととなった。いずれの戦争もパキスタンにとって手痛い敗北を意味した

が、現在もまだカシミールの帰属については最終的な決着をみていない。そして今も両軍は停戦ラインを挟みにらみ合い銃撃事件やパキスタンを支持するイスラム過激派によるテロ事件が頻発しており、地域は緊張状態から抜けだすことができないでいる。インドに対して軍事的に劣勢なパキスタンがカシミール問題を国際調停に託することを望んでいるのに対し、優勢なインドはそれを嫌い国連の介入に反対している。カシミール問題が未解決であるため、インド・パキスタン両国の関係は改善されないまま今日にいたっていると言える。

　インドは、パキスタンのみならず、中国との間にも長い国境があり、ヒマラヤにおける国境線の確定を巡って1962年両国は軍事衝突を発生させインドは痛恨の敗北を喫してしまった。そのためそれまで非同盟を堅持していたインドは、同様に中国との関係を悪化させていたソ連に接近するようになった。中国はインドと関係の悪かったパキスタンを支援するようになり、アメリカもまたソ連とインドの接近を嫌いパキスタンに援助を提供するようになった。

　大国意識の強いインドは、同じように大国意識の強い中国が米ソを意識し1964年核爆発実験に成功すると危機感をつのらせた。1974年インドは対抗意識から初の核爆発実験を実施したが、財政上の理由などからそのまま核保有国への道を邁進せず、その選択肢を温存しながらも抑制の道を選んだ。インドの核実験にパキスタンは当然強い脅威を感じたため、インドに比較しすべての面で弱小であったパキスタンは中国からの核爆弾開発に対する技術支援ならびに弾道ミサイルの輸入などを受けることを決めた。こうして1980年代の後半になると印パ両国はいつでも核兵器保有が可能な程度にまで開発を進めていった。

　1991年のソ連消滅により、アメリカはパキスタンに対する興味を失ったが、インドは防衛上の大きな後ろ盾を失うこととなり、これまで以上に中国を意識するようになった。

　一方、1987年の米ソによる中距離核戦力全廃条約（INF全廃条約）締結は核軍縮の流れを決定的にし、核不拡散問題に関しても1995年のNPT

再検討会議による核不拡散条約の無期限延長に続き、1996年には包括的核実験禁止条約（以下CTBT）が多くの国によって調印された。CTBTの発効には、核保有国、原発等の核施設をもつ国々それにインド・パキスタン・北朝鮮等を加えた44か国による批准が条件となっている。そのため、当然インドに対しても国際社会から調印の圧力が加えられることとなった。それに対してインドは、米国等の核保有国がCTBTの精神に反し臨界前実験*を行っていると非難し、保有国が核兵器を全廃することを約束しない以上、調印することができないと圧力をはねのけた。実はそれまでインドは日本などとともに長年にわたりCTBT調印推進運動を続けてきたのであったが、それまで反対していたアメリカが賛成にまわり条約調印の可能性がみえてくるとその態度を翻したのである。翻意に対する一つの解釈はCTBTが成立した場合インドは核兵器保有の道を閉ざされてしまうというものである。もしそれが事実であるならばインドが核保有国になろうとする限り、CTBT成立以前に核実験を行う必要があった。

　加えて、核保有の意志を公言してはばからないインド人民党（BJP）が政権党となったことが重なり、1998年インドは核爆発実験を実施し国際社会に大きな衝撃を与えた。ヒンドゥー・ナショナリズムによるインド統一やカシミールのインド領有を強硬に唱えるインド人民党が、政権の中核についたとはいえ、それは20もの政党からなる危うい連立政権であった。そうしたBJPが核実験を実施することによって国民の支持を獲得することを企図したとしても不思議ではなかった。実際与党はおろか野党にまで核実験は絶賛され、国民の91％が熱狂的に支持を表明したのである。

　またインドによる実験の背景には核兵器の保有を通じインドを国際社会に大国として認知させたいという願望があったとも言われている。さらに74年当時の科学者から次世代へと核知識を継承することも技術的には重要であった。90年代に入り順調に経済成長を続けていたインドが、国際社会からの予想される経済制裁によってそれが頓挫する可能性

があったにもかかわらず、核実験を強行したのは強い決意の表れと解釈することができよう。

　インドに対抗して早晩核実験を行うと予想されたパキスタンに対して日米を含む主要国による説得が行われたが、パキスタンは自らも核実験を行うことによってインドによる脅威に対応しようとした。実験後も印パによる実際の核兵器配備にまでは一定の時間があるとはいえ、これによって国際社会は新たに核保有国が二つ加わったという冷厳な現実に向かい合わざるをえなくなった。

　米国は、国際社会全体による印パへの経済制裁実施も模索したが、ロシアや中国はそれに応じず足並みは大きく乱れた。結果からみてパキスタンによる核実験を阻止するためには、米国による同国に対する防衛条約の提供が唯一の現実的な選択肢と言えたが、米国もまたそこまでの用意はなかった。結局米国は、インドやイスラムの核とも呼ばれるパキスタンから、核兵器やその関連技術が他の諸国に拡散することを阻止するという、よりつつましい政策目標に縮小・転換することを決め、両国の核保有については事実上黙認することとなった。制裁と報酬という違いがあってもイラクや北朝鮮に対しては核兵器保有を絶対に許さないという選択をしてきた米国ではあったが、印パの動きに対しては対応しないという選択を大筋では採ったとも言える。それはイラクが存在する中東や北朝鮮が位置する北東アジアに比べ、南アジアが重要視されなかったということを意味するのかもしれない。米国を含める国際社会が印パの核実験に示した対応（あるいはその欠如）が、はたして正しい決定であったのかどうかという重要な問いに対する答えを人類はやがて突きつけられることになろう。

3　地域紛争をもたらしているものと国際社会の対応

　冷戦後、北朝鮮とインドが安全保障上の危機を感じ核兵器開発を進め

るようになったのは（あるいはその疑惑を生じせしめたのは）、ソ連の消滅により防衛の重要な後ろ盾を失ったためであった可能性が高い。両国ほど明確ではないが、イラクに関しても一定程度同様のことが言えよう。その意味で冷戦は、米ソ両超大国による庇護を約束する替わりに、地域の紛争を封じ込めてきたのであった。したがって冷戦の終焉は、二超大国による力の平和の終了をも意味し情勢の流動化をもたらしたのである。同時に冷戦は、自由主義的資本主義（Liberal Capitalism）と共産主義とのイデオロギー対立激化を通じ、世界各地に存在した民族、宗教、領土紛争等の伝統的対立を潜在化してきた。ところが冷戦の終わりに付随したイデオロギー対立の終焉は、眠っていたこうした歴史的怨念を目覚めさせることになったのである。対立に国民は熱狂的に対応し、政治家はそうした国民感情を利用し野望を達成しようとしたのである。

　このような世界システムの変容がもたらしつつあった情勢に対する国際社会の認識の遅れと、軍事科学技術の普及が、上記の三つの危機を核拡散のレベルにまで押し上げたのである。核兵器の他に生物兵器や化学兵器を考慮に入れると、大量破壊兵器拡散の危険性は今後国際社会によるコントロールが効かない状況にまで展開されるかもしれない。

　90年代以降の連続するこのような危機に対する、国連を中心とする国際機関による危機処理能力はあまりにも限られている。国際原子力機関はイラクによる核の秘密開発を発見できなかったし（査察能力の限界）、国連がイラクの核施設を解体することができたのは、それに先立つ湾岸戦争における同国の敗北があったためであった。それが証拠に、北朝鮮の核開発疑惑が浮上したときには、国際原子力機関は特別査察を要求したにもかかわらず、同国にNPT脱退を示唆されると打つ手をなくしてしまった。

　ソ連の消滅や90年代の長期的好況もあって、アメリカの政治学者たちは最近「アメリカ一極の時代（Unipolarity）」という言葉をしばしば口にするようになっている。つまりアメリカ一国が世界の問題を取り仕切る時代の到来というわけである。しかし実際には事態はそれほど単純では

ない。たしかに湾岸戦争をみる限り、多国籍軍とは名ばかりで、アメリカの圧倒的な軍事力が戦争の帰趨を決定した。しかし、日本などによる資金協力や多くの国々の政治的支持が存在しない場合、連続する同種の危機にアメリカが常に効果的に対応できる可能性は低い。その事実を如実に示したのが北朝鮮問題であった。アメリカは、北朝鮮の原子力発電所の転換のための大方の費用を韓国や日本に依存せざるをえなかったのである。さらに、インド・パキスタン両国による核爆発実験に関してはアメリカはほとんど有効な手だてを打つことができなかった。アメリカもその力の限界から重要な地域とそうでない地域を区別せざるをえないのである。しかし、世界中のどこであれ、核戦争が勃発したり、核兵器が他の地域に拡散された場合、重要ではないともはや国際社会は無視することができなくなってしまう。その意味で地域紛争を世界平和に対する深刻な挑戦とさせないためには、アメリカは、国連や他の主要国との信頼関係を謙虚かつ地道に築いていかなければならない。

　アメリカ一国だけで世界平和が維持できないのであるならば、他の主要国とりわけ核保有国である中国とロシアの役割も問われなければならない。残念ながら今のところ、核不拡散が冷戦後の国際政治秩序にとって最重要の課題であるという合意が、中ロを含めた核保有国や他の主要国間で形成されているとは言い難い。こうした国々が、武器輸出によって得られる利益から核疑惑国に対する対応に足並みを乱したり、混乱する国内事情に忙殺され身動きがとれなかったりした場合が少なくないのである。そして、アメリカを軸とする不拡散体制を支えることによって、国際関係における米国優位を強固にしてしまうのではないかという警戒心も中ロにはみられる。アメリカもまた、両国に対する十分な配慮のないまま刺激的なミサイル防衛計画*（TMD, NMD）を推し進めたりと、協力を基礎とする円滑な対話が主要国間で維持されているとは言い難い現状がある。

　はたして国際社会は核兵器の危険な拡散を阻止できるのであろうか。冷戦後の現実的で安定的な安全保障システムとはどのようなものである

べきなのであろうか。はたして人類はそうした仕組みを築くことができるのであろうか。それとも……

論点1	冷戦後の地域紛争は何を原因にして起こってきているのであろうか？　原因はまったく新たなものかそれとも歴史的な背景があるのであろうか？　紛争の際の指導者や国民の対応はどのようなものであったのであろうか？
2	冷戦後の世界平和達成に国連が十分に有効でないのはなぜだろう？　その政策決定メカニズム、能力、中立性や公平性といった観点から議論してみよう。
3	冷戦後の地域紛争はしばしば内戦の様相をみせているが、それに対して国際社会はどこまで介入すべきなのであろうか？　国際法の伝統的原則である内政不干渉の問題はどうなるのであろうか？　紛争介入に伴う人的、財的コストは誰が支払うべきなのであろうか？

〈参考文献〉

1）吉川元・加藤普章編『マイノリティの国際政治学』有信堂高文社、2000年
　軍事的対立以外のエスニック問題も扱った好著。
2）山田浩・吉川元『なぜ核はなくならないのか』法律文化社、2000年
　南アフリカを含めた多くの地域核問題を説明。
3）蓮實重彦・山内昌之『なぜ、いま民族か』東京大学出版会、1994年
　民族問題という古くて新しい問題を問い直した論文集。
4）西脇文昭『インド対パキスタン：核戦略で読む国際関係』講談社新書、1998年
　核を軸にインド・パキスタンの根強い対立に接近。
5）小杉泰『現代中東とイスラム政治』昭和堂、1994年
　複雑中東情勢とイスラム教の影響について解題。

――――― 用語解説 ―――――

NPT（核不拡散条約）
　核保有国の増加を禁じた条約。一方で既核保有国の核廃絶を決めていないため不平等な条約と批判されている。

臨界前実験
　核分裂・融合が起こる直前で停止する実験で、核爆発を確実に生じさせるためのデータを収集する目的で行われる。包括的核実験禁止条約の抜け穴となっている。

ミサイル防衛計画

アメリカを中心にTMD（戦域ミサイル防衛）、NMD（米本土ミサイル防衛）の二つが構想されており、敵のミサイルを迎撃することによって、自国のミサイルによる攻撃の有効性を高めることにもなる。

コーヒーブレイク

冷戦後の平和と日本の役割

　本章で取りあげた三つの危機に対する日本の対応について評価を試みよう。冷戦時代、紛争は次の二つのパターンを採ることが多かった。1.一方が自らの陣営内での離脱の動き・混乱を鎮圧する一方、他方はそれに対する危険な介入を抑制するパターン（ハンガリー動乱、プラハの春等）（1のパターンが失敗したケースとして中ソ対立やキューバの共産化等が挙げられる）、2.米ソが互いに自らの庇護者を支援し対立をエスカレートさせたが、それが核戦争になることを慎重に抑制するパターン（朝鮮戦争、ベトナム戦争、ソ連のアフガニスタン侵攻等）の二つである。
　いずれにせよ、当時紛争処理に日本の参加が強く求められることはなかった。というのは、混乱がソ連陣営内部における重要な問題であればアメリカといえども武力介入することはありえなかったからである。ということは日本の介入も必要がなかったということである。アメリカ陣営内部の問題であれば、当該国とアメリカの力の格差から、日本の介入を求める必要はなかった。アメリカが同盟国の介入を求めたのは2のケース、つまり朝鮮戦争やベトナム戦争の際である。この場合でも、同盟国の支援は象徴的なものにとどまった。というのは当時アメリカの力は圧倒的であり同盟国の参加は実際の戦闘に大きな影響が与えるものとなるとは考えられなかったからである。日本に対しては、戦前・戦中の侵略の歴史、経済復興の必要性、世論の反対や憲法上の制約などのため、冷戦時代、紛争処理に本格的な介入を求められることはなかったのである。
　ところが、ソ連が消滅し冷戦が終焉するとアメリカが唯一の超大国であると言われるようになった。そうなると理論的には以前ソ連の影響下にあった地域の問題にもアメリカはかかわらざるをえなくなった（イラク、北朝鮮、インド）。一方、アメリカの経済力は相対的に下降していったが、日欧のそれは上昇してきた。さらに冷戦が終わり同盟国が自らの陣営を離脱する可能性がなくなったアメリカはより率直に貢献を要請できるようになった。以上のことから日本による「国際貢献」が重要な問題として浮上してきたのである。
　つまり、国際紛争処理に対する日本の明確な貢献が今後求められていくのは

構造的な問題であるということである。とすると、日本は主体的にそれらに対する対応の在り方について議論し定めておく必要があるし、危険な過剰介入をしないようにする方策についても十分検討しておく必要があろう。

　湾岸戦争の際には、欧米以上に中東の石油に対する依存が大きかった日本も制裁行動に対する貢献を求められたが、国内世論の反対や憲法上の制約から、基本的に財政面での支援を提供するにとどまった。金だけを出して汗や血を流さないと国際的な批判を浴びたが、当時の世論のありようから実際にはこれ以上の関与は困難であっただろう。紛争に対する日本の貢献がもし今後も求められていくのであるならば、湾岸戦争後も地域紛争に対する日本の関与について根本的な議論が続けられていくべきであったが、実際には中途半端で立ち消えとなった感が強い。

　北朝鮮の核疑惑に関しても、原子力発電所を核兵器転用のできない軽水炉型に転換するのに、日本は韓国とともに多額の資金協力を求められた。それにもかかわらず日本は自らのイニシアティブで朝鮮半島や北東アジアの今後の平和についてのビジョンを提示したり、それに基づき行動しているという印象は希薄である。依然冷戦的思考パターンを踏襲し、アメリカの政策に追随しているという感が強いのである。

　印パによる核実験問題については、パキスタンに対する実験抑制のための説得工作や、実験後の印パに対する経済制裁に積極的姿勢を示すなど、被爆国として一定の役割を果たそうとした。しかしそうした姿勢が根強く継続されたわけではなく、実験からわずか二年後にはすべてを忘れたかのように森首相がインドを訪問し、IT関連の経済協力について約束し合った。

　国際紛争に対してできることとできないことを見極め、日本が国際社会の主要な一員として果たすべき役割について国内合意を形成し、できることに関しては積極的にイニシアティブを発揮することが、国際社会からの一定の敬意を勝ち取ることになるのではなかろうか。

═══ NGO ═══

第3章　国家とNGO──民主化時代のアジアの鼓動

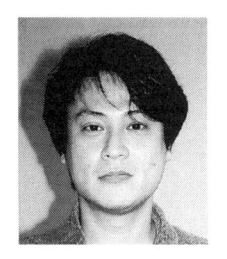

本名　純

──〈本章のねらい〉──

　非民主主義国が民主主義国になる。この政治変動は、近年世界各地でみられる現象だ。とりわけソ連崩壊後の東欧を皮切りに、民主化の流行はアジア地域でも顕著になっている。なぜ民主化は起こるのか？ なぜそれが各地で連鎖的に起こるのか？ 民主化達成はバラ色の将来を示唆しているのか？ 現在世界規模で進んでいる民主化現象は、国際関係を学ぶわれわれにとってさまざまな疑問を投げかけている。この章では、われわれとつながりの深いアジア諸国の民主化を考える。なかでもとくにその事例の豊富な東南アジアに目を向けたい。

　この地域の人々が政府に民主化を要求してゆく過程はさまざまだ。しかしそこには共通する力学が存在する。強権的な国家が、徐々に市民の圧力に押されていくダイナミズムである。NGOはその圧力の中心的な担い手となっている。「国家とNGO」──その相互作用の発展を体系的に考察することで、東南アジアの民主化、さらにはアジアの国際関係の変動を構造的に理解する一つの手がかりをつかもう。その上で、われわれが「外国人」として、もしくは「同じ」世界市民として、アジアの問題にどう接すべきなのかという課題を考えてみたい。

1　国家の発展

1　植民地主義の遺産

　地球儀をぐるっと回して東南アジアという地域を目の前にもってこよう。そこには10か国の名が示してあるはずだ。大陸部の東からベトナム、ラオス、カンボジア、タイ、マレーシア、ビルマ(ミャンマー)、そして島嶼部にはフィリピン、ブルネイ、シンガポール、インドネシア。これらの国が東南アジアを形成している。しかし民族・宗教・人種・言語の多様なこの地域に、国境線を縦横無尽に引いて、領土を単位とする「国家」という排他的な空間を作りあげたのは西洋植民地主義である。タイを除くすべての国は、フランス、イギリス、オランダ、スペイン、アメリカの植民地支配によって近代の国家システムが導入された。それ以前は、小さな伝統王国が各地に点々と存在する今とはまったく違った東南アジアの地図があった。西洋の進出はそれらを再編成し、自国の統治システムを植民地に植えつけたわけである。

　なぜスマトラ島最北部のアチェ人とニューギニア島のパプア人が、同じインドネシアという空間で「国民」というアイデンティティーを共有しなければならないのか。その必然性は、民族・宗教・文化・言語といった「人々の絆」にはなく、その領土を統治下においた植民地勢力の統治可能な範囲、つまり「よそ者の都合」にあった。しかし時がたち、その植民地支配の下で育った現住民エリートたちが、そこにある「人工」国家をあたかも自然なものとして徐々に認識していくプロセスが生まれる。独立後、彼らはその領土国家を受け継ぎ、「国民」の管理を手中に収めたのである。

　こうして東南アジア諸国が現在のかたちで一人歩きを始めたわけだが、そこには多大な難問が待っていた。これからどうやって国家を運営して安定と繁栄を確保していくのか。つまり宗主国から引き継いだ「国民」をいかに現地人の手で束ねるかという国民統合の課題と、どのような経

済設計で国民を養うかというダブルの課題である。東南アジア各地で、植民地支配のタガが外れた「国民」は、それぞれの民族・宗教・地方アイデンティティーを拠り所に国家からの分離運動を活発にした。国民政治の場である議会も、それらの運動に刺激され、政党間の妥協と調整は困難になり、全面的な機能不全に陥った。東南アジアの新興国家は、すぐさま国民統合の危機に直面したのである。一方、経済設計における難題は、一言で言えば資本の欠如だった。長年の植民地支配のため、土着の資本家が育っていなかった。つまり国民経済をリードする主体がいないということである。それでは外国からの援助を期待できるかと言えばそれも困難だった。反植民地主義を掲げる手前、西洋諸国に援助を求めるというのは筋が通らないわけだ。このため東南アジアの多くの国では、国営企業を設立して、国家が資本家となって国民経済を運営していくこととなった。当然、経済政策は国営企業の育成に重点をおかれ、市場原理による競争ではなく計画経済の色を濃くしていく。しかし、それは非効率な経営と汚職の増大をもたらし、経済停滞への道に拍車をかけるのだった。独立後の東南アジア諸国を待っていたのは、このような政治と経済の危機であり、それは植民地時代の遺物だと理解できよう。

2 冷戦環境のインパクト

混乱の時代に転機が訪れたのは、米ソの冷戦が東南アジアに浸透してくる1950年代後半から1960年代半ば頃である。とりわけ米国が直接東南アジアと国益をダブらせたのはベトナム戦争への出兵が始まった64年からである。共産主義の拡大に歯止めを掛けようと、米国は東南アジアに同盟を求めた。その頃、混乱の真っ只中にいた東南アジアでも、政治不安の一原因である共産主義勢力の排除を是とする国家エリートが台頭していた。シンガポールのリー・クワンユー首相、インドネシアのスハルト大統領、タイのサリット首相、マレーシアのラーマン首相、そしてフィリピンのマルコス大統領といった政治リーダーたちである。彼らは混乱期を通して、国民統合や国の繁栄を進めるには経済開発しかない

という結論に達していた。そして、そのための「手段」として西洋からの援助を利用することは、独立の精神とナショナリズムに反しないという論理を備えていた。ここに米国の東南アジア政策との利益の一致が生まれ、反共同盟としてのASEAN（東南アジア諸国連合）が、1967年に形成されることとなった。上記五つの国は、その加盟国として米国の反共姿勢を支持し、そのみかえりとして、軍事援助や多額な経済支援と外国投資が西側諸国から投入されたのである。それらの資本を梃子にして経済開発を長期的に進めるビジョンが生まれた。反共と経済開発——この二つのスローガンが冷戦の浸透とともに、混乱期からの脱出を図るASEAN諸国の中核的な国家目標になってゆくのだった。

　いかに「効率」よく経済開発を進めていくか。その命題の先には政治をどうするかという課題があった。外資の奨励には国内の政治安定は不可欠であり、労働争議や農民反乱、もしくは私欲追求中心の政党政治によって議会が混乱するようでは外資はすぐに逃げていってしまう。したがって、開発という国民国家全体の究極利益を追求するには、政治は安定していなければならない。しかも長期の経済開発には長期の政治安定計画が必要である。このようなロジックが国家を支配していった。ここに「安定主義」のイデオロギーが生まれ、開発のための安定という正当化の下で、国民の政治参加は極力抑えられる制度が作られていった。政党活動は制限され、議会政治は形骸化し、政府が梃入れする特定政党が常に選挙で絶対多数を獲得する仕組みが導入された。フィリピンでは戒厳令の下で議会は停止した。軍や国家警察などの治安当局も幅を効かせ、労働争議や各種ストライキなどの予防と排除、マスメディアの検閲、大学キャンパスでの思想チェックなどを初めとする国民の「脱政治化」を広域にわたって担当していった。こうして反政府活動は問答無用で弾圧されるという非民主的な権威主義の国家体制ができあがったのである。親米路線を掲げるこれらの体制は、西側のバックアップの下で経済の開発と政治の抑圧を国家プロジェクトとして進めていった。この双方を可能にしたのが冷戦という国際環境だったと言えよう。

3　開発国家のひずみ

　このような政治経済のインフラを整備した東南アジアの開発国家は、日本を含む先進国からの援助と外資を積極的に誘致し、急速に経済成長を進めていった。1970年代を通して年平均7％以上の高度成長を実現させ、1人あたりのGNPも1965年には平均100ドル程度だったのが、1980年には約1,700ドル近くまで増えた。都市には近代的なビルが立ち並び、東洋一の巨大ショッピングモールまでもが完成した。誰もが目を疑うこのような急速成長——これを世界銀行は1993年に「東アジアの奇跡」として評価した。

　しかし、「奇跡」が多くの歪みの上に成り立っていることに目を向けなければ、その後の民主化ブームの力学は理解できない。その歪みは政治経済のさまざまな側面に浸透していた。まず政治的には抑圧の常習化であり、簡単に言えば多くの国民が国家暴力の犠牲になったということである。軍が政治の前面に立つフィリピン、インドネシア、タイでは、反政府的な発言や活動をする国民は思想犯や政治犯としてのレッテルを貼られ、次々と牢獄に送られていった。政治の自由化を求める学生デモなども軍・警察による銃弾の前に次々と弾圧されてきた。不満分子の拉致・監禁・拷問・超合法的排除（「失踪」や処刑による闇への葬り）も日常的に行われた。ダム建設、電力所建設、資源開発といった外国との巨大合弁プロジェクトの際には、住民の立ち退きや強制労働をごり押しで進めてきた。マレーシアのマハティール首相は、日本などへの輸出を目的とする大規模な商業伐採を進めるため、立ち退きを拒む伝統村落の人々に国家反逆罪を適用し、スハルトはダム建設の強行にあたって、立ち退かない住民を「共産主義者」として武力で排除した。このような例はごまんとある。東南アジアの開発国家は、「奇跡」を起こすために、一般国民の政治権利をことごとく抑圧してきたのである。

　「奇跡」は経済格差の上にも成り立っていた。急速な経済成長は貧富の差を天文学的に広げた。「持てる者」は、政権に寄生して外資との合

弁を「授かる」一部の企業家グループで、彼らは権力者とのコネによってビジネスの独占的な拡大と資本蓄積を進めてきた。1人あたりのGNPの数字を上げているのはこの特権階級層であった。逆に社会では貧困層の拡大が目立つようになる。都市が国際ビジネスで急速に栄えるようになると、仕事を求めて地方から多くの人々がどっと流入する。それを吸収するだけの雇用機会などもちろんない。彼らは都市に住みつきスラムを形成するようになる。バンコク、ジャカルタ、マニラなどを訪れると、寒いほどの冷房を利かして「冬物」（東南アジアに冬はないが）のファッションショーを開催しているショッピングセンターのすぐ裏通りで、はだかの子供たちが真っ黒などぶ川で水浴びをしている光景を目のあたりにする。「国家繁栄」の象徴である都市の美化を気にする政府は、ときおり外国首脳の訪問直前にこのスラムの撤去を、あたかもゴミ掃除のごとく焼き討ちやブルドーザーで一掃する作戦にでる。しかし、またしばらくすると空き地にスラムができ、そこの入ってくる人も後を絶えないという状況だ。では一般労働者はどうか。東南アジアの豊富で安い労働力が魅力で外資が入ってくるわけだから、政府も低賃金政策を崩さない。ストライキなどやろうものなら、容赦なしでクビもしくは治安当局に連行される。かつてリー・クワンユーは、「ストを試みる者は国家反逆罪で牢屋にぶち込む」と公然とどう喝した。外資との合弁でできた工場などで、過酷な労働条件を課せられているケースも山ほどある。「奇跡」というコインの裏側には、これらの民の苦悩の刻印が無数に打たれているのである。

　開発主義の政府は「国の繁栄」と「国民統合」を目指して開発というスローガンを国是としてきた。日本を初めとする先進国も、それを支援してきた。それらの努力と成果には一定の評価を与えるべきであろう。しかしそのコストにも同等の目を向ける必要がある。国民統合は、社会調和の構築ではなく安定という名の抑圧にすり替わった。国の繁栄は国民のマジョリティーには幻想でしかないこともわかった。国民不在の国家繁栄——そんなイメージを駆りたてるかのごとく、インドネシア独立

戦争時の陸軍司令官は以前こう語ってくれた。「われわれが戦争の最中に毎晩夢見ていた理想の繁栄と安定は、スハルトによって打ち崩された。彼が創ろうとしているインドネシアは、人民不在の植民地国家の現代版だ。」植民地支配を拒絶した人々によって植民地主義的な国家がつくられるというのは、何とも皮肉な話である。

> 論点1　日本はどういった形で東南アジアの開発国家を支援してきたのか。ODAや日本企業を巻き込んだ開発プロジェクトを調べてみよう。どのような貢献と負の側面が考えられるだろうか。

2　国家の限界

1　冷戦の終焉

　開発国家の舵をとる政治指導者たちにとって、高度成長の実現と継続は政権パフォーマンスが正当なものであると主張する唯一の拠り所である。言い換えると、成長が止まれば強権政治の理由づけを失うということだ。成長は、いかに可能であったかを確認しよう。冷戦下での西側諸国の援助と外資が成長の潤滑油であったと上述した。その意味で冷戦の終わりは恐竜にとっての氷河期の到来と同じだった。この世界秩序の変化は、東南アジアの開発国家にどのようなインパクトを与えたのだろうか。

　米ソ冷戦が雪解けした1989年、西側諸国は共産主義に対する勝利を確証した。その後、東欧の共産諸国が雪だるま式に倒れ、ソ連自体も2年後に解体の運命をたどることになった。そして共産主義の脅威は過去のものとなった。米国の対外戦略のビジョンは、これを機に軌道修正される。これまでASEAN設立から一貫して反共同盟の開発国家をバックアップしてきたが、その意義は消滅した。米国は共産主義の崩壊を、計画経済の失敗と一党政治支配に見いだし、今後の世界の普遍的理念として自由な経済（市場主義）と政治の民主主義を掲げた。そして、それら

の世界規模での拡張を米国外交スタンスの軸におくようになっていった。

このような国際環境の変化は、すぐさま東南アジアの国々に浸透した。象徴的なのが、1991年にインドネシア軍が東ティモールで群集に発砲した事件である。米国はスハルト政権に圧力をかけ、真相究明と軍人の処罰を強く要求した。これにより、インドネシア史上初めて将官級の軍人が人権侵害で処罰され、それを追って国家人権委員会の設立まで実現させた。インドネシアによる東ティモールの武力併合を「黙認」した1975年当時の国際環境はもう存在していなかった。他のASEAN諸国でも同様に、開発国家の人権無視や民主化抑圧が先進国の槍玉に上がり、経済援助の条件（コンディショナリティー）として、国内政治の健全性が新たに問われるようになったのだった。

国内においても、共産主義の脅威が消えた今、政治活動が制限される根拠はなくなったという主張が急速に広まってゆく。メディアや知識人も「グローバル化」といった概念を頻繁に用い、それを抵抗不可能な歴史の必然であると位置づけ、世界は普遍価値——例えば人権擁護や民主主義——に向かって収斂するといった論壇を張ることで、間接的な国家批判を展開していくのだった。グローバル化という概念は、弱い民に強い武器を与えたと言えよう。

2　NGOの台頭と飛躍

これらの国際変動を追い風に、国内で活動を広げていく集団があった。それがNGO（Non-Governmental Organization, 非政府組織）である。その名称からわかるように、政府ではないという立場があるだけで、その活動をひとことで定義づけるのは難しい。ここでは開発の諸問題に取りくむ市民の集団といったイメージで話を進めていく。本章の文脈上これで十分である。なぜNGOが台頭したのか。彼らはいかに国家への挑戦となっていったのか。その展開を考察してみよう。

先にみたように、国家による独断的な開発政策はさまざまな矛盾を産出した。強制立ち退きや労働争議に伴う政治弾圧と人権侵害、森林伐採

や産業汚染による環境破壊、都市スラムの拡大に伴う貧困層の増加や初等教育の喪失、衛生の悪化などの問題が山積する中で、これらを広く「社会問題」として位置づけ、市民が率先して問題解決に取りくむべきだという認識が広まってゆく。こういうことに熱意を向けるのは誰か。社会の上流階級は、どちらかというと保守的である。現状否定は彼らの地位の否定につながるからだ。ならば下層階級はどうか。日々の生活で精一杯な人々が社会問題云々といっている暇はない。上でも下でもないとすれば、必然的に「真ん中」＝中間層（ミドル・クラス）ということになろう。

　皮肉なことにミドル・クラスは開発政策の落し子である。工業化が進んで社会が近代化するに従って、専門職・事務職などに従事するホワイトカラー層が国民の中に生まれてきたのだった。彼らは高等教育を受け、一定の生活水準をもつ人々だ。メディアや旅行を通じて外国事情に馴染んでいる者も多い。人口比でみれば、フィリピンやインドネシアで約10％、最も多いシンガポールで約30％と、依然として少数派ではある。しかし大事なのは、この新たな社会階層の出現と成長が国家コントロールの枠外で進んでいるという点である。上流階級に対しては、国家は「特権の共有」という懐柔的なコントロールを維持してきた。下層階級に対しては、徹底的でシステマティックな抑圧でコントロールしてきた。この2本柱で国民を去勢してきたのが開発国家だった。ミドル・クラスの台頭は、こういった国家管理から相対的に自由に動ける人々の出現を意味していた。NGOを立ち上げて社会問題に立ち向かっていったのが彼らである。

　とりわけ弁護士、医師、教員、知識人といった自由業・専門職に就く人々や、社会正義の理念に燃える大学生などがNGOという場に光を見いだした。大学自治が政府によって極度に制限されているキャンパスでは、学生の小集会にも規制や治安当局の監視が厳しい。ならばキャンパス外で社会正義を追求するサークルをもとうという傾向が増加していった。どの国でもNGOの小さなオフィス（小屋）にはいつも学生が頻繁に

出入りしている。知識人や教員は講師として勉強会に参加し、弁護士や医者も草の根救済の指導でNGOにコミットしてゆく。「開発の被害者」も、専門家がくるNGOに相談——人権・法律・医療・健康問題——に訪れる。このようにして、自律的な市民の連帯ネットワークが少しずつ社会で生成されてゆくのである。NGOという媒介は、この新たな社会空間の創出を可能にしたと言えよう。

　東南アジアにおけるNGOの増加は1980年半ば頃からであるが、その急成長には目を見張るものがある。ある統計によると、タイでは1984年の段階で1,250団体が確認されているが、1995年には10,000に膨れ上がっていた。インドネシアでも1981年の130団体から10,000団体（1994年）へ。フィリピンでは1995年に70,000団体に達し、世界有数のNGO大国となった。このようなNGOの拡大はなぜ可能だったのか。多くの理由が指摘できるが、以下の三つは決定的に重要だと言えよう。まず海外からの資金援助である。活動資金がなければ組織はもたない。国際NGOのAmnesty InternationalやHuman Rights Watch/Asiaなどは、ASEAN諸国の人権NGOへの積極的な資金バックアップを行った。また外国政府もNGO支援を重視し始めた。米国のUSAIDや豪州のAusAIDといった援助機関は、従来の「ものづくり」が中心であった対外援助に加えて「人的資源開発」という目標を打ち出すようになり、公的資金を現地NGOの育成にあてた。これにはヒューマニズムもさることながら、「従来型」の資金提供が政府エリートの汚職によって食い潰されてきた過去の経験から、NGOが末端で政府の健全な援助資金運営をチェックする役割を期待していた。また開発のためではなく、その「結果」に対する援助、例えば環境保護といった新たな資金供与も先進国からNGOに向けられるようになった。こういった海外のバックアップが、現地NGOの飛躍的な増大につながったのである。

　第二に、NGOの活動は国境に縛られないという性質が、その拡大を助けた。ローカルNGOが次々と海外——米国、スイス、ドイツ、豪州など——で研修を受け、地元で即戦力をもつ団体に変身していった。細々

としたNGOでも、いざ運動の際には細かい「指導」が逐一海外の巨大NGOから伝達されることも希れではない。そして東南アジア地域内でのNGO連帯も盛んになってゆく。相互の情報交換を初め、定期的な合同研修も行うようになった。国境を越えたネットワークを展開して活動を拡大するNGOに対して、国家は国民コントロールの限界をみることになる。

　最後に重要なのが通信技術の発達であろう。現地のNGOを訪れると、ほったて小屋にファックスとコンピュータが１台、という殺風景な「基地」を目にすることがある。実はこれで十分なのである。ファックスは現場の写真や図解入りの報告書を世界各地に送信することを可能にし、コンピュータは、インターネットを介してローカルな出来事を瞬時に世界に広めることを可能にした。これまでけっして表ざたにならなかったような辺境地での抑圧の実態も、事件の１時間後には世界に知れわたるようになった。すぐに援助供与国から非難を浴びて、政府は真相解明を約束せざるをえない状況がここに生まれるのである。このように、情報のグローバル化と通信技術の飛躍的な発展は、政治パワーの源を「銃弾の速度からモデムの速度へ」とシフトさせる可能性を秘めていた。それはNGOの勢力拡大に大きく貢献したのである。

3　国家の抵抗

　このような下（国民）からの圧力と横（外国）からの圧力が連動して、開発国家の支配制度は徐々に浸食されていった。程度の差はあるもののASEANの強権政権は、この新たな挑戦に共通して直面することになる。では国家にはどのような抵抗の道が残されていたのか。圧力を否定する論理を提示することが、その答えだった。それにはどうすればよいのか。国民国家という空間のもつ従来の排他性と自律性の原則を強調し、「伝統」・「文化」といった国の「個性」を「再発見」し、グローバリズム危険論を「発明」すればよいのである。国家エリートは、そういった論理を80年代後半頃から盛んに主張するようになる。

　例えばスハルト体制は、インドネシアを「家族主義」に基づく民主国

家だと強調した。それによると、国には古くから家族を社会単位にする伝統があり、とくに村社会では家族内のハーモニーが個人主義に優越する。個人主義は文化に合わない。よって、それに基づく西洋の民主主義・人権観はインドネシアの文化にそぐわない。家庭では親は子を指導し、ときにがんこ親父は息子を愛の鉄拳で叱ることもある。国家と国民の関係も同じだ。それを人権という名で糾弾するのは個人主義に基づく西洋文化の押しつけである。グローバリズムによって西洋価値が無節操に流入すれば、国は崩壊する。こういった危険性を警戒しなければならない。1995年、スハルト体制はこのような論理を前面に、拡大するNGOに「西洋主義」もしくは「新左翼」の手先というレッテルを張り、弾圧の正当化を試みた。マハティールも、自国文化論を前面に出して環境NGOによる抗議デモの弾圧を1987年に行った。さらにマハティールやリー・クワンユーは、その論理を地域に拡大し、「アジア主義vs西洋主義」という二分法でアジアにはアジア的な民主主義・人権観があるという、普遍主義に対する個別主義の「理論」を世界に向けて発信していった。これは西洋植民地支配の過去をもつ地域のセンチメンタルな部分と共鳴し、アジア諸国で一定の支持を受けるようになる。だが、こういったことを言い出すのは常に**開発独裁***のリーダーだということを忘れるべきではない。無実の人間を政治犯として牢屋行きにすることを、国民は「文化」として納得しているのだろうか。はなはだ疑問である。いずれにせよ、グローバル化の進行とともに、NGOというアクターが国家のコントロール能力を超えた領域で勢力を伸ばし、開発国家への挑戦を強めていったことは確かである。それでは国家とNGOの緊張関係のさらなる展開を見てみよう。

論点2　アジアのリーダーの主張に耳を傾け、彼らの言う「アジア的な価値」の実像と虚像を考えてみよう。民主主義や人権といった価値は普遍的に適用されるべきなのか、それとも個別性を尊重すべきなのか。

コーヒーブレイク

「アジアの価値」といった主張に対し、1998年にノーベル経済学賞をとったインド人のアマルティア・センは次のように反論している。ディスカッションの参考にしてみよう。

Amartya Sen, "Choosing Freedom," *Far Eastern Economic Review* (January 27, 2000)からの抜粋

Democracy is sometimes seen as an unnecessary—even outlandish—import from Europe and North America. There is a big issue here, which we have to address, especially since the opposition to democracy—and to political liberties in general—comes not only from problematic states (such as North Korea or Afghanistan), but also from others that have achieved a great deal (such as China or Singapore). There is also a cogent theory here worked out by visionary leaders, such as Singapore's senior statesman, Lee Kuan Yew. It has been claimed, for example, that "Asian values" prize discipline, rather than the liberty and tolerance emphasized by "Western values."

What then are the ideas that may be seen as quintessentially Western? There is a great deal of talk in contemporary discourses about "Western science," "Western technology" or "Western liberalism." The resistance to them can be comprehensive (as in various fundamentalist movements), but can also be quite selective (for example, advocates of Asian values typically have less problem with "Western technology" than with "Western liberalism"). But in either case, the rejection of Western ideas or mores can take the form of challenging "Western arrogance." "Yes, we are different from the West," says the chorus in opposition, "but that is just fine: We must live in our own way."

That Western arrogance does exist in the contemporary world seems plausible enough, but the crucial question is this: In what does this arrogance reside? I would argue that it resides primarily in the implicit appropriation by the West—through terminology and language—of shared intellectual creations of the world. What is called "Western science" or "Western technology" or "Western liberalism" has emerged through diverse efforts in different parts of the world. It is wrong to see them all as "Western" merely because the West has been so influential in the recent stages of their development. In resisting Western this or Western that (as these terms are typically used), we may not only be opposing some things of universal value, but also belittling our own past, our own traditions.

The recent economic crises in East and Southeast Asia bring out, among many other things, the penalty of not having democratic rights. The poor in, say, Indonesia or South Korea may not have taken very great interest in democracy in boom times, but the newly dispossessed sorely missed a democratic voice when things came tumbling down. Not surprisingly, democracy has become a major issue precisely at a time of crisis in many countries (including South Korea, Indonesia, Thailand and Malaysia).

But what about the cultural argument? This takes the form of the claim that democracy is a quintessentially "Western" value—not treasured in Asia. In fact however, as a fully worked—out institution, democracy is new both in the West and in Asia. While the values underlying democracy (such as political tolerance and cherishing liberty and participation) can be found in many classical Western writings, they can be similarly found in classical Asian literature as well. The value of tolerance and liberty is a part of world heritage, not a narrowly Western creation.

Asia needs democracy as much as any other region in the world. To resist this by invoking "Asian values" or "Western arrogance" only confounds that basic understanding. The arrogance of the West consists not so much in "pushing" their own brand of political liberalism—or of science or technology—on the rest of the world, but in appropriating a world heritage of ideas as their own by labelling them "Western."

We have reason enough to resist Western dominance, but not by denying our own history, nor by shooting ourselves in the foot. Asia need not fear freedom in any of its manifestations. Political freedom can supplement and enrich what economic and social freedoms offer. The future of Asia will demonstrate how important it is to have a comprehensive approach to freedom. By pushing for the fullest freedoms, we Asians can look to the that future with reasoned confidence.

3 市民運動の発展と流行

1 政治アクターとしてのNGO

　NGOは社会問題に取りくむ市民集団だと上に述べた。これは何も東南アジアに限ったことではない。先進国でも同様である。政府の政策が手薄になっているところ、もしくは政府によって侵害されつつある社会の価値に目を向け、その改善のために市民が積極的に働きかけていく運動こそが、世界のNGOに共通する役割だと言えよう。しかし彼らを取り巻く政治環境は違う。このことが重要な意味をもってくる。例えば先進国の場合、特定の環境・貧困・人権問題などを扱うNGOは、それらの問題解決に向けてのロビーを政府に対して行い、ときにはデモという手段でアピールする。その目標は「政府の政策」に要求を反映させることだ。それ以上でも以下でもない。しかし東南アジアの開発国家の下では、目標はさらにエスカレートする。なぜなら、環境にしろ貧困にしろ人権にしろ、開発のコストが、単に政策のレベルではなく政府の在り方そのものに起因する問題だからである。したがって、政策批判は体制批判に直結する。体制変革なしには問題の解決はないという結論に到達するのに、さほど時間はかからない。個々のNGOが、その目的（すなわち体制変革）に向けて組織動員を図り、それが束になって政権転覆という運動に発展してゆく。開発からおき去りにされた人々の救済からスタートしたNGOが、下からの民主革命というヘビー級の政治問題に傾倒していくロジックがここにあるのだった。

　正確な統計は困難だが、ASEAN諸国では、どこも1990年代に入って労資紛争、環境デモ、土地争議などの件数が顕著に急増している。それ自体に色々な意味があるが、運動の流行という点でNGOの役割増大が確認できる。市民の権利の啓発活動から始まり、行政や企業経営陣との交渉のセッティングと駆け引き、さらにはプラカードの作り方からデモ・ストライキの効果的な実践までNGOが付きっきりで「支援」する

ケースが増えたのである。こうした手助けなしには、民の声を組織化して市民運動を広めていくことは困難だったであろう。その運動の延長腺に、「民に力を」といった政治変革の理念とスローガンを発見し、彼らは次第にそれを国家によって閉じ込められてきた「国民」の開放という高貴な政治使命に投射してゆくのだった。そのプロセスと帰結は、当然、国の数だけ多様な形態をとる。しかし比較の視野からみることで、ある一定の共通性を浮き彫りにすることができる。それはどういった点か。次に考察してみよう。

2　ピープル・パワーとレフォルマシの伝染

アジアにおいて、NGOが活躍して民主化が起こったケースは、フィリピンの「2月革命」(1986年) が初めである。20年間に及ぶマルコスの開発独裁に終止符を打ったこの政変は、「ピープル・パワー」(People Power)のスローガンの下で結集した「市民」の抵抗の勝利だった。大掛かりな選挙操作によって大統領再選を図ったマルコスに対して、NGOや教会関係者は、その無効を訴える運動を急速に展開していった。例えば「フィリピン勾留者調査団」(TFDP)といった人権NGOが挙げられる。マルコス政権の戒厳令によって約3万人の政治犯が投獄されたが、TFDPは教会と連携してその残された家族を救済する活動を行ってきた。そして93年には世界最大の人権NGOになるまでに成長した。こういったグループが2月革命で巨大な動員力をみせ、戦車の前に立ちはだかり、青年兵士に花を渡し、ともに「独裁者」と戦おうと説き、軍の造反組をも抱き込んだマルコス打倒運動に発展させていったのである。マルコスはその後、亡命先のハワイで生涯を終えた。フィリピンの開発国家も彼とともに崩れ、市民の政治参加は大幅に拡大した。革命後、今日までにコリー・アキノ、ラモス、エストラーダといった3代の大統領が自由選挙の下で選ばれてきた。民主主義が定着したとは言い難いが、後戻りはもう不可能であろう。今や多くの政治系NGOが誕生し、手に入れた民主主義の「維持」のために、選挙監視や汚職調査などの分野で活動を強

化している。そういった中で浮上した、2000年のエストラーダ大統領の汚職疑惑は、大統領の罷免に発展した。このとき、人々は「ピープル・パワーII」を叫んで、街頭に集結した。この政変劇は、フィリピン民主主義における権力チェックの成熟度を測るリトマス紙となった。

　ピープル・パワーという国家への対抗スローガンは、メディアを通じて他の東南アジアのNGOに受け継がれていった。まずタイである。1991年、陸軍はクーデターによって政権をハイジャックした。そして、陸軍司令官のスチンダー将軍が首相の地位についた。この時代錯誤の政変に反対する市民の動員をNGOは積極的に行い、その際ピープル・パワーの結集を掲げて多くの農民団体や中産階級の集団（例えば医師会）を運動に引き込んでいったのである。「人民民主主義キャンペーン」(CPD) などのNGOは、バンコクでの反スチンダー集会を連日開き、その姿はメディアを通じて世界に報じられた。ここでもフィリピン同様、人民・市民といったシンボルが運動を支えていた。その人民に対して治安部隊が発砲したことから（1992年5月流血事件）、スチンダーは国内的にも国際的にも一気に窮地に追い込まれ、撤退を余儀なくされたのである。この「5月革命」における市民運動の勝利は、その後のNGOの役割をさらに強化することとなる。民主主義を根付かせるために、まず新しい「人民憲法」が1997年に制定され、その作成にNGOが深くかかわった。これは東南アジアで初めての試みである。その3年後に上院選挙が行われたが、そこでも「選挙監視団」(Poll Watch) などのNGOの連合体が、ボランティアを動員し、選挙過程の監視をリードしていった。また汚職撲滅キャンペーンを張って、政治権力をチェックする運動も盛んになっている。2001年の総選挙においても、タイ屈指の大富豪、タクシン率いる愛国党が過半数を取り、首相の座が確実視されているが、彼の資産隠しがさっそく槍玉に上がった。制度的な不備はまだ残るものの、タイの民主化は確実に一歩ずつ進んでいると言えよう。

　ピープル・パワーは、さらにインドネシアにて旋風を起こした。スハルト政権は、1997年の総選挙と翌年の大統領選挙を控え、国民コント

ロールの強化を図った。その第一の標的になったのがNGOである。なかでも学生を主体とするNGO——「人民民主党」(PRD)——は、各地で労働者・農民の救済活動を活発に展開し、その勢いを野党民主党の党首で「独立の父」スカルノの娘、メガワティへの支持に向けていった。脅威を感じた政権は、総選挙の前の年にメガワティを党首から追い出す工作を行い、同時にPRDを「民主主義の皮を被った共産主義」と糾弾し、逮捕・拉致・監禁・誘拐による「アカ狩り」を断行した。この60年代に時計の針を戻すような政府のやり方に、NGOは立ちはだかった。30のNGOが連合を組んで設立した「インドネシア人民協議会」(MARI)は、フィリピン発「ピープル・パワー」のインドネシア版を唱え、抑圧のシンボルとなったメガワティの擁護と打倒スハルト政権へ運動を展開していった。また「独立総選挙監視委員会」(KIPP)というNGOが生まれ、これまでのような国家による選挙操作はもう許さないという対決姿勢を行動で示した。1998年5月、このようなNGOを中心に、スハルト退陣と政治改革（レフォルマシ、Reformasi）を要求する民衆デモは肥大化し、路上や国会は人で埋め尽くされた。軍はこれを抑えきれず、スハルトは辞任を決意するのである。32年に及ぶスハルト開発国家は、レフォルマシをスローガンとするインドネシア版ピープル・パワーの前に崩壊した。そして、それを機に「民主化移行」を支援するNGOも一気に増えていった。汚職監視はもとより、過去の人権侵害の調査や議会活動の健全性を監視するNGOが、現在政府の政策過程に重要なインプットを与えている。「インドネシア汚職監視団」(ICW)、「行方不明者と抑圧被害者のための委員会」(Kontras)、「インドネシア議会監視団」(PWI)といった団体が代表的だ。スハルト後の政権が、確実に民主化改革を実行するために圧力をかける——こういった市民のパワーは、32年に及んだスハルト国家の精算と「新生」インドネシアの船出に欠かせないものであろう。

　さて、ASEAN諸国の開発国家で、市民運動の末に崩壊していったのは、上で紹介した三つの国である。しかしインドネシアの波紋はマレーシアやシンガポールにも広がっている。1999年にマハティール首相は、

彼に批判的になったアンワール副首相を強権的に解任し、別件で逮捕にまでもっていった。その横暴なやり方に反発した市民は、NGOを中心に反マハティール声明と政治改革の要求を突きつけた。この運動において、彼らはスハルトとマハティールをダブらせ、インドネシアの「レフォルマシ」スローガンを「直輸入」し「現地化」していったのである。マハティールはこれを武力で潰したが、そのツケは近い未来に間違いなく自分に跳ね返ってくる。他方、言論統制の厳しいシンガポールにおいても、NGOによる民主化運動が産声を挙げている。路上での演説会を企画し、言論の自由や「市民の独立」を政府に訴える行動に出始めた。これはインドネシアのPRDやMARIが、反政権運動の初期段階で使った手法である。市民運動の流行は、徐々に、しかし確実に東南アジアに地殻変動をもたらしていると言えよう。

3 国際社会の役割

さて、NGOを媒介とした市民運動の波が、「下」(国内) から開発国家に風穴を開けたことがわかった。最後に、それが「横」(外国) からと「上」(国際機構) からの圧力に発展していくプロセスを簡単にみていきたい。そこには、われわれが今後どのようにアジアの問題に接すことが望ましいのかという問いが含まれている。

上述のように、東南アジアのNGOは、国際ネットワークの中で研修・情報交換・ロビー活動を行ってきた。これらの努力は、援助供与国の政府レベルにおける政策変化に反映していった。援助の前提に人権擁護などの政治条件を付ける政策である。こうした横の圧力に加え、上からも国家の横暴を規制しようとする試みが進んでゆく。アジア地域のNGOが揃って声をかけ、1993年、「アジア太平洋人権調整チーム」が国連人権委員会 (UNCHR) に設立された。さらに国連は、NGOの連帯圧力を受け、94年にミャンマー軍事政権にUNCHRを派遣して人権侵害の実態調査に乗り出した。すねに同じ傷を持つASEAN諸国の国家リーダーたちは当然これには拒否反応を示したが、抵抗は空しかった。案の定、イ

ンドネシアは同年東ティモール州においてUNCHR調査団を受け入れる羽目になり、軍の住民に対する超合法的・見せしめ処刑の実態が国連に報告された。そして2000年、東ティモールの住民は、国連の保護のもとでインドネシアからの独立を選択することになる。スハルトが「国民」に仕立てた東ティモール人は、国際世論をバックにインドネシアから去っていった。「真の」国民と国家を求めて。

　このようにNGOや国際介入の影響力が高まっている現在、われわれはいま一度、それらの役割を冷静に客観視する必要があろう。なぜそんな寝ぼけたことを言うのか。NGOを介して「世界市民」の輪ができつつあるのだから、われわれもそれに参加して世界平和に貢献すればよいのだ。そういった意見もわかる。しかし、あえて問う意義はある——NGOや国際機構といった「権力体」は、誰が公平にチェックするのだろうか。NGOは常に正義だ、という認識はあまりにも単純すぎる。NGOの中には、さまざまな理由から運動に参加しない人々を軽蔑視する傲慢で自己中心的な団体も少なくない。以前ある学生（兼NGO活動家）が、「国民は無知だ、われわれが国を背負って立つ」と平然と言ってのけた。こういったエリート主義に違和感をもつ市民がいて当然である。ついでだが、スハルトから東ティモール人を「解放」した「正義の使者」国連は、原住民による自立した国家ができるまでの暫定統治を行っている。しかし駐在する国連職員の一部が原住民を差別視しているという報告も出ている。われわれは、国として個人としてアジアでどう振舞うべきなのか。この古くて新しい問いは、グローバル化が進めば進むほど顕在化するようである。

> 論点3　日本やアジアのNGOの活動を調べて、参加したい（したくない）活動について議論してみよう。

〈参考文献〉
1) 東京大学社会科学研究所編『20世紀システム4 開発主義』東京大学出版会、1998年
開発体制の起源と発展をさまざまな側面から理解するのにおすすめな一冊。
2) 鈴木祐司『新版 東南アジアの危機の構図』勁草書房、1988年
ASEAN諸国の政治支配と抑圧の仕組みを明快に描いた古典的な一冊。
3) S.P.ハンチントン『第三の波──20世紀後半の民主化』三嶺書房、1995年
民主化という現象が世界規模で起こる力学にさまざまな共通性を見いだす著者の議論は刺激的。
4) 山本信人他著『東南アジア政治学──地域・国家・社会・ヒトの重層的ダイナミズム 補訂版』成文堂、1999年
東南アジアの政治発展に興味をもったら読んでほしい入門書。モチーフが豊富なのでレポート作成の取っ掛かりとしても利用価値大。
5) 日本国際交流センター『アジア太平洋のNGO』アルク出版、1998年
アジアのNGOの活動を比較しながら開発の問題点を探ってみよう。そんな意欲に駆られる一冊。

――― 用語解説 ―――

開発独裁
　第二次大戦以後、発展途上国の一部で採用された政治経済体制。長期の開発の達成のためには強い政治リーダーシップと安定が必要という論理によって、政治は独裁者による権威主義的な管理が行われる。南米を初めアジアやアフリカの各地で、このような政権が次々と成立していったが、開発が進む国もあれば失敗する国もある。

Human Rights

第4章　人権の国際化と日本

永田秀樹

――――〈本章のねらい〉――――

　人権は最初の理念からして平等性、普遍性をもっているから、人権が国際化していくというのは自然な流れである。しかし、主権国家の存在はその流れを押しとどめたり歯止めをかけようとする。現在の国際社会において、EUの実験をみればわかるように、かなり国家の壁が低くなってきているとはいうものの、ネーション・ステイトは厳然として存在しており、近い将来にこれが消失することはありそうもない。この矛盾をどう乗り越えるかというのは国際社会の大きな課題である。

　この章では、初めに人権の意義を確認した後、国連が国際的な人権保障の向上のためにこれまでどのような努力を払ってきて、現在どのような水準に到達しているか、また国連が定めている基準や目標に照らしてみたとき日本が遅れている面はないかということを、死刑と代用監獄を素材として検討する。

　次に、日本における外国人の人権保障の実情と理論を学び、参政権の付与など改善すべき問題を、他の先進国との比較において明らかにする。

1 人権の国際化と国連の役割

1 人権の普遍性と国民国家

　人権は、人間が人間であることによって認められる権利であり、人間の尊厳を維持するためになくてはならない権利である。ここで言う人間とは生物的存在としての人間すなわちhuman beingのことであり、その人が女性であるか子供であるか、障害者であるか囚人であるか、といったことを問わない。最近では、チンパンジーにも人権が認められるべきだとか、地球上の全生物が環境権を主張する権利があるといった議論も行われているが、ここではその問題には立ち入らない。

　すべての人が平等に個人として尊重されなければならず、国家といえどもこれをむやみに侵害してはならないという思想は、近代ヨーロッパから生まれた。初めは、知識人の唱える単なる思想（自然権思想）に過ぎなかったが、フランス人権宣言やアメリカ独立宣言などで定式化され、さらに憲法典に採り入れられることで、人権は法の世界における最高規範となった。人権が確立し定着していく過程においては、市民革命を初めとして先駆者たちの苦闘の歴史があったことは言うまでもない。

　人権の憲法的保障は、200年あまりの歴史をもっている。市民革命の頃の人権は自由権を中心に構成されていたが、20世紀に入ると社会権も人権のカタログに加えられるようになり、人権の保障内容は飛躍的に豊富化された。さらに時代が進み、プライバシーの権利や環境権のような新しい人権も、人間存在に不可欠の権利として認められるようになってきている。しかし、そのような発展も含めて人権尊重の思想とそれを承認する法制度は、長らく欧米を中心とする地域に限られていた。人権が世界的な規模で憲法の中に書き込まれるようになったのは、第二次世界大戦後のことである。人権は西洋起源であるとはいえ、その目指すところは普遍的であり、万人に適用されることを前提としている。しかしながら、フランス人権宣言の例でもわかるように、人権の成立は、歴史

的には国民国家（nation state）の成立と時期が重なっており、各国憲法によってしか保障されないという限界があった。そのために普遍的であるはずの人権の保障内容が実際には時代や国によって異なるという状況が生み出された。また、憲法に書かれている人権のカタログは類似していても、実際の現実政治においては大きな差が生じることがある。憲法とは名ばかりで、立派な人権規定をもっていることが醜い独裁政治をおおい隠す隠れ蓑のような役割を果たしている国も少なからず存在していたし、今も存在する。

2　国際平和と人権との相互関係

　20世紀は戦争の世紀であったと総括されることがある。第二次世界大戦後の世界をデッサンした国連憲章は、国連の目的として第一に、「国際の平和及び安全を維持すること」を掲げ、そのための手段として集団安全保障システムの復活強化を目指したが、それと並ぶ重要な国連の目的として「経済的、社会的、文化的又は人道的性質を有する国際問題を解決することについて、並びに人種、性、言語又は宗教による差別なくすべての者のために人権及び基本的自由を尊重するように助長奨励することについて、国際協力を達成すること」（2条3項）を掲げたことが注目される。集団安全保障は、国際連盟の時代からの歴史をもっているが、人権の保障に国際機関が取りくむというのは新しい試みであった。第二次大戦前にも例外的に少数民族保護条約が締結されたりしたが、一般に人権保障の在り方に外国や国際機関が口をはさむことは、国家主権を侵害し、内政干渉になると考えられていた。なぜ国連は、国内憲法で保障されるべき人権、従来、主権国家の裁量に委ねられてきた人権問題を国際的に解決すべき課題として取りあげたのだろうか。それは、二つの世界大戦を通して人権と平和が密接不可分な関係にあることを人々が認識するようになったからである。近代の大規模な戦争は兵士だけでなく一般の国民を巻き込んで、未曾有の人権侵害を引き起こした。ナチスによるユダヤ人のホロコーストや日本軍による南京大虐殺、従軍慰安婦に対

する性的虐待も戦争遂行の過程で生じた。国際平和が保たれていることは市民の人権を確保するためにも重要な条件である。逆に人権侵害を放置しないことは、貧困や飢餓をなくすことと同様に世界平和にとっての不安定要因をなくすことであり、戦争防止につながる。また歴史の経験が示すところでは、国内において抑圧的な政治が行われている国家は、軍事国家となって対外的な侵略行動を起こすことが多い。平和維持の目的のためにも人権抑圧を世界からなくすことが重要だと考えられたのである。

　人権と平和との相互関係についての認識は、徹底した平和主義を採用した日本国憲法にもみられる。そこでは戦争の反省に基づく非武装国家の宣言とともに「平和のうちに生存する権利」が唱えられている。国連開発計画（UNDP）は1994年に「人間の安全保障human security」という考え方を打ち出したが、国家の安全保障よりも人間の生活を重んじる日本国憲法の平和的生存権はそれを先取りするものである。

3　国連のイニシアティブと日本

　国連憲章は、国際的人権保障を国連の重要な目的として掲げながらも、抽象的な一般原則の表明にとどまっていて人権のカタログを提示していない。また加盟国の人権尊重義務も明確に定められていない。この課題は、国連の人権委員会の活動に委ねられることになった。1948年に人権委員会の起草により世界人権宣言が採択された。これはさまざまな人権を盛り込んだ世界で初めての国際的権利章典とも言うべきもので、国際法上も人権史上も画期的な意味をもつが、しかし加盟国を直接拘束するものではなかった。その後、1966年に人権尊重を条約上の義務として加盟国に課す国際人権規約が採択され、人権の国際化は大きく発展した。国際人権規約には50年代、60年代に独立を達成したアジア・アフリカの新興諸国の意向も反映されている。国際人権規約は、「経済的、社会的及び文化的権利に関する国際規約」（いわゆる社会権規約またはA規約）と「市民的及び政治的権利に関する規約」（いわゆる自由権規約またはB規

表4-1 国連が中心となって作成した人権関係諸条約

2001年9月14日現在

	名称	採択年月日	発効年月日	締約国数	日本が締結している条約（締結年月日）
1	経済的、社会的及び文化的権利に関する国際規約	1966.12.16	1976.1.3	145	○ (1979.6.21)
2	市民的及び政治的権利に関する国際規約	1966.12.16	1976.3.23	147	○ (1979.6.21)
3	市民的及び政治的権利に関する国際規約の選択議定書	1966.12.16	1976.3.23	98	
4	市民的及び政治的権利に関する国際規約の第2選択議定書（死刑廃止）	1989.12.15	1991.7.11	45	
5	あらゆる形態の人種差別の撤廃に関する国際条約	1965.12.21	1969.1.4	158	○ (1995.12.15)
6	アパルトヘイト犯罪の禁止及び処罰に関する国際条約	1973.11.30	1976.7.18	101	
7	スポーツ分野におけるアパルトヘイト反対国際条約	1985.12.10	1988.4.3	58	
8	女子に対するあらゆる形態の差別の撤廃に関する条約	1979.12.18	1981.9.3	165	○ (1985.6.25)
9	女子に対するあらゆる形態の差別の撤廃に関する条約の選択議定書	1999.10.6	2000.12.22	26	
10	集団殺害罪の防止及び処罰に関する条約	1948.12.9	1951.1.12	132	
11	戦争犯罪及び人道に対する罪に対する時効不適用に関する条約	1968.11.26	1970.11.11	44	
12	奴隷改正条約 (1) 1926年の奴隷条約	1926.9.25	1927.3.9	78	
	(2) 1926年の奴隷条約を改正する議定書	1953.12.7	1953.12.7	59	
	1926年の奴隷条約の改正条約				
13	奴隷制度、奴隷取引並びに奴隷制度に類似する制度及び慣行の廃止に関する補足条約	1956.9.7	1957.4.30	119	
14	人身売買及び他人の売春からの搾取の禁止に関する条約	1949.12.2	1951.7.25	73	○ (1958.5.1)
15	難民の地位に関する条約	1951.7.28	1954.4.22	137	○ (1961.10.3)
16	難民の地位に関する議定書	1967.1.31	1967.10.4	137	○ (1982.1.1)
17	無国籍の削減に関する条約	1961.8.30	1975.12.13	24	
18	無国籍者の地位に関する条約	1954.9.28	1960.6.6	53	
19	既婚婦人の国籍に関する条約	1957.2.20	1958.8.11	70	
20	婚姻の同意、最低年齢及び登録に関する条約	1953.3.31	1954.7.7	115	○ (1955.7.13)
21	拷問及びその他の残虐な、非人道的な又は品位を傷つける取扱い又は刑罰の禁止に関する条約	1962.11.7	1964.12.9	49	
22	児童の権利に関する条約	1984.12.10	1987.6.26	126	○ (1999.6.29)
23	児童の権利に関する条約の選択議定書	1989.11.20	1990.9.2	191	○ (1994.4.22)
24	児童の武力紛争への参加に関する児童の権利に関する条約の選択議定書	2000.5.25	未発効	5	
25	児童売春、児童売買及び児童ポルノに関する児童の権利に関する条約の選択議定書	2000.5.25	未発効	5	
26	全ての移住労働者及びその家族の権利保護に関する条約	1990.12.18	未発効	16	

出典：阿部浩己・今井直・藤本俊明『テキストブック国際人権法（第2版）』日本評論社、2002年より

約)の二つからなる。世界人権宣言よりも具体的で詳細な規定がおかれているところに特徴があるが、実施措置に関して社会権規約については、「漸進的実現」でよいとされた。これに対して自由権規約に関しては、締約国に対して権利の実現のためにとった措置を国連に報告させ、規約人権委員会がそれを検討して意見を締約国に送付する報告制度や、義務不履行があった場合に締約国の通報を受けて規約人権委員会があっせんをする制度などが設けられた。さらに、Ｂ規約のオプションとして用意された第１選択議定書に加入した国については、個人通報制度の適用がある。ちなみに、ヨーロッパ地域の32か国が加入するヨーロッパ人権条約では、その実効性を確保するために人権裁判所が設置されていて、個人が人権侵害を行った締約国を相手取って司法救済を求めることが可能になっている。

　国連は、二つの包括的国際人権規約を採択しただけでなく、個別領域において数多くの人権条約を採択して、人権保障の国際的な規模での底上げに貢献してきた。なかでも1979年採択の女性差別撤廃条約(日本の加入は1985年)が女性の地位の向上に果たした役割は大きい。この条約への加入をきっかけに日本でも女性の地位が見直され男女雇用機会均等法が制定された。これまでのところ日本政府は国際的な人権条約の推進に必ずしも積極的でない。少なくとも国連の中で主導的な役割を果たしているとは言えない。南アフリカの黒人差別政策を対象としたアパルトヘイト禁止条約には最後まで加入しなかったし、人種差別撤廃条約や拷問等禁止条約への加入もかなり遅れた。また、国際人権規約についても、**高等教育への無償教育***の漸進的導入などに関して留保を付しているし、自由権規約の２つの選択議定書にはいまだに加入していない。

2　死刑と代用監獄

1　日本は人権先進国か

日本でも、戦前は天皇制国家を維持するために治安維持法という法律があり、戦争に反対したり天皇主権を認めない数多くの政治犯や宗教者が治安維持法違反で逮捕された。治安維持法を執行するための機関として特高警察が設けられ、国民は常時その監視下におかれた。逮捕された人の中には裁判にもかけられないまま特高警察の拷問によって死ぬ人もいた。しかし、戦後は、このような抑圧体制はなくなった。日本国憲法の下では「戦争反対」を唱えたり、暴力によらない限り反政府的な活動をすることも自由である。戦前と比べればはるかに国民は自由を享受していると言えるだろう。最近では、日本国憲法には直接書かれていないが、プライバシーの権利や自己決定権、知る権利、さらには環境権といった新しい権利も人権として承認して、人権のいっそうの豊富化・高度化を図るべきだという議論が行われている。このような議論の状況をみると日本は人権の最先進国の一つだと思われそうだが、国際人権規約（B規約）委員会からも指摘されて改善するように求められている問題がある。1998年の第4回日本政府報告書に対する最終見解は、主要な懸念事項として、「公共の福祉」の概念が曖昧無制限であり、国際人権規約の内容に反して運用される危険性があること、在日韓国・朝鮮人に対する差別が存在すること、民法に婚外子に対する相続権上の差別規定や再婚禁止に関する女性差別規定が残存していること、死刑が科せられる犯罪の種類が多いこと、警察の留置場が代用監獄*として利用される制度があり、犯罪者の取り調べがほとんどの場合弁護士の立ち会いなく行われていること、取り調べの時間制限がないこと、受刑者の人権が厳しく制限されていること、労働委員会の審理において労働者が腕章を着用することが禁止されていること、裁判官や検察官が国際人権規約の規定を熟知していないことなどを挙げている（外務省のホームページhttp://www.mofa.go.jp/mofaj/gaiko/chikyu/jinken/kokusai/index.htmlより）。以下ではとくに問題とされている死刑制度と代用監獄について考えてみよう。

2　死刑廃止は世界の流れ

死刑は、古来より犯罪者に対する処罰方法として世界中で広く行われてきた。中世においては窃盗罪に対して死刑が科せられることも珍しくなかったが、死刑をやめようという意見はほとんどなかった。18世紀になってベッカーリアというイタリアの刑法学者が社会契約論に基づいて、国家に死刑の権利は認められないと主張したのが本格的な死刑廃止論の始まりであるとされている。日本でもヨーロッパの啓蒙思想の影響を受けた津田真道がすでに明治初年に死刑廃止を唱えており、自由民権運動家の植木枝盛は日本国国憲案（1881年）に「日本の人民はなんらの罪ありといえども生命を奪われざるべし」という条文を考案していた。日本国憲法には、「残虐な刑罰は絶対にこれを禁ずる」（36条）という規定があるが、死刑を禁止する明文の規定は存在しない。刑法では12種類の犯罪に対して死刑を科すことができるようになっている。最高裁判所の判例では「火あぶり、はりつけ、さらし首、釜ゆでの刑のような残虐な執行方法を定めれば死刑は残虐な刑罰といえるが、刑罰として死刑そのものを直ちに残虐な刑罰ということはできない」とされている。つまり絞首刑や銃殺刑、電気いすによる死刑は合憲だということになる。

　死刑を廃止したのは南米のベネズエラが最も早い（1863年）とされるが世界的な広がりをみせるようになったのはやはり第二次大戦後である。ヨーロッパでは西ドイツが1949年に憲法で「死刑は廃止する」（基本法102条）と明文で定めて全廃したのが最初である。ナチス時代の死刑の濫用に対する反省に基づくものである。ドイツでは「死刑の廃止」は「人間の尊厳」にかかわるものであり、憲法の改正によっても死刑を復活することは許されないと解釈されている。ポルトガル（1976年）やスペイン（1978年）も独裁政権の崩壊が死刑廃止の契機となっている。イギリス（1969年）は冤罪事件の発生が殺人罪での死刑を廃止する契機となった。フランス（1981年）は社会党政権の公約により実現された。統計によって異なるが、**アムネスティ・インターナショナル**[*]によれば2000年4月現在で、死刑廃止国は108か国（その内訳は全廃国は73か国、通常の犯罪についての廃止国13か国、10年以上死刑を執行していない事実上の廃止

22か国）で死刑存置国が87か国とされている。アメリカは州によって異なり12州で廃止されている。

現状では地域によって偏りがあり、EU諸国では全廃されているのに対して、アジアでは廃止国が少ない。戦後一時期フィリピンで死刑が廃止されたこともあって、宗教と死刑との関係が指摘されている。しかし、非キリスト教国の日本でも、810年から1156年までの約3世紀半もの長い間、死刑の裁判があっても減刑されて事実上死刑は執行されなかったという事実があるし、現在の真宗大谷派は死刑廃止運動に取りくんでいる。また、中世ヨーロッパでは教会が多くの者を残酷な方法で処刑したこともよく知られている事実である。この問題は歴史の視点も取り入れて考える必要があるだろう。

国際人権規約B規約6条は、「何人も恣意的に生命を奪われない」と定めている。そこでは死刑そのものの廃止は加盟国の義務とはされていないが、「この条のいかなる規定も、この規約の締約国により死刑の廃止を遅らせ又は妨げるために援用されてはならない」（同条6項）として死刑廃止の展望が示されている。それをさらに前進させたのが1989年のB規約の第2選択議定書（いわゆる死刑廃止条約）であった。前文は死刑廃止の意義について「死刑の廃止が人間の尊厳の向上と人権の漸進的発達に寄与することを確信し……」と述べ、1条は「本議定書の締約国の管轄下にある何人も死刑を執行されない」と定める。批准・加入に際し締約国は戦争犯罪者を処刑する場合を除き留保を付すことを許さないという徹底した内容となっている。この条約は賛成59か国、反対26か国、棄権48か国で採択された。このとき日本はアメリカなどとともに反対に回ったが、その理由は世論調査をみる限り国民の間に死刑制度支持が多いというものであった。

たしかに世論調査では死刑賛成論が多い。凶悪な犯罪に対する抑止効果とか、被害者や遺族の復讐心の満足などが正当化理由として挙げられる。しかし、野蛮な制度であることは否定し難く、9条の平和主義の思想ともなじまないように思われる。死刑の存在が、かえって人命軽視の

人間観を醸成する一因となっていないか反省すべき時期に来ている。

3　代用監獄

　日本が国際人権委員会から改善を求められているもう一つの大きな問題は、代用監獄の制度である。日本では戦後も冤罪事件が後を絶たない。死刑判決に限っても後に再審の結果無罪になった事件が免田事件、財田川事件、松山事件、島田事件と4件もある。死刑判決が執行されなかったから良かったものの、20年も30年も、死刑執行の恐怖に怯えながら死刑囚として獄中で過ごすことの苦しみは想像を超えるものがある。ほとんどの冤罪事件は、物的証拠が少ない中での捜査機関による予断・偏見に基づく犯人の特定、別件逮捕、睡眠や食事も十分与えないもとでの長時間の取り調べ、そして虚偽の自白の強要、その自白を真実だと信じた裁判官による有罪判決、という経過をたどっている。これを防ぐためには裁判官が自白偏重を改めることが必要であるが、それより前に取り調べのあり方を変えなければならない。被疑者が逮捕されたらすぐに弁護士がかけつけて相談にのれるようにすること（被疑者国公選弁護制度）と併せて、警察の留置場が拘置所の代用として使われ続けている現状を改める必要がある。密室状態の留置場では、被疑者が24時間警察の管理下におかれるため、強引で一方的な取り調べが行われやすいからである。日本の監獄制度は1907年に作られたが、その時点では監獄が不足していたために、それを補うためにやむを得ず警察の留置場を暫定使用することにしたものであり、「変例であって、将来はこれを用いない」とされていた。早急の改革が求められる。

3　外国人の参政権

1　外国人の人権

　人権の国際化を進めていく上で、外国人の人権保障という問題は避け

コーヒーブレイク

2000年版アムネスティ年次報告書から

「中国では、平和的な反体制者数千人が警察に恣意的に拘禁され、不公正な裁判で長期刑を宣告されたり、強制労働所へ送られた者もあった。アムネスティの記録では、中国は90年代に約１万８千件の死刑を執行したが、実際の件数ははるかに多いと考えられる。日本では５人の死刑が執行された。依然として死刑囚が多数、独居房に拘禁されている。大韓民国でも同じように独房監禁が目立った。朝鮮民主主義人民共和国では飢餓のために何百人もが食料をもとめて中国へ渡ったが、なかには朝鮮民主主義人民共和国の治安部隊に射殺された者もあった。ビルマ（ミャンマー）では、人権状況は依然として改善がみられなかった。すでに1,200人の政治囚がいたが、さらに200人以上が長期刑を宣告された。軍は強制移住、強制的な荷役労働、また非武装の民族的マイノリティの殺害に関与した。……

パキスタンでは、政府が依然として女性に対する偏見を隠そうとせず、数百人の女性の「名誉殺人」や人身売買など深刻な人権侵害の調査をしなかった。バングラデシュでも、女性が酸を用いた攻撃を受けたり、持参金に関連して殺害されても政府は女性を保護せず、警察による拘禁中の強姦も調査しない。インドでは、社会的経済的に弱い立場の社会集団に属する人びとが日常的に攻撃を受けており、しばしば地方当局や警察はこれを黙認していた。」（「世界の人権状況を概観する」『アムネスティ・ニュースレター』No.318）

て通ることができない。昔は「外国人は煮て食おうが焼いて食おうが国家の自由である」と言われたこともあるが、それは国家主権が絶対視された時代の話であって、現在では通用しない。日本国籍を持つ者も持たない者も日本で生活している以上、同じ人間として同等の扱いをすべきだというのが、人権の普遍性から導かれる考え方であろう。しかしながら完全に平等な待遇が外国人にも与えられているかと言えば、残念ながら現状ではそうはなっていない。例えば、ある外国人を入国させるかどうかは受け入れ国の判断に任されており、国際法上必ず受け入れなければならないという国家の義務はない。個人の視点から言えばどこかの国に入国しようと思っても、その国から拒否されればそれまでであり、入

国を求めて争う訴訟手段は存在しない。このように国家の壁は低くなりつつあるとはいえ、現在の国際社会において国籍を持つ者と持たない者との壁は厳然として存在する。しかし、それは入国の自由がないということであって、いったん入国・滞在許可が与えられれば、そこでの生活・活動に関して外国人にも基本的に同等の権利が認められるべきである。

2 外国人に認められる人権

日本国憲法は、外国人の人権について明確に規定していない。そのため解釈が分かれていて、第3章で保障している権利のうち「すべて国民は……」というように国民に限定しているような書き方がしてある条文については日本国籍を持つ者だけにその権利を認めるという学説が唱えられたこともある。しかし、それでは狭すぎるので「性質上可能な権利」についてはすべて外国人にも認められるというのが通説になっている。

とはいっても、何が性質上可能な権利で何が性質上不可能な権利かを仕分けすることはそう簡単でない。かつては生活保護を求める権利などは、国家財政に限りがあることを理由に外国人には認められていなかった。しかし、社会権の内外人平等取り扱いの原則を定める国際人権規約（A規約）加入（1979年）と福祉について内外人平等取り扱いの原則を定める難民条約加入（1981年）を契機にして、社会保障関係の法律、例えば国民年金法や児童手当法に残されていた国籍条項が撤廃された。また明確な国籍条項がなくても運用上外国人を排除してきた法律、例えば生活保護法についても差別的な運用が大幅に改められ、外国人だという理由だけで窓口で拒否されることはなくなってきている。

そのほか、性質上外国人に認めることが難しいとされてきた権利に公務就任権がある。国家公務員法や地方公務員法に国籍条項があるわけではないが、公務員は公権力の行使または国家意思の形成への参画に携わるという理由で、一般的に外国人の就任を排除してきた。ここにも国家主権の壁が立ちはだかっている。しかし、公務員といっても教育や福祉

サービスなどさまざまな仕事があり、若者にとっての大きな就職口となっている。とくに日本の外国人のうち最も大きな部分を占める在日韓国・朝鮮人、在日台湾人の場合、日本で生まれ育った者が大半であり日本を離れて生活の基盤は存在しない。一律に外国人を排除することは彼らの職業選択の自由ないし機会を奪うことを意味する。国は、1982年に国立大学教員への外国人の任用を特別法によって認めたが、その後は足踏み状態が続いていて、現在でも、外国人には国家公務員の一般職への道が開かれていない。これに対して地方では積極的に門戸を開こうとする自治体が最近現れてきた。1996年に川崎市が業務内容や昇任で一定の制限を設けつつも外国人の職員採用に踏み切り8府県7市がこれに続いている（2000年11月現在）。現在は管理職への外国人の登用も認めるべきではないかということが議論されている。

3　日本の現状と外国の事例

このように公務就任権については地方から風穴があけられつつある。公務就任権も広い意味では参政権の中に含めて理解することができるから、これによって「性質上可能な権利」が参政権にまで広がったことを意味する。しかし、狭義の参政権すなわち選挙権と被選挙権を外国人に認めることは、難しいとされている。選挙権・被選挙権は国政の在り方を決定する権利であり国民主権の根幹にかかわる権利であるから日本国籍を持っていることは絶対条件だと言うのである。しかし、これに対して国民というのをnationやnationalの意味ではなく、国籍や民族のいかんを問わず日本で生活しているすべての人々peopleという意味でとらえ直し、その意味で国民に含まれる外国人が政治的意思形成に参画しても何ら国民主権と矛盾しないという新しい主張も行われている。しかし、国民主権の枠組みを替えるこのような主張は、今のところ少数意見にとどまっており広く支持されていない。支配的な考え方は、国政と地方政治、国民と住民とを区別して、国政への参政権は認めないとしながらも、自治体の選挙については国民主権や国家主権が直接関係しないことを理

由に、住民すなわちコミュニティの一員として外国人の参加を認めようというものである。最高裁判所も1995年に自治体の選挙に関して国会が法律改正によって外国人に選挙権を与えてもよい、それは憲法上認められるという趣旨の判決を下した。これによって日本でも遅ればせながら外国人に地方選挙権を付与する法律が作られつつある。しかし、その場合に有権者の範囲を特別永住外国人に限るのか、それとも一般の永住者にも広げるのか、それとも永住資格を持たない人も含めて一定期間以上合法的に在留している外国人すべてに認めるのかについて争いがある。また選挙権だけでなく被選挙権まで認めるべきかどうかについても議論されている。もしも、被選挙権まで認めて、知事や市長に外国人がなってもよいということになれば、その下で働く者も当然外国人で構わないということになるから、管理職就任権も解禁されることになるだろう。

　ヨーロッパのEU諸国では、マーストリヒト条約（1993年）でEU市民に対してEU内部での自由な移転・居住の自由とともに国籍と無関係に居住地での地方参政権（被選挙権を含む）が認められている。また欧州議会への選挙権・被選挙権も国籍と無関係に認められており、ドイツ人がフランスの緑の党から立候補して欧州議会で当選するなどということが生じている。スウェーデンなど北欧4か国では出身国のいかんにかかわらず、2年ないし3年の合法的在住により外国人の地方参政権を認めていて、他のEU諸国でも、地方参政権付与をEU市民以外にも広げるべきかどうかが検討されている。

　地方選挙だけでなく国政選挙に関しても選挙権を認めている国はさすがに少なく、ニュージーランドだけである。ニュージーランドでは、1975年から、1年以上住んでいる者に対して国会の選挙権を承認している。イギリスは歴史的経緯から英連邦市民やアイルランド市民に対してイギリス議会の選挙権および被選挙権を認めている。英連邦市民というのは、かつての植民地の市民であり、特別に深いつながりがある。この考え方を日本に応用するならば、在日韓国・朝鮮人、台湾人に関しては、地方参政権だけでなく国政選挙における参政権も認めてよいという

ことになろうか。

表4-2 各国の永住市民の参政権（1996年）

国	アメリカ	アイスランド	カナダ	ニュージーランド	オーストラリア	イギリス	アイルランド	オルクセンブルク	ベルギー	ギリシア	イタリア	ドイツ	フランス	ポルトガル	スペイン	オランダ	フィンランド	ノルウェー	デンマーク	スウェーデン
国政選挙 選挙権	×	×	×	×	○	△	△	△	×	×	×	×	×	×	×	×	×	×	×	×
国政選挙 被選挙権	×	×	×	×	△	△	△	×	×	×	×	×	×	×	×	×	×	×	×	×
地方選挙 選挙権	×	●	△	▲	○	△	△	○	○	△	△	△	△	△	△	△	○	○	○	○
地方選挙 被選挙権	×	●	△	▲	△	△	△	△	○	△	△	△	△	△	△	△	○	○	○	○

○は定住（永住）を条件に、すべての外国人に参政権を認めている国
●は特定の州がすべての外国人に参政権を認めている国
△は特定国出身の外国人に参政権が限定されている国
▲は特定の州が特定国出身の外国人に参政権を認めている国
※アメリカのタコマ・パーク市も、1992年から外国人の地方選挙権・被選挙権を認める自治体憲章の改正を行っている。
出典）近藤敦『外国人の参政権』明石書店、1996年より

論点1　「人権は普遍的価値を有するものでなく、西欧（キリスト教）起源のものである。したがって、人権侵害を理由に外国の政治の在り方を批判することは、内政干渉となるだけでなく、儒教諸国やイスラム諸国への文化の押しつけになるので好ましくない」という意見がある。中国も天安門事件への西側諸国の批判に対して強く反発した。人権は本当に普遍的価値を有するのだろうか。

2　まず、死刑を廃止した国と存置している国の世界地図を作り、どういう特徴がみられるか考えてみよう。次に日本での死刑廃止論と死刑存置論のそれぞれについて主張の論拠を調べ、比較対照し、どちらに説得力があるかディベートをしてみよう。

3　日本の再審請求事件を調べ、冤罪発生に代用監獄制度がどの程度影響を及ぼしているかを調べてみよう。また冤罪を防ぐためには、ほかにどのような方法が考えられるか。日本の捜査方法や犯罪報道、刑事裁判の在り方についても見直してみよう。

80 第4章 人権の国際化と日本

コーヒーブレイク

次の記事は、日本語で『いちげんさん』という小説を書いたこともある在日スイス人作家ゾペティさんの意見である。自分が同じような立場にあればどうするか考えてみよう。

Suffrage and foreigners by David Zoppetti (『週刊ST』 2000.10.27 より)

The debate over giving non-Japanese permanent residents the right to vote in local elections has been simmering since the 1980s. But it seems that now politicians have decided to give the question their full attention.

One of the major factors which revived the issue has been South Korean President Kim Dae Jung repeatedly urging the Japanese government to pass a bill giving suffrage to permanent foreign residents in Japan－a vast-majority of whom are Koreans－by the end of the year.

Korean residents, most of whom were brought here forcibly before and during World War II (or are of second or third generation), have actively been lobbying for this suffrage bill as well. Their basic argument is that they contribute to the Japanese community and pay taxes in the same way as Japanese nationals do.

I personally feel that the question of granting the right to vote (and of eligibility) to foreigners should not be restricted to Koreans only, but be enlarged to all people who have permanent resident status, whatever their nationality.

I often hear people claim they should have the right to vote because they pay taxes. Although this sounds convincing, it must be said that one pays taxes in exchange for public services and not to buy one's way to the ballot booth. And foreigners benefit from these services in the same way that Japanese nationals do, so there is no discrimination here.

I feel that this question should be dealt with from a more "human" point of view. Let me tell you about my personal case as an example. Although I keep in touch with my home country very closely, I don't foresee ever returning to live there permanently and basically intend to spend the rest of my life here in Japan. I also happen to have two children who will probably live here until they reach adulthood.

It is therefore only natural that I should feel a genuine interest in the future of this country and wish to participate actively in any political decision making process by casting my vote whenever possible.

Then you should apply for Japanese citizenship!" is what opponents to the bill will answer back to me. But there are two major problems in making such a decision. First of all, the procedures of naturalization are unbelievably complicated, and secondly I would have to renounce my Swiss passport as Japan doesn't recognize dual-nationality.

If the government chooses to eventually turn down this bill, it will have to take a huge step in the direction of simplifying naturalization procedures and come to recognize dual-citizenship, as most countries in the world do.

But I agree that this is by no means an easy matter to deal with. Many other countries are struggling with it and to my knowledge, only the Scandinavian countries, New Zealand and two cantons (states) in Switzerland have such systems.

At this stage, the question is only being discussed within the political parties and hasn't really become the focus of nationwide discussions. There is, therefore, no real public consensus regarding the issue. My opinion is that it should be put not to the politicians to decide, but rather to the people, under the form of a national referendum. If only such a system existed in Japan……

〈参考文献〉

1）田畑茂二郎『国際化時代の人権問題』岩波書店、1988年
　国連憲章から世界人権宣言を経て国際人権規約へという大きな歴史的な流れが、専門家でなくてもわかるように平易な文章で説かれている。ヨーロッパ人権条約など地域的な制度についても詳しい。

2）団藤重光『死刑廃止論 第6版』有斐閣、2000年
　日本を代表する刑法学者の手になる死刑廃止論。著者は最高裁判所の裁判官を経験してから死刑廃止に目覚めたという。なぜ死刑を廃止すべきなのか熱狂的に叫ぶのではなく、古今東西の理論を紹介しながら諄々と説かれている。巻末の資料も豊富でかつ新しい。

3）田中宏『在日外国人 新版』岩波新書、1995年
　外国人の人権問題に実践的にもかかわってきた著者の告発の書。少しデータが古くなっているものもあるが、外国人問題の概要を知る入門書として最適。

4）田中宏・江橋崇編『来日外国人人権白書』明石書店、1997年

外国人が日本でどのような取り扱いを受けているかについて、子供、住居、医療など分野ごとに例や図表を示して具体的に解説している。
5）近藤敦『外国人の人権と市民権』明石書店、2001年
外国人の永住市民権（denizenship）の国際比較を通じて、日本の後進性をあぶり出している。かなり専門的な法学書だが、法律問題を正確に理解するのに有用。

―――――――――――用語解説―――――――――――

高等教育の無償化

日本国憲法26条は、教育の機会均等を保障し、義務教育は無償とすると定めている。したがって初等教育に関して無償化は国家の義務である。しかし、高等教育まで無償にすることは「教育の機会均等」からいって望ましいことではあるが、憲法上の義務とまでは言えない。高等教育の無償化は国立大学が中心のドイツやフランスなどのヨーロッパ諸国において実現されている。かつてのソ連などの社会主義国もそうであった。しかし、大学の大衆化が進むにつれて、政府の財政的負担が大きくなっており、現在無償化されている国においても、学生から授業料を徴収することが検討されている。

監　獄

監獄には刑務所と拘置所がある。刑務所は、有罪判決を受けた者（既決囚）が懲役刑や禁固刑などの執行を受けるための施設である。これに対して拘置所は、被疑者（起訴前）や被告人（起訴後）が逃亡したり証拠隠滅をしたりしないように、身柄を拘束しておくための施設である。ただし、死刑確定者は、既決囚であるが死刑執行までの間拘置所に収容されることが多い。

アムネスティ・インターナショナル

amnestyは恩赦という意味。世界に140か国以上約100万人のボランティア会員で組織された人権NGO。日本の会員は約8,000人。暴力を用いなかったにもかかわらず投獄されたり迫害されている政治犯などの救済に力を入れている。世界の人権侵害状況について年次報告書を作成し、改善に向けて各国政府に働きかけている。日本政府に対しては、死刑制度の廃止などを訴えている。1977年にはその活動が評価されてノーベル平和賞を受賞した。

国籍の取得

国籍の取得には、生まれながらにして国家から国籍を与えられる先天的取得と本人の申請に基づいて認められる後天的取得の2種類がある。後者は帰化と言う。前者はさらに、生地主義と血統主義に分かれる。アメリカなど新大陸の諸国は移民によって国づくりが行われたこともあって生地主義をとっている国が多い。これに対してヨーロッパやアジア諸国は血統主義の国が多い。血統主義の場合、かつては父系優先主義がとられることが多かった。それによれば、例えば母親が日本人でも父親がアメリカ人の夫婦の子供は日本国籍が与えられなかった。これについては女性

差別だとの批判があり、日本も女性差別撤廃条約批准を前に、国籍法を改正して（1984年）父母両系主義を採用した。ドイツは、2000年に国籍法を改正し父母両系血統主義に加えて部分的に生地主義も取り入れるようになった。すなわち、両親のどちらかが、8年以上ドイツに在留している場合、ドイツで生まれた子供はドイツ国籍を取得できることになった。

　帰化に関して日本の国籍法は、申請者の資格に応じて、普通帰化（5条）、簡易帰化（6条・7条・8条）、大帰化（9条）の三つを区別している。普通帰化は、引き続き5年以上日本に居住し、20歳以上の能力者で素行が善良であること、自己または配偶者その他の親族によって生計を営むことができること、国籍を有しないか、帰化により国籍を失うことなどが要件として課されている。簡易帰化は日本国民の子供の場合などに認められ、大帰化は、日本に特別功労のあった外国人について認められる。いずれにしても帰化の許可は法務大臣の裁量によるところが大きい。OECD 24か国中14か国は、帰化に際して従来の国籍を放棄することを要求していない。

定住外国人

　定住外国人は、永住外国人と同じ意味で使われることもあるが、広い意味では、一定期間（3年以上）日本に在住して生活を営んでいる者を言う。法律上は、①平和条約国籍離脱者等入管特例法に定める特別永住者（戦前、戦争中に旧植民地から連れてこられた者およびその子孫）、②永住資格を認められている一般の永住者（原則として20年以上の在留が必要である）、③日本人の配偶者や子、④特別永住者または永住者の配偶者や子、⑤日系2世・3世や難民などの定住者に分類される。

Information Technology

第5章 「IT革命」とグローバリゼーション

中川涼司

――〈本章のねらい〉――

　ITとは情報技術（Information Technology）の略で、コンピュータ、電気通信、情報サービスその他を包括する概念である。その概念は1980年代から進行したコンピュータと電気通信の融合、1990年代から爆発的に始まったインターネットの普及を背景に創り出された。ITは「革命」とも呼ばれるインパクトを経済・社会に及ぼしており、それが「IT革命」と呼ばれている。本章は次のことを明らかにする。まず第一に、IT革命」と呼ばれているものはそもそも何なのかを示すことである。「IT革命」の定義、IT革命」の発生した背景、「IT革命」の肯定的・否定的な社会的・経済的インパクト等が検討される。第二に「IT革命」が近代国民国家を基礎とする国際システムの変貌の重要な一環となっていることを明らかにすることである。近代国家主権システムの重要な一環であった電気通信が経済のグローバル化とともに変貌を遂げていることが示され、新たに対応が必要になっている諸問題の検討も行われる。第三に「IT革命」が発展途上国の開発にもつ意味を明らかにすることである。「IT革命」は途上国の開発に「機会」をもたらすが、「危機」ももたらす可能性があること、途上国自身の努力と先進諸国や国際機関の協力が求められていることが考察される。

1　「IT革命」とは何か

1　「IT革命」とは何か

　「IT革命」とは1980年代に準備され、1990年代に劇的な飛躍を遂げたIT(information technology＝情報技術)の発展、すなわち、高速・大量データ処理の可能なCPU(中央演算処理装置)の発展、高速・大量データの送受信が可能となる通信の発展およびそれらのシステム化が、価格低下とともに大量に生活のあらゆる側面に入り込んできた結果、経済的のみならず、種々の社会変化まで引き起こしていることを指している。とくにアメリカにおいては1993年から、日本においても1995年頃から爆発的に普及したインターネット＊は1999年時点で世界で1.7億人が使用するようになり、それは情報交換のみならず、広告、購買、投資、流通などで広範に用いられるようになっている(図5-1)。

　世界的なネットワークに繋がったコンピュータが一般大衆の普通の生活に入り込み、それがひいては多くの社会構造・制度の変化を要求している、これらが「IT革命」の従来のコンピュータ利用と決定的に異なる点である。

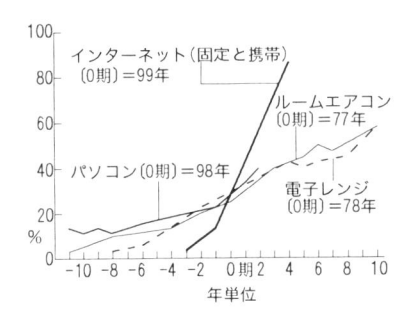

図5-1　一般の家電とITの普及率比較
注)　普及率25％に最も近づいた年が0期。インターネットは人口普及率、それ以外は世界普及率
出所)『日本経済新聞』2000年7月2日

　もっとも、「IT革命」が産業革命に匹敵する革命かどうかは未だ判断できる時期ではない。産業革命は単に産業上のイノベーションであっただけでなく、資本主義社会を生産力(機械制大工業)および労使関係(経営権の確立)の面で確立させた。産業革命は社会体制に繋がる概念である。これまで「○○革命」と呼ばれるものは多く登場したが、多くはジャーナリスティックに言われただけで、しばらくすると忘れ去られた。「IT革

命」と言われるものが産業革命に匹敵する社会体制変革をもたらすのかどうかは今の時点では断言できない。それゆえ、本章では「IT革命」は「 」付きで用いることとする。

2 「IT革命」の経済的・社会的インパクト

IT産業を狭くコンピュータと通信関連機器サービスの提供を行う産業に限定しても、それが先進国、とくにアメリカにおいて、経済成長や投資、貿易等に占める比率は著しく増大している。

コンピュータを商業的に使うことは1960年代に開始されている。会計処理、給与管理、経営報告、生産計画等々である。1970年代から80年代にかけて企業は自社の壁を超えてコンピュータを使い始めた。受発注、送り状、その他である。しかし、これらのネットワークはコストが高く中小企業には導入が難しかった。まして、一般消費者がネット上で購買をするなどということはなかったのである。インターネットの普及によってこれらのコストは劇的に下がり、あらゆる規模の企業と一般消費者を巻き込んだネット上の商取引が開始された。これらにより商取引にかかわる諸コストが低下しただけでなく、在庫の削減や顧客へのすばやい対応が可能となった。企業間競争においてますますスピードが重要になったのである。パソコン販売ではネットを活用した直販業者であるデ

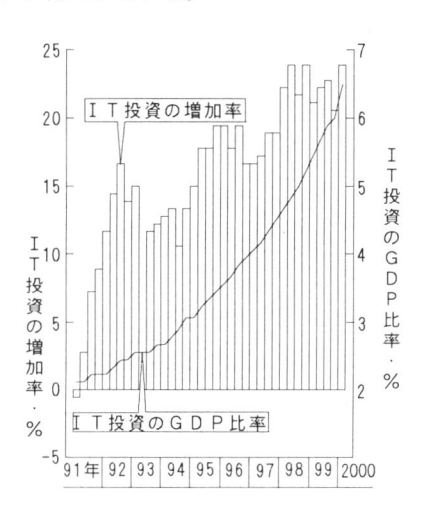

図5-2 アメリカIT投資の増加率（前年同期比）とGDPに対する比率

出所）『日本経済新聞』2000年5月31日

ル社が世界の頂点に立つようになった。日本のコンビニエンスストアの急成長の背景には情報システムと小口配送によって「売れ筋・死に筋」の的確な見極めができるようになったことがある。音楽、ニュースその他無形財については直接にネットを通じて配信されるようになり、音楽CD販売という形態は大きく転換を迫られている。また、情報システムの発展によって従来の系列取引に代わってネットを通じた部品調達が進められるようになっており、さらにはネット上の価格公開は「価格後決め」や「リベート支給」（売上、市場占有率、回収率といった指標でもって販売代金の一部を払い戻し、販売促進をする方法）といった日本的慣行の変更をも迫っている。ITは企業間だけでなく企業内のことがらにも大きな影響を与えている。ITは企業の意思決定のスタイルを変えた。ITによって企業内の情報流通のコストは下がりスピードが増した。これは上意下達しかできないメッセンジャーボーイ的な中間管理職の排除に繋がっていった。書類の上に順に印を押していく日本の伝統的な稟議制度に代わり、企業内LAN（ローカル・エリア・ネットワーク）上に掲載された情報は明示的に反対意見を述べない限りある一定期間後には承認済とみなされるようになった。

　これらの効果は経済のグローバル化をよりいっそう推し進めた。ネット上の商取引は国境を超えて行われるようになった。例えば、従来、多大なコストと時間をかけて行われていた日本からの洋書購入もアマゾン・ドット・コムによって簡単かつ迅速に行われるようになった。アメリカ自動車メーカーはネットで世界中から部品業者を探し出し、日本的系列システムを凌駕するようになった。

　「IT革命」は同時に否定的現象も生み出した。それは有害情報の流通、プライバシー等個人の権利の侵害、サイバーテロ、デジタル・デバイド[*]などである。有害情報としてはポルノ、自殺方法の教示、麻薬入手方法の教示などが挙げられる。プライバシーの侵害という面では、各種の顧客データ、アンケート調査への回答、ウェブサイトへのアクセス記録などが統合される形でデータベース化され、個人情報として累積され、流

通している。しかも、それらの情報については本人には確認も訂正もできない。サイバーテロとしては、①ホームページを改竄したり情報を盗み出す、②特定のサイトに大量の接続要求を送りパンク状態にする、③破壊行動をするファイル（ウィルス）を送り、システムを機能不全に陥れる、といったものがある。それに関連して流言飛語をばら撒いてチェーンメール化するのを見て喜ぶ悪質な愉快犯もまたいる。デジタル・デバイドはアメリカのような先進国内において問題になっているだけでなく、先進国・途上国間、途上国内においても大きな問題となっており、国際問題化している。

> 論点1　「IT革命」が社会にもたらしたメリット・デメリットは何か。また、メリットを最大化し、デメリットを最小化するにはどのようなことが必要か。

2　「IT革命」と国家主権

1　近代国民国家のシステムと電気通信

現代社会においては国民国家がそれぞれ国家主権を有し、国家が基礎となって国際関係が形成されている。国民国家が古来からの自然的性格をもつものか、あるいは近代において「幻想の共同体」（B.アンダーソン）として作られたに過ぎないのか、あるいはそれらの両方の性格をもつのかについては各種の議論があるが、いずれにせよ一つの「国民」が一つの国家をもち、均質な「領土」を排他的に占有し、共同の事務機構であり、生命維持装置である「政府」（国家機構）を有し、対外的には外交と軍事を独自に行い、内政干渉されないという「国家主権」をもつという点が国民国家の要点である。

政府は国民と領土を統治する仕組みであり、兵制、徴税と国内秩序権を基礎とする（猪口孝）。徴税は政府活動の原資をもたらすだけでなく、

徴税の仕方と財政配分は国内的な負担と便益の配分をもたらし、対外的な活動資源を確保する。秩序維持組織は官僚組織、裁判所、警察、兵制、地方制度などである。組織を維持する道路、運輸、通信などの維持が重要となる。国家主権は対外的には国家の上位主体を認めない権利である。ドイツにおいて戦われた30年戦争の結果結ばれたウエストファリア条約（1648年）以来、西欧の国際体制として形作られ、それゆえ「ウエストファリア体制」とも呼ばれるものである。

　近代国民国家において通信は国内的な秩序維持組織の基礎となるだけでなく、軍事・外交の面で国家主権を守る柱でもあった。19世紀のアメリカの国家統一がモールス符号と大陸間横断鉄道の開通によったものであることは知られている。また、軍事的には近代以前においても各種の通信手段が利用されていたが、近代においては電気通信が決定的に重要となった。日本においても西南戦争において政府軍が有利に戦局を進めたことや、日露戦争においてロシアのバルチック艦隊の動きをいち早くキャッチし（「敵艦見ゆ」）、迎撃に役立てたことなどが知られている。第二次世界大戦では無線技術が戦局を大きく分けた。それゆえ、当初は民間によっても敷設されていた電気通信網はヨーロッパや日本のほとんどの国において国有化され、国の統制下におかれたのである。日本は第二次世界大戦前においては逓信省が、第二次世界大戦後においては電気通信省を経て日本電信電話公社（国際通信については特殊会社である国際電信電話会社）が独占的に電気通信の事業主体となったのである。日本においては通信機器の製造は民間企業においてなされたが、これらは製造業者は「電電ファミリー」と呼ばれ、電電公社の主導下におかれたのである。アメリカは唯一AT＆Tという民間会社が主要通信網を担ったが、強い統制下におかれた。また、無線については外国企業であるマルコーニ社によって支配されていたことが軍事的に問題であるとされ、売却が求められてRCA社が誕生した。

2　国際システムの形成と電気通信

国際社会は主権国家の集合であり、統一政府は存在しない。しかし、国際社会はその不安定に対応するために取り決めがなされたり、国際システムが形成されたりする。国際システムは「一定の制御に従って、定期的に交流する種々の主体の総体」（ギルピン）である。種々の主体は国家が依然支配的である。国際システムは「一定の制御」に従うが、制御には一極、二極、多極の諸体系がある。覇権国家による一極的体系が安定的であったとの説も有力であるが、これについては批判も多い。国家間の取り決めは外交、戦争、貿易・経済の三つの面で作られていったが、欧州各国はウエストファリア体制の下で取り決めを発展させ、国際法とした。国際システムは19世紀以降、国際郵便、国際通信、国際特許・著作権保護などにおいて共通の利害の下に形成されていくのである。

　電気通信に関して形成された国際電気通信連合（ITU）や衛星通信に関して形成された国際衛星通信機構（INTELSAT）、国際海洋通信機構（INMARSAT）はこのような国家主権を基礎にした国際システムの重要な環を形成していた。国際間の通信量は増大し、情報はますます瞬時に世界中に流れるようになった。しかし、基本電気通信の事業主体は国ないし公的主体であり、関連事業分野も強い規制下におかれたのである。

3　国際システムの変貌と電気通信技術

　国際システムは大きく変貌を迫られている。その一つの要因は企業、とくに多国籍企業の発展と国際的資金移動の大量化・迅速化による世界経済の同質化・緊密化および相互依存の進展である。もう一つの要因はNGO/NPOの活動に典型的にみられるような国境を超えた民主主義、人権保護、環境保護等の伝播である。第二の点は他章に譲り、第一の要因についてみていこう。

　資本主義企業は初期の段階から国境を超えた活動も行っていた。しかし、それらの多くは貿易ならびに原材料の調達等にかかわるものであった。19世紀末から20世紀にかけての帝国主義時代においては資本の輸出も活発に行われるようになった。第二次世界大戦後、アメリカを中心

とする国際貿易・通貨体制であるIMF（国際通貨基金）・GATT（関税と貿易に関する一般協定）体制が構築された。それらを背景に1950年代から60年代アメリカ企業は活発にヨーロッパに進出、現地で本格的な生産・販売活動を展開し始めた。これらの企業は「多国籍企業」と呼ばれるようになった。また、戦後復興の結果およびアメリカ企業への対抗のためヨーロッパ企業もまた、アメリカを含む他国へ進出し、多国籍企業的に活動するようになった。さらに、1980年代にはそれまで輸出指向であった日本企業もまた、貿易摩擦と円高・円コスト高を背景に多国籍企業化を進め始めた。90年代には賃金の高騰等を背景にアジアNIES（新興工業経済地域）等の中進国の企業も発展途上国への進出を始めた。これらの多国籍企業は単に多くの国・地域に拠点をおいただけでなく、その拠点間で国境を超えた分業関係を築き上げ（企業内国際分業）ている。そのような企業内国際分業の進展の背景にはヒトとモノの両方での流通の発展と情報通信技術の発展がある。アメリカのシリコンバレーとインドのバンガロールでは時差と情報技術を利用して24時間ソフトウエア開発体制が採られている。受注生産を行うパソコンメーカーはネット上で注文を受け、ユーザーの指定するスペック（仕様）はシンガポールやマレーシアの生産拠点にコンピュータによって連絡され、そこで注文どおりの生産がなされた後、空輸される。家電部品や自動車部品の試作品は現物を送る必要がなく、三次元CADで設計されたデータが海外の工場に送信され、そこで光造形装置で実物に再現すればよい。これらの企業内国際分業の結果発生した国境を超えた企業内取引（企業内国際貿易）は今日では国家間貿易の少なくない部分を占めている。これらの多国籍企業の存在と活動は直接間接に国際システムに変貌を迫っている。

4　国際システムの変貌と電気通信事業規制

上述のように近代国家成立以降、とくに第二次世界大戦後、日欧など主要国では電気通信分野は国家主権を守る観点から国家による事業運営がなされていた。しかし1節で述べたような1980年代のコンピュータ

と電気通信の融合を伴う、急速なITの発展は国家規制の枠組みを変えた。民営化と規制緩和による市場競争のシステムが1980年代は先進国を中心に、1990年代にはさらに発展途上国にも導入されていった。

　ウルグアイ・ラウンドにおいてサービス貿易の一つとして電気通信が議論の対象とされ、サービス貿易一般協定（GATS）が結ばれた。1985年にGATTを継承発展して設立されたWTOはこれをうけ、電気通信分野をその協議範囲内においている。その中身は基本電気通信交渉を通じて内実化され、1997年に市場アクセス、投資、競争促進規制からなる合意が達成された。従来国家主権にかかわる分野としてGATTの枠組みの外におかれてきた電気通信はここにおいて世界的な市場開放・規制緩和・競争のシステムの中で通常のモノの貿易と同様の貿易交渉枠組みの中におかれるようになったのである。

　2000年九州・沖縄サミットではITが世界経済成長の原動力と位置づけられ、その効果の最大限引き出す政策の在り方が議論された。それらは沖縄IT憲章（「グローバルな情報社会に関する沖縄憲章」）として採択された。その要点は以下のとおりである。

- ITの利益を享受するには経済改革、構造改革、健全なマクロ経済運営などが重要である。
- 政府は不当な介入を避けるべきである。
- 電気通信や物流分野における競争や市場開放を促進する。
- 電子商取引に対する課税ルール作りで経済協力開発機構（OECD）の作業を支持する。
- 消費者のプライバシー保護、電子認証・署名、暗号など取引の安全確保、犯罪防止のために官民などすべての利害関係者が協力する。
- 電子送信に関税をかけない慣行を継続する。
- ITに関する国際格差の解消には各国、国際機関、非政府組織（NGO）を含むすべての利害関係者の協力が必要。
- 発展途上国支援のための作業部会を設立し、ITを利用する。費用の引き下げや人材開発などへの取組みを探る。

以上である。

続いて2000年9月に開かれた国連ミレニアムサミットでは「情報・通信技術の北と南の不均衡は最も大きな関心事だ」(国連サミット議長のヌジョマ・ナミビア大統領) という言葉に代表されるようにデジタル・デバイドの生む新たな「南北問題＊」への懸念が強く表明された。

ITを巡る国際的政策協調はいっそう強められることとなった。それらはITが狭い意味での国家主権に基づく規制枠組みを大きく超えて発展してきたことへの反応であった。ITは新しい国家間のシステムによって制御されるようになったにとどまらない。ITはデ・ファクト・スタンダード (事実上の標準) が大きな意味をもつ分野であり、非政府組織によって標準が決められていく動きをも促したのである。ITは国際システムの変貌を迫った多国籍企業の活動や国際的な資金移動の迅速化の大きな手段であったばかりでなく、それ自身が新しい国際システムの下での制御が必要とされる重要な外交領域となっているのである。

5 新たな国際システムによる制御が必要な諸問題

①徴税問題

ネット上で売買が行われる **電子商取引＊** (e-commerce) は個人のレベルで容易に国境を超えた売買を成立させる。ネット上で売買が成立し、決済が行われるだけで、物品は別途輸送されるのであれば、税関でチェックすることも可能である。しかし、文書・画像・音声など売買の対象自体がネット上で移動する場合、その結果、当該の売買に関する徴税、および売買の結果得られた所得に対する徴税に技術的・制度的困難が発生している。アメリカ等では電子商取引の推進のためにネット取引に対する免税を決めているが、EU(ヨーロッパ連合) では販売企業がEU域外企業であっても納税を義務づけ、EU内のいずれかの一国に納税することを要求するとしている。これはOECD(経済協力開発機構) が1998年に「モノ」(実物商品) については消費者のいる国の税務当局がどの国の業者からでも徴税できるとの結論を出したことに基づいている。しかし、こ

の問題はネット課税免税を決めているアメリカとの政策対立を生むだけでなく、取引実態の捕捉の困難から税負担の公正化が図れない可能性もあり、国際的な外交交渉テーマとなっていくと思われる。

②事業規制問題

金融・証券業等の規制産業においては外国のサーバーにホームページを設置して国内向け営業活動を行う企業に事業規制の枠組みをかけられるかどうかが問題となっている。例えば、日本でもオーストラリアのウィルソンHTM証券はオーストラリアにサーバーをおき、日本語ホームページを開設、電話・ファックスも日本語で対応する営業を行い、議論の的となった。

③国際刑事問題

2000年5月に「I love you」と呼ばれるコンピュータ・ウィルスが世界中で猛威をふるった。その被害総額は100億ドルを超えたと言われている。これは自動的にウィルスを撒き散らす強い感染力（マイクロソフト社のOutlookが入っているとその中のアドレス帳を読み出し登録アドレスすべてに感染メールを転送する）とパソコン上のデータを壊してしまう破壊力の二つを兼ね備えた「複合型」ウィルスであった。発信者とみられる人物はフィリピンの男女であった。ところが、問題となったのはフィリピンにはハッカーを取り締まる法律が存在しなかったことである。当該国において法律がなければハッカーは違法ではなく、当局は逮捕も事情聴取もできない。そのために裁判所から捜索令状を取得するのに時間がかかった。結局は不正な通信手段で詐欺行為を働くことを禁じる法律が適用された。

このようにコンピュータ・ネットワーク上の犯罪は瞬時に世界中を駆け巡る。しかし、取り締まる法律はそれに対応していない。

④電子署名

2000年10月、アメリカで世界に先駆けて電子署名法が施行された。従来、消費者向け電子商取引は少額の物品購入が中心となっていた。金融・保険サービスや権利の移転を伴う自動車販売などはネットで選べて

も最終的には契約書へのサインが必要であったからである。電子商取引においても世界で最も先進的であるアメリカですら小売総体に占めるネットの売上げが0.7％前後に過ぎなかったのもこうした制約があったためである。電子署名法の成立・施行によってオンライン・バンキング、ローン、自動車、住宅などの高額商品の販売がネット上で完結するようになる。企業間の資材調達は改めて多くの書類を取り交わす必要がなくなった。

　このアメリカの電子署名法には海外にも同様の法整備を求める条項がある。電子商取引は容易に国境を超える。電子署名が一方の国では法的に有効で、他方の国では無効であったり、有効とみられる手続きが異なるならば取引は停滞を余儀なくされる。日本では2000年5月に電子署名及び認証業務に関する法律が成立し、2001年春に施行された。他の諸国についても同様の法律が成立されるとともに、技術的な標準化が進められていく必要がある。

⑤国際的なデジタル・デバイドへの対処

　デジタル・デバイドは貧富や文化の差異によって容易に拡大する。したがって、国内以上に所得格差も文化的差異も大きい国際間においてはデジタル・デバイドはさらに容易に形成される。途上国の多くの国民や企業等はコンピュータを購入し、回線使用料・ネットワーク使用料を支払うだけの経済力に到達していない。言語の壁も存在する。これらの問題については次節で改めて検討する。

> 論点2　「IT革命」によって近代的国家主権を超える諸問題が発生している。これらの問題を巡る国際的政策協調と国家主権の問題をどのように考えればよいか。

3　ITと発展途上国開発

「IT革命」は発展途上国が従来にない速度と低コストで世界の知識の蓄積から利益を得る可能性を広げた。しかし、同時に情報の流れのグローバル化は競争を激化させ、最も貧しい国やコミュニティがより取り残されていく危険性を孕んでいる。途上国は2種類の知識の諸問題をもつ。第一に、技術的知識（例えば農業、医療・保健、会計などに関する知識）に関する「知識ギャップ」(knowledge gap)であり、第二に、属性についての知識（例えば製品の質、借り手の信用度、従業員の勤勉さなどに関する知識）に関する「情報不全問題」(information problems)である（『世界開発報告1998/99』）。これらの問題を改善することなく、途上国の開発問題は進まない。

発展途上国が知識ギャップを縮めるためには以下のようなことが求められる。

知識の獲得：開放貿易体制、外国投資、ライセンス契約などを通して世界の他の地域にある知識を見つけ適用する。または、自国での研究開発によって知識を創造したり、その地方特有の知識を発展させたりする。

知識の吸収：例えば基礎義務教育制度を定めて実施する。とくに女子などの従来不利な立場におかれてきたグループへの実施を強化する。また、生涯教育の機会を作ったり、科学分野を重視した高等教育を支援する。

知識のやりとり：新しい情報通信テクノロジーを競争の増大、民間による供給、適切な規制に留意しつつ活用する。また、貧困層のアクセスを保証する。

発展途上国が情報不全問題に対処するためには以下のようなことが求められる。

企業情報や製品情報の開示：会計制度や情報開示を通じて透明性を確保したり、情報が乏しい状況で機能する規制方法を考える。

環境知識の増加：研究を行って効果的な環境政策を支えたり、公害低減と企業責任を奨励するインセンティブとなる情報を普及することが必

貧困層を苦しめる情報不全問題に対処する：時間をかけて貧困層のニーズと関心事に耳を傾ける。これは社会が彼らに有益な情報を提供し、市場からの孤立状態を改善する方法を工夫できるよう支援することが目的である。

以上である。

発展途上国の人々はIT新技術を利用し、教育、金融、環境、低所得層のための所得向上、政策決定などの広範な分野に役立てることができる。

IT技術は子供時代に基礎教育すら受けられなかった途上国の多くの大人への生涯教育をサポートする。ITは途上国の多くの潜在的投資家に投資機会を提供する。ITは貧困層の収入増を助ける。ベトナムの小規模ビジネス向け貸付では電子メールが救援団体がコミュニティの女性たちと常に連絡を取り合い計画的に借り入れ返済をすることに役立っている。パナマでは女性たちが作った工芸品の写真がNGOの助けをかりてインターネットのウェブサイトに載せられた。西アフリカでは通信技術が糸状虫症撲滅に貢献した。ITは貧困層に役立つ情報の入手を容易にする。スリランカの農村部では電話サービスが導入されたことで、小規模農家が首都コロンボの農産物の卸価格と小売価格を瞬時に入手できるようになり、以前はコロンボ価格の平均50〜60%で売っていたものが、80〜90%で売れるように変化した。ITは統治能力を向上させる。ケニアの農業省は予算審議にコンピュータを使い、決定権のある人々にプロジェクトの追加や削除の結果を示しながら意見を聴取し、結果として予算配分が改善された。

しかし、ITは国内外でのデジタル・デバイドを広げる可能性がある。とくに、途上国においては多くの人はコンピュータ等通信機器や電気通信サービスは高価で購入・契約できない。また、電話をもつ余裕のある人々ですらその申し込みから設置まで何年と待たされることもある。インターネットの主要な言語は依然英語であり、英語のできない人は知識

にアクセスするのが難しい。さらには途上国において多くの非識字者が存在し、自国言語ですらアクセスが難しい。それゆえ、ラジオ、テレビ、新聞などの伝統的メディアも依然重要であり続ける。政府は民間と提携し、低所得層・地域へのサービスの拡充がなされるよう、制度的工夫を行う必要がある。チリ政府は農村における公衆電話設置に競争入札を実施しながら補助金を与える制度を実施し、予算の半分で目標の90％を達成した。

　2節で触れた沖縄IT憲章では国際的なデジタル・デバイドの解消について次のように述べている。発展途上国自身がIT利用を推進する競争促進的な政策・規制の構築、開発におけるIT利用、人材開発、域内の企業家精神の奨励のために主体性をもつことが重要である。同時に、国際格差を解消するためには各国、国際機関、非政府組織等の草の根の努力を含むすべての利害関係者による協力が必要である。サミット8か国は作業部会を設置し、これらの問題について検討、次のサミットまでに報告を行う。つまり、途上国自身の努力と国際社会からの協力の両方が必要である、との認識である。これらの認識に基づき、サミット8か国は共同で保健・文化・教育の面で実験プロジェクトを進めることとなった。保健分野では途上国と先進国の診療所間の医療情報交換、感染症に関してネット上に症状や治療法の基礎情報を載せたホームページの整備など、文化の面ではネット上での伝統音楽、舞踊、民話、民芸品などの文化遺産のデータベース化など、教育の面では途上国と先進国を結んでの遠隔教育などが挙げられている。

　ITは多大な経済的・社会的インパクトをもつものであるが、それ自体は道具であり、メディアであるに過ぎない。それらを有効に使い社会的便益を増すには種々の社会的システムを必要とするのである。

論点3　「IT革命」は発展途上国に機会と危機を与えている。発展途上国はどのようにして機会を利用し、危機を回避すべきか。また、それらに先進国はどのように関与すべきか。

コーヒーブレイク

電気通信規制の国際的動向

　電気通信規制における競争導入が最も早かったのはアメリカである。1978年アメリカの最高裁判判決により一般長距離通信市場が競争に開放された。1982年、長らくアメリカ司法省との間で独禁政策で争ってきたAT＆T(アメリカ電話電信会社) は司法省との同意判決に応じ、その合意に従って、AT＆Tは1984年、長距離通信と七つの地域電話会社（PBOC）に分割された。機器製造をになってきた系列会社WEについても系列から分離された。これによって長距離通信を中心として、活発な競争がなされるようになった。1996年には1934年通信法が改正され、1996年通信法が成立した。これによってより積極的な競争政策が採られることとなった。その競争の特色は第一に、電話市場(長距離、地域)の内部において末端需要家による事業者選択を容易にさせる競争の仕組みが採られたことである。つまり、ある市場について競争を行うが、その競争の結果その市場については特定の業者によって事業が行われ、したがって、需要家には選択の自由が事実上存在しない、というのではなく、ある市場において複数の事業者がサービスを行い、需要家はそれを容易に選択できるようにするということである。より具体的に言えば、長距離電話市場ではすでにAT＆Tの市場占有率が50％にまで低下していたのをさらに競争を促進するために、1984年のAT＆T分割の際の条件を変更し、地域電話会社についても長距離電話参入制限の解除する。地域電話市場については75％がかつてAT＆Tであった地域電話会社によって担われていたものを全面的に開放するため、既存業者に相互接続や再販応諾などを義務づけた。第二に、電話とメディアの両市場で相互の活性化を育成するために一方市場の事業者が他方市場の事業者になりうること、すなわち、電話と他のメディアの相互進出が保証された。これは特定者との情報のやり取り＝通信、不特定者への情報発信＝放送という区分が通信の側における不特定者への情報発信の増大、放送の側における特定契約者への放送や双方向化などによって垣根が低くなっていることへの対応でもある。CATV業者やデジタル衛星放送業者は今や単に放送業者ではなく有力な通信事業者である。このような新たな技術的発展を背景とした業者が地域電話（通信）市場の有力な担い手となりうるよう規制枠組みを整えたわけである。

　1984年にイギリスはBT(British Telecommunications) の独占であった電気通信市場の開放を行った。もっとも1991年までは競争相手をマーキュリー(現

C＆WC）1社のみとする複占政策を採っており、本格的な競争政策が採られたのはその後である。

　1985年には日本において公社形態であった日本電信電話公社が特殊会社である日本電信電話株式会社（NTT）に組織変更された。これは巷には「民営化」と称されているが、NTTは通常の商法に基づく株式会社ではなく、日本電信電話株式会社法という特別な法に基づいて設立されており、その規定により、政府が株式の3分の1以上を保有すること、社長についても政府の任命によることが定められており、純粋民間会社となったわけではない。しかし、この組織変更は市場原理に基づいて事業を行う性格を強くNTTに与えた。また、同時に事業規正法である公衆電気通信法が電気通信事業法となり、長距離電話や国際電話を中心に競争が導入されることとなった。1990年代急速な普及をし、2000年にはついに固定電話の設置台数をも抜き去った携帯電話においても企業間の激しい競争がその普及を促した。1998年には国際電信電話会社法も廃止され、KDDは一民間国際通信業者となった（その後日本高速通信さらにDDIと合併、KDDIなった）。1999年にはNTTは分割され、二つの地域電話会社（NTT東日本、NTT西日本）長距離・国際通信会社のNTTコミュニケーションズ、携帯電話・PHSのNTTドコモ、データ通信のNTTデータがNTT持ち株会社の傘下に入る形となった。しかし、この中途半端な再編はすぐさま再再編論議を生み出しており、さらに競争的な分割再編が予想されている。

　このような競争体制は国内業者間の競争にとどまらない。電気通信における競争体制をいち早く整えたアメリカは国際市場においても自由化を図るべくイニシアチブを発揮している。多国間レベルでは本文で述べたように、GATTウルグアイ・ラウンドおよびWTOにおいて基本電気通信が貿易交渉の対象と位置づけられ、1996年にWTO基本電気通信交渉が妥結することで、電気通信サービスはモノの貿易に準じる自由・無差別の原則の下におかれるようになったのである。多くの国で採られてきた外資規制もまた、交渉の対象となった。ウルグアイ・ラウンドにおける交渉で日本はNTTとKDDにおける外資20％規制（のちKDDについては撤廃）を除いては外資への開放を行うこととした。二国間レベルでもアメリカは電気通信事業の実質的な対外開放を迫っている。2000年のサミットを前にした日米間の（日本の）地域電話接続料問題はその一つである。地域電話接続料など、従来であれば通信主権の観点から外交交渉の対象にすらなりえなかった分野が今や、外交交渉の焦点となっているのである。

〈参考文献〉
1) 米国商務省『デジタル・エコノミーⅡ』東洋経済新報社、1999年
2) 米国商務省『デジタル・エコノミー 2000』東洋経済新報社、2000年
  1) 2)は「IT革命」の先進国アメリカの実態を明らかにしたもので、ITがアメリカの好景気を支えている様子が窺える。
3) 日本情報処理開発協会『情報化白書2000』コンピュータ・エージ社、2000年
  日本の情報化の実態についてひととおりのことがわかる。
4) 坂本正弘『新しい国際関係論』有斐閣、1997年
  国家主権システムの変貌を捉えるもので、その中に電気通信の問題も位置づけられている。
5) 世界銀行『世界開発報告1998/99 開発における知識と情報』東洋経済新報社、1999年
  途上国開発における知識と情報の問題を体系的に取り扱ったものである。

用語解説

インターネット（The Internet）
ネットワークのネットワークという意味。通常は1960〜70年代に米国防省のプロジェクトによるARPANETを前身とし、通信方式としてTCP/IP、IPアドレス、通信技術としてパケット通信を用いた「自律・分散・協調型ネットワーク」のことを指している。パソコンを含めたすべての世界中のコンピュータで迅速・安価・簡便に情報のやりとりができるようになり、それまでのコンピュータ利用にはない劇的な経済的・社会的インパクトを生んでいる。

デジタル・デバイド（digital divide）
情報化が生む経済格差。貧富、居住地、母語、性別、年齢その他の格差によってIT技術へのアクセス度の違いが発生し、そのことがさらに社会的格差を広げていることを指す。

南北問題（North-South problem）
先進国と発展途上国との間の経済的・社会的な格差の問題。地球の「南」に発展途上国が多く、「北」に先進国が多いことからこのように呼ばれる。かつては南北問題の中心論点は一次産品の貿易問題などであった。今日では南北問題も多面化している。

電子商取引（electronic commerceないしe-commerce）
商品情報の開示、売買の成約、代金決済という一連の商取引を電子ネットワーク上で行うものである。企業対企業（Business to Business：B to B）、企業対消費者（Business to Consumer：B to C）等いくつかの種類に分けられる。

■ Cooperation ■

第6章　貧困問題と日本の経済協力

高橋伸彰

────〈本章のねらい〉────

　世界銀行の『世界開発報告』(2000年版)によれば、1998年時点で世界人口59億人のうち35億人が、1人あたり国内総生産(GDP) 760ドル以下の低所得国で生活している。それでも、1998年度にノーベル経済学賞を受賞したインド出身の経済学者A.センは、途上国の開発は経済成長自体を目的にするのではなく、政治・社会活動など多様な自由を拡大するプロセスとして進めるべきだと言う(石塚雅彦訳『自由と経済開発』日本経済新聞社)。所得が日本の50分の1以下に過ぎない途上国でも、経済成長は目的ではなく手段に過ぎないと言うセンの議論を前にしたときに、日本がより高い成長を目指すことにどのような意味があるのかという疑問が湧いてくる。経済成長自体を批判するつもりはないが、日本の経験から言えば経済成長は豊かさを実現する必要条件ではあっても十分条件ではない。同じことは途上国の開発についても言えるのではないだろうか。そこで本章では、経済成長の面では見事な成功を遂げた戦後の日本経済が、20世紀末の10年間で直面した成長と豊かさの関係を巡る問題を出発点にして、改めて途上国にとって開発とは何か、そのために日本はどのような協力を行うべきかについて考えてみたい。

1　戦後日本の経済成長とその問題点

1　キャッチアップから失われた10年への軌跡

　J.M.ケインズは1930年代の世界大不況の最中に執筆した論文「わが孫たちの経済的可能性」の中で、いずれ経済問題が人類にとっての問題ではなくなる日が訪れると述べている。それは際限のない人間の欲望がすべて満たされる日のことではない。衣食住を初めとする生活上の「絶対的な必要」が満たされ、貧困という「経済上の切迫した不安」から人間が解放される日のことである。しかし、そうした日が訪れたとしても、生活を楽しむよりはさらなる経済的な富を求めようとする人が大勢いるのではないかとケインズは懸念した。

　このケインズの懸念が的中したのが、「キャッチアップ」以降の日本経済だった。キャッチアップとは英語で追いつくという意味だが、第二次世界大戦後の日本経済にとっては経済力で欧米の先進諸国に追いつくことが最大の課題であった。敗戦直後の国民生活を現在の「家計調査」の前身である「消費者価格調査」で振り返ってみると、1947年における平均的な世帯の1年間の消費支出は家族5人弱で名目＊5万6,000円、そのうち3万5,000円が食糧の購入に当てられていた。エンゲル係数（所得に占める食糧費の割合）は実に60％を超えていた計算になるが、それでも摂取カロリーは1日1人あたり1,500キロカロリー（最近における最貧国のエチオピアでも1,800キロカロリー弱）と、平均でみる限りほとんどの国民が空腹に苦しんでいたと考えられる。

　こうした貧困から脱し豊かな生活を享受しようと、戦後の日本は産業の国際競争力強化を梃子にして経済成長を図り、経済力で欧米にキャッチアップすることを目標に掲げたのである。その過程で中心的な役割を果たした政策が産業政策である。産業政策とは具体的には次のような政策のことである（以下の①～④は伊藤元重他『産業政策の経済分析』東京大学出版会、第1章による）。

① 貿易・直接投資など海外諸国との取引に介入したり、補助金・税制などの金銭的誘引を使うことによって、発展産業を育成・保護したり、衰退産業からの資源の移転を調整・援助する政策。
② 的確な情報を提供したり、補助金や税制による政策手段を用いたりさまざまな形の市場の失敗を是正し、資源配分を望ましい方向に誘導する政策。
③ 不況カルテル・設備投資カルテルなどを通じて産業内の競争構造や資源配分に直接介入しようとする政策。
④ 経済的な根拠というよりは、むしろ政治的要請に基づいて採られる輸出自主規制などの対策。

　個別の政策についてのより具体的な説明は省略するが、いずれも欧米的な市場メカニズム重視の政策ではなく、政府による市場への介入を基本とした政策であり、それを主導したのが通商産業省（現在の経済産業省）であった。ただ、産業の競争力を強化するという観点からみれば、通産省だけではなくほとんどの省庁や政策機関がこの目的達成に向けて政策を総動員した。例えば、日本銀行は国民に貯蓄を奨励する一方で預金金利を低く抑え、安定した量の資金を低い金利で戦略的な産業に供給することに努めた。また、文部省（現在の文部科学省）は優秀で均質な生産技術者を育成するために、工学部を中心とした大学学部の新増設や工業専門学校の創設などを積極的に行った。さらに、建設省や運輸省（両省とも現在の国土交通省）は都市公園や下水道などの生活関連の社会資本よりも、産業道路や港湾などの産業関連の社会資本整備を優先的に進めた。そして、大蔵省（現在の財務省）も税制や予算配分の両面で戦略的な産業に対する各種の優遇策を展開したのである。

　こうした政策に加え、個々の企業の経営努力や勤勉な労働者の貢献が世界から「奇跡」と評される高度成長の原動力となり、2度にわたる石油危機の克服を経て1987年には国民1人あたり国内総生産（GDP）でアメリカを追い越したのである。この1人あたりGDPにおける日米逆転の背景には1985年のプラザ合意を契機とする大幅な円高*の影響もあったが、

当時の円高自体は日本産業の高い国際競争力を反映したものだった。そして、ドルベースの名目所得における日米逆転とはいえ、これによって戦後の日本経済の大きな課題であったキャッチアップは達成されたのである。

　もちろん、キャッチアップ後においても所得以外の住宅や各種の社会資本の面では欧米に遅れをとっている分野もあり、労働時間の長さや生活費の高さでも国民の不満は小さくなかった。事実、1989年に実施された世論調査では「生活に豊かさを実感している」と答えた国民はわずか5人に1人と少なかった。しかし、そうした問題の原因は必ずしも経済的な所得の低さにあったわけではない。それにもかかわらず、日本経済はケインズが懸念したとおり、キャッチアップ後も土地や株などの資産を対象にしたマネーゲームによってさらに経済的な富を拡大し続けようとした。国民1人あたりGDPのキャッチアップでは物足りずに、国全体の経済規模でもアメリカを追いぬこうとしていたのかもしれない。そうしたマネーゲームの顛末こそ未曾有のバブル発生とその崩壊であった。

　時期的にみれば、日本経済のバブルは国民1人あたりGDPの日米逆転と同じ年の1987年に発生し、冷戦が終焉した1990年前後に崩壊した。バブル崩壊後の10年は日本経済にとって「失われた10年」と言われているが、何が失われたのかに関してはさまざまな議論がある。ただ、マクロ的な経済統計をみれば経済成長率の低下が最も顕著である。実際、20世紀最後の10年間の実質経済成長率は平均でわずか1％、70年代の同4.6％、80年代の同4.1％と比較しても大幅に低下した。戦後の日本経済にとって、これほど長期にわたって成長率が低下したことも、また、その回復が難しいと認識された時期もない。1990年代を通して政府は過去最大と呼ばれる大規模な景気対策を何度も繰り返したが、21世紀を迎えるまでに成長率を本格的に回復させることはできなかったのである。

2　誰が、なぜ、より高い成長を望むのか

　成長率が高い社会と低い社会とどちらを選ぶかと聞かれれば多くの人

は、高い社会のほうがいいと答えるのではないか。しかし、経済成長とはあくまでも手段であり目的ではない。人々がより高い成長を望むとすれば、失業を初めとするさまざまな経済問題を解決するには成長が必要だというふうに考えているからだろう。

日本のGDPが名目で初めて100兆円を超えたのは第一次石油危機が生じた1973年のことである。それから27年を経た世紀末の2000年、GDPは500兆円を超える規模にまで拡大した。国民1人あたりの名目所得でアメリカを凌ぐだけでなく、国全体の規模でもイギリス、フランス、イタリアの3か国合計に匹敵するほど巨大になった。この巨大な経済力を引き続き拡大していかなければ、安定した雇用や老後の安心が保証されないとするなら、世界に例をみないと評される戦後日本の驚異的な経済成長とはいったい何だったのだろうか。すでに「絶対的な必要」が満たされた日本において、500兆円・4兆ドルもの経済力が1年後に何％増えるかが重要な政策課題だと位置づけている限り、「成長依存」の発想から脱することはできない。

そもそも、日本の政府が少しでも高い成長を目指そうとするのは、年金や財政などさまざまな経済システムが実質3％程度の成長率を前提にして運営されているからだ。したがって、もし前提どおりの成長率が達成できなければ年金や財政などの経済システムは、将来的に大幅な「改革」を迫られることになる。だから、前提どおりの成長を実現するためにあらゆる政策を講じるべきだというのは一つの論理だが、しかし、1990年代に経験したように成長率が回復しなければ現在のシステムが破綻するだけでなく、成長率回復のために費やされた膨大な対策費の負担は、財政赤字の累増という形で将来の世代に転嫁されることになる。

もちろん、日本経済が長期的に何％で成長できるかは誰にもわからない。成長会計的に（労働力や資本ストックの増加および技術進歩率などの生産要素の伸びが成長率に与える影響を試算して）将来の成長率を予測する方法もあるが、そのようにして推計された**潜在成長率**＊はあくまでも予想に過ぎず、予想どおりに日本経済が成長するという保証はどこにもない。事

実、成長率の予想がいかに難しいかは、政府がこれまで立ててきた経済計画で想定された成長率と、実際の成長率を比較してみれば一目瞭然である（例えば90年代前半に策定された政府の経済計画では90年代の成長率を3％程度と想定していたが実際には1％だった）。

3 経済成長に反映されない社会的費用

イギリスの経済学者E.J.ミシャンは、日本経済が高度成長を謳歌していた1960年代に、イギリス経済の状況をみながら成長政策が社会を「豊かにする」という考え方は論証もできないし日常経験の事実にも合わないと述べている（渡部経彦訳『経済成長の代価』岩波書店）。もちろん、マクロ的な生産増加と生活の豊かさを同義とみなすなら話は別である。しかし、物質的な豊かさの追求が逆に生活の豊かさを阻害することを見落としてはならない。その典型がGDPなどの経済統計には反映されない社会的費用の問題である。

例えば、20世紀における自動車の開発と普及は「自動車革命」と言われるほどの大きな経済効果を人々にもたらしたが、その一方では交通渋滞や交通事故あるいは排気ガスによる地球環境への影響など深刻な問題も引き起こしてきた。ところが、GDPを初めとする各種の経済統計には自動車のもたらす経済効果だけが計上されており、深刻な問題によって発生する費用（社会的費用）は統計から差し引かれていない。同じことは自動車だけでなく、市場を通して供給されているほとんどのモノやサービスについても言える。この結果、経済成長によって増加するGDPの価値以上に、その生産や消費に伴う社会的費用が増加している場合には、人々の実感する豊かさは経済統計上の繁栄（GDPの拡大など）とは逆に後退する恐れもある。

そうした問題を回避するには、新しい技術や製品・サービスを社会に導入する前に、環境や安全および健康に与える影響をしっかりと調査（アセスメント）し、社会的費用の発生を未然に防止したり、将来的に問題が発生した場合の負担や責任の分担を、当初からルールとして決定し

たりしておくことが大切である。というのは、そうした新しい技術を体化したモノやサービスが人々の生活に組みこまれた後で、さまざまな被害が顕在化したり深刻化したりしても、複雑な利害や莫大な費用負担の調整に手間取って対応が遅れるだけでなく、取り返しのつかない被害や影響が人類や自然に及ぶ危険もあるからだ。安全で安心な生活環境は、社会全体で共有し管理すべき**社会的共通資本***であり、その重要性を過小評価して成長に固執する限り経済的な富は増加しても豊かな社会は創造できないのである。

論点1　日本は戦後の経済成長によって何を得て、何を失ったのだろうか。

2　途上国の貧困問題と人間開発

1　所得格差からみた貧困*の実態

開発経済学を志す研究者や学生なら一度は手にすると言われているG.M.マイヤーの『国際開発経済学入門』（松原宣明・大坪滋訳、勁草書房）を紐解くと、最初に飛びこんでくるのは「われわれが経済開発の勉強を始めるこの1時間に、世界では1万6,000人以上の赤ん坊が生まれるが、そのうち90％以上が途上国で生まれる」「世界人口の80％近くが途上国に住んでいるが、その所得は世界全体の20％にも満たない」「世界には15歳以下の若者が約16億人いるが、そのうち13億人が貧しい国に住んでいる」などの文章である。つまり、世界では圧倒的に多数の人が途上国で生まれ、途上国で生活している。しかも、そうした人々が世界人口に占める割合は現在もなお上昇し続けているのである。

改めて世界銀行の『世界開発報告』（2000年版）で世界各国の所得水準を国民1人あたりGDPで比較してみると、1998年時点で年間9,361ドル以上の高所得国で生活している人口は8億8,500万人、世界人口（約59億人）の15％に過ぎない。この中で日本は第7位3万2,380ドルとなってお

り、第10位のアメリカの2万9,340ドルより3,000ドル以上も高い所得を得ている。これに対し年間760ドル以下の低所得国には世界人口の60％、35億人が属している。この中で最も所得の低い国はエチオピアであり、その年間所得は100ドルと日本の324分の1に過ぎない。また、年間所得761ドルから3,030ドルの低位中所得国には9億人、同3,031ドルから9,360ドルの上位中所得国には約6億人が属している。世界人口は1980年から98年にかけて、44億人から59億人へと15億人も増加したが、このうち10億人が低所得国における増加であり、高所得国の人口増加は1億人未満と少ない。

以上のような名目のドル換算所得（経済学的には自動車や家電製品などの貿易財の価格が各国で同一になるように算定された為替レートを使ってドルに換算した所得。例えば、自動車が唯一の貿易財だと仮定した場合、日本における自動車の価格が1台100万円、同じ自動車がアメリカでは1万ドルなら対ドル円レートは100万円／1万ドル＝100円／ドルとなり、このレートで日本の国民1人あたりGDPをドルに換算した所得）による格差は、必ずしも各国の生活水準の格差を正確に反映しているわけではない。一般には所得の高い国ほど交通、教育、娯楽、散髪などの貿易できないサービス（非貿易財）の価格は高くなる傾向があり、そうした日常生活に必要な非貿易財の価格差を考えると、実際の生活で各国の人が消費しているモノやサービスの「量」の間には名目のドル換算所得でみられるほどの格差は存在しない。

開発報告ではアメリカにおける生活費を基準にして、名目の為替レートとは別に「購買力平価」（貿易財だけではなく非貿易財も含めた財・サービスの価格が各国で同一になるように算定された為替レート）を用いて各国の所得を比較した数値も公表されている。この購買力平価で換算した所得を名目のドル換算所得と比較してみると、アメリカと比較して生活費が高い国（例えば日本）ほど購買力平価で換算した所得は低くなり、逆にアメリカよりも生活費が低い国（例えば途上国）ほど高くなる。実際、こうした調整後の所得（購買力平価で換算したドルベースの所得）をみると、日本は2万3,180ドルと名目のドル換算所得3万2,380ドルよりも30％ほど低く

なるが、エチオピアは500ドルと同100ドルと比較して5倍も高くなる。この結果、購買力平価でみた日本とエチオピアの所得格差は名目のドル換算所得の場合と比較して縮小するが、それでも高所得国と低所得国の間で大幅な経済格差があるという事実は変わりない。

しかも、開発報告によれば1日あたり1ドル以下で生活している貧困人口は1987年の12億人から98年には15億人と増加しており、この傾向が続くなら2015年には19億人に達すると予測されている。人々を貧困から解放することが開発だとすれば、絶対的貧困(世界銀行元総裁マクナマラの定義によれば「病気、文盲、栄養不良、不衛生のために人間にとって基本的な条件を否定するほど悪化した生活条件」)からの解放は開発における最低限の目標である。そのためには1人あたりの実質所得を長期にわたって増加させるという「経済開発」だけではなく、健康管理や教育水準の向上なども含めた広い意味での「人間開発」(human development)が必要になる。

2　人間開発の概念とHDI

人間開発という開発の概念は既述したA.センの考えに通じるものだが、国連の開発援助機関である国連開発計画(UNDP)においても、1980年代に入ってから人間開発の重要性が認識されるようになり、90年度からは『人間開発報告』と題する報告書も毎年公刊されている。この最初の報告には人間開発の概念が生まれた背景が次のように記述されている。「開発とは、経済成長や、所得や富、また財を生産したり資本を蓄積したりする以上のことを意味している。ある人が所得を得ていることは彼の人生の選択の一つであるかもしれない。だが、それは人間の生の営み全体を表現しているとは言えない。

人間開発は、人々の選択を拡大する過程である。これら多様な選択の中で最も重要なものとしては、永く健康な生活を送ること、教育を受けること、人間らしい生活にふさわしい資源へのアクセス手段をもつこと、がある。さらに政治的自由、人権の保障、自己尊厳も重要な選択である」(UNDP『人間開発報告』1990年版、訳文は西川潤『人間のための経済学』岩波書

店、第12章より引用)。

　また、メイヤーも前掲書の中で経済開発と人間開発の関係について「一国の経済成長は人々の厚生を維持するために決定的に重要であるが、成長は人間開発の目的ではなく、一つの重要な手段にすぎない。重要なのは、人間の能力を向上させるために成長をいかに利用するかであり、そして人々がその能力をどのように用いるかである」と述べている。

　『人間開発報告』では人間開発の重要性を強調するだけでなく、各国における人間開発の状況を統計的に測定するために人間開発指標(HDI)を作成し公表している。HDIとは人間開発の定義に従って、健康の指標である平均寿命や幼児死亡率、教育の指標である成人識字率や就学年数、および生活水準の指標として購買力平価で換算した国民1人あたりGDPを合成して作成された社会指標のことである。これによって、所得格差とは別に人間開発や社会開発の程度を国際間で比較することが可能になった。西川潤(前掲書、HDIの統計としての限界・制約の記述も含めて同書を参考)によれば、HDIの分析を通して次のようなことが明らかにされたと言う。①GDPとHDIの間には必ずしも相関関係がない(例えば1997年時点でサウジアラビアの1人あたりGDPは1万1,200ドル、これに対してフィリピンは662ドルと所得は17分の1だが、HDIをみると両国とも0.740と格差はない。つまり開発の程度を人間開発の視点でみると経済指標だけでは明らかにならない問題や各国の状況が明らかになる)、②人間開発度を高めるためには、保健、教育など社会支出を重視しなければならない(大規模なプロジェクトを進めるだけでは経済開発は進んでも人間開発は進まない)、ただし③最も所得の低い国(サハラ以南のアフリカ諸国など)では、(経済開発の遅れによって)人間開発も遅れる傾向にある、④地域別、ジェンダー別等のHDIを計算することによって、社会開発の優先目標を設定することができる。

　もちろん、他の統計と同様にHDIにも限界と制約があることは注意しておく必要がある。例えば、HDIはGDPなどと同じマクロ統計であり、各国の平均寿命や就学年数などの統計を単純に合成して作成された指標であることから、HDIを見るだけではそれぞれの国の中に存在するさま

ざまな格差の実態（例えば、就学年数が平均で6年というマクロ統計からは、全員が6年の教育を受けているのか、それとも半分が12年の高等教育を受け、半分が初等教育も受けられない状況なのか）まではわからない。また、人間開発報告で指摘されている政治的自由や人権の保障などもHDIには織りこまれていないといった問題が残っている（ただし、この問題については、1991、92年度に個人の安全、法の支配、表現の自由などの指標を合成して作成した政治的自由指標（PFI）を『人間開発報告』で発表したことがあるが、この指標が低いとされた途上国から、同指標の発表に対する反発が出たために作成が放棄されたという経緯がある）。それでも人間開発を単なる概念としてではなく、その実態を国際的にも、歴史的にも比較可能な社会指標の形で示すことによって、マクロ的な経済成長だけでは実現できない「人間の選択能力の拡大」がもつ重要性を世界中の人々に認識させたという点で、HDIの作成と公表は大きな意義をもっていると言えよう。

3　多様な開発の道

　貧困には既述した絶対的貧困だけではなく、性や年齢、職業、人種などによる雇用や教育機会の差別、およびそうした差別に基づく所得の不平等などの相対的貧困もある。原洋之介が指摘するように「開発は貧困から人々を解放すること」（『開発経済論』岩波書店）だとすれば、開発は必ずしも絶対的貧困に悩む国だけの問題ではない。その意味で開発の内容も過程も多様であり、この多様性は人間開発の概念とも整合的である（『人間開発報告』では人間開発の対象となる人々の選択は多様であると指摘されている）。こうした多様な開発をどのように進めていくかに関してはさまざまな議論があるが、ここではどの時代、どの国においても通用するような最善で唯一の普遍的な開発のシステムや政策は存在しないことだけは確認しておきたい。

　戦後の日本経済の発展を振り返ってみても、メイン・バンクシステム、終身雇用、年功序列、企業内組合、系列、行政指導など、日本より先に発展を遂げていた欧米の先進諸国とは異なる制度や政策がキャッチアッ

プの過程では多数採用されてきた。そうした制度や政策は欧米とは違うが、だからと言って「異質」だとか、欧米に比べて日本が「遅れている」という見方は必ずしも適当ではない。各制度がどのような歴史的経緯によって成立したのかという問題とは別に、存在している制度にはそれなりの合理性があるからである（存在している制度の合理性を、ゲーム理論などを応用して理論的に明らかにしたものとして「比較制度分析」がある。また、フランスの文化人類学者レヴィ＝ストロースはブラジルでのフィールドワークを通して「すべての社会は独自の合理性を持っており、合理性は西欧社会のものだけではない」と述べている）。

したがって、欧米とは違う日本的な制度や政策に関しても、キャッチアップという目標達成の過程でそれぞれが効率的・補完的に機能したかどうかを基準にして評価すればよいのである。事実、戦後の日本におけるキャッチアップの成功は、国民1人あたりGDPを長期的に拡大させるという経済発展の道が、欧米の先進国がたどった市場システム重視の道だけではないことを示した点で国際的にも注目され、評価も受けている（本章のコラム「東アジアの奇跡と教訓」を参照）。もちろん、バブル崩壊後の日本が経験したように内外の環境が変化し、それまでは効率的に機能してきた制度や政策が、逆に障害となる事態に直面した時は、速やかに改革に取りくむことも忘れてはならない。

多様な開発の過程において重要なことは、開発を目指している国の選択と努力を尊重することである。先進国であるという理由だけで、先進国が途上国に対して開発に関する特定の目標を強いたり、特定のシステムや政策を強いたりするのは本来の開発とは無縁である。その一方で、途上国の側では開発を焦ってはならない。マイヤーは「もし途上国に対して先進国に追いつくのに100年待てるか否かを尋ねたら、途上国は激怒するだろう。しかし、日本でも追いつくのに100年はかかったのである」（前掲書）と述べている。ここで先進国に求められることは、途上国が焦らずに開発を進めていけるように援助や協力を惜しまないことではないだろうか。

論点2　先進国が途上国に望む開発と、途上国自身が望む開発の共通点と相違点を考えてみよう。

―――――――――――――――――――――――――コーヒーブレイク―――

東アジアの奇跡とその後

　「東アジアにはすばらしい高度で持続的な経済成長の記録がある。1965年から1990年の間に、東アジアの23か国は他の地域より早い成長を成し遂げた。この多くは日本と、香港、韓国、台湾、シンガポールの『4匹の虎』および、インドネシア、マレーシア、タイの東南アジアの新興工業国（NIEs）といった8か国の奇跡とも思える成長によるものである。これらの高いパーフォーマンスを示す東アジア諸国（HPAEs）がわれわれの研究対象である」という文章から、世界銀行の調査レポート『東アジアの奇跡』は始まる。しかし、この優れた経済成長の記録には「奇跡」はほとんどないと調査レポートは言う。なぜなら、高水準の国内貯蓄、急速な農業生産性の上昇、人口成長率の低下、よく教育された労働力と有効な行政制度など、一つひとつの成功要因をみる限り奇跡と呼べるものはないからである。それでも奇跡はあった。それは一つひとつの要因にではなく、そうした要因を有機的に結びつける開発政策にあったのである。
　その奇跡がなければ1960年から90年代の長期にわたってHPAEsが、ラテン・アメリカや南アジアの3倍、サハラ以南アフリカの25倍以上のスピードで成長を遂げることはできなかった。世銀のレポートでも「もし、成長が無作為に世界各国に分散していたとするなら、HPAEsにだけ成長の成功が集中する可能性は1万分の1」だと述べられている。しかし、改めてHPAEsに属する個々の国や地域の事情および政策をみると、その内容はきわめて多様であり成長に関する画一的な「東アジア・モデル」というようなものは見つからない。しかし逆に言えば、この多様性こそ東アジアの「奇跡」であり、他の途上国に対する教訓にもなる。というのは、開発に「王道」はなく、それぞれの国が自らの力と創意工夫で切りひらく以外に開発の道はないからである。協力とか援助は開発を目指す国々の努力を後押しすることはできても、引っ張ることはできない。そのことを東アジアの奇跡は世界に示したのである。
　しかし、その奇跡を起こした東アジアも1990年代の始まりと同時に、まず日本がバブル崩壊で沈み、他の諸国や地域も1997年7月にタイで生じた通貨危機を契機として次々と「沈没」の危機に追い込まれた。こうした危機を脱して東アジアは21世紀において再生できるのだろうか。韓国の開発経済学者である安忠栄は「経済危機を克服し先進化の軌道を再び歩むことができる」（『現代東アジア経済論』岩波書店、第9章）と言うが、そのためには「歴史上一度も経験したことのない真の世界主義と共生に基づいた協力体系を構築」していかなければならないと言う。これに失敗すればアジアの奇跡も中南米の輸入代替工業化モデルと同じように、開発成功の歴史から葬り去られてしまうのである。

3　日本の経済協力

1　日本のODAと援助の理念

経済協力開発機構 (OECD) の下部機構である開発援助委員会 (DAC) では、途上国に対する経済協力を次の四つに分類している。

① 政府開発援助 (ODA)：次の三つの条件を満たす資金の流れのこと。まず第一に政府ないし政府の実施機関によって供与されるものであること、第二に発展途上国の経済開発や福祉の向上に寄与することを主たる目的としていること、第三に供与条件が途上国にとって重い負担にならない、資金協力の場合、グラント・エレメント*が25％以上であること。

② その他の公的資金の流れ (OOF)：途上国への公的資金の流れの中で、条件が有利でないなどの理由でODAに含まれないもの。例えば日本の国際協力銀行による開発プロジェクトに対する資金協力など。

③ 民間資金の流れ (PF)：民間企業による輸出信用などの融資や直接投資、証券投資。

④ 非営利団体による贈与：民間の非政府組織 (NGO) によるボランティア活動や資金の贈与など。

以上のうち、国際的に「援助」として認められているものがODAである。ドルベースの援助金額をみると、日本は1991年以降DACに加盟している先進21か国の中で第1位を占め、2001年は第2位となったもののいぜん第1位を続けているが、対GDP比では98年実績で0.28％と21か国中12位、国民1人あたりの負担額でも84.3ドルと同9位にとどまっている（図6-1参照）。

日本のODAを巡っては、援助理念がない（例えばアメリカであれば自由と民主主義を守る、フランスであればフランス語とフランス文化の普及を図るなどの理念がある）、贈与（ODAに占める無償資金協力、技術協力、国際機関に対する出資・拠出など）の比率が低いとか、商業主義的（日本の輸出振興にODA

を利用している)だとか、あるいは経済インフラが中心で社会開発への配慮が不足しているといった批判がある(詳細は西垣昭・下村恭民『開発援助の経済学』有斐閣、第9章参照)。こうした批判に対しては、理念がないのではなく相手国の自立的な意思を尊重しているとか、贈与比率は低くてもアンタイド(ODAの使途に関して援助国の企業からの購入を義務づけない)率は高いとか、商業主義的だという批判は事実を誤解しているといった反論もある(1990年版『ODA白書』第2章などを参照)。

いずれの議論が正しいかは別にしても、日本の援助金額の大きさからみて援助の理念や原則を曖昧にしておくことは、国民に対する説明責任の点からも、また国際的な理解を得る点からも望ましいことではない。とくに、1990年夏のイラクによるクウェート侵攻の際に対イラク援助を停止した理由が、きわめて「政治的」だったことなどから、日本の援助理念を明確にする必要性が高まり、1991年4月に当時の海部首相が国会で「ODA 4指針」を発表、その後92年6月には宮澤内閣の下で「政府開発援助大綱」(ODA大綱)が閣議決定されるにいたった。西垣昭・下村恭民の前掲書によれば「ODAの理念や基本方針がこのような(政府の公式見解という)形で包括的に示されたのは、わが国で初めてのことである」。

ODA大綱の基本理念は、小浜裕久(『ODAの経済学』第2版、日本評論社)によると、①途上国の貧困と飢餓を見過ごすことはできない、②途上国の安定と発展が世界の平和と繁栄に不可欠である、③環境の保全は先進国と途上国が共同で取りくむべき全人類的課題である、④国際社会の繁栄を確保するため日本は国力にふさわしい役割を果たす、⑤途上国の離陸に向けての自助努力を支援する、⑥環境保全に配慮し地球規模での持続可能な開発を進める、の6点にまとめることができる。

こうした基本理念に基づきODA大綱には、①環境と開発を両立させる、②軍事的用途および国際紛争助長への使用を回避する、③国際平和と安定を維持・強化するとともに途上国の軍事支出、大量破壊兵器・ミサイルの開発・製造、武器の輸出入などの動向に十分注意を払う、④途上国における民主化の促進、市場指向型経済導入の努力ならびに基本的人権

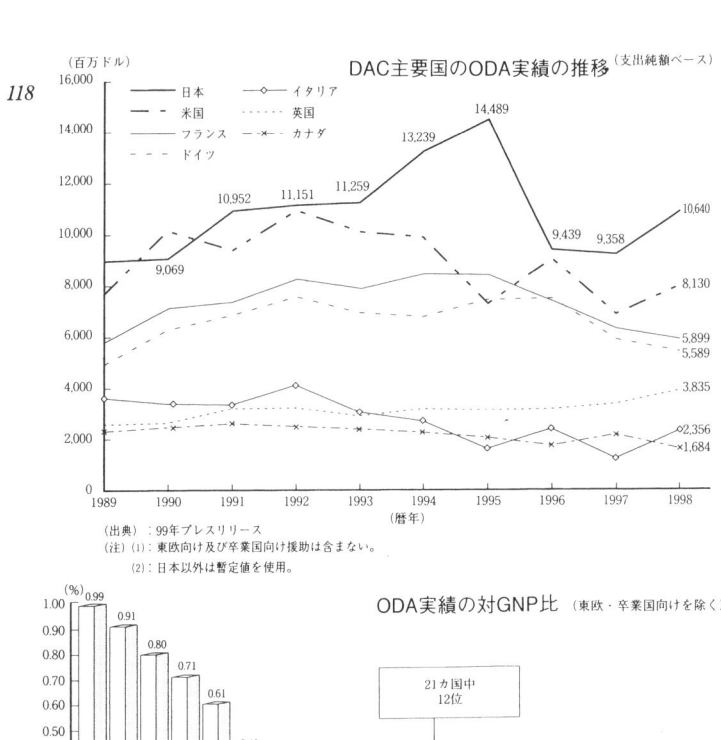

(百万ドル)　　　　DAC主要国のODA実績の推移（支出純額ベース）

凡例：日本、イタリア、米国、英国、フランス、カナダ、ドイツ

日本の推移：9,069（1989）、10,952（1991）、11,151（1992）、11,259（1993）、13,239（1994）、14,489（1995）、9,439（1996）、9,358（1997）、10,640（1998）

その他主要値：8,130、5,899、5,589、3,835、2,356、1,684

(出典)：99年『プレスリリース』
(注)(1)：東欧向け及び卒業国向け援助は含まない。
(2)：日本以外は暫定値を使用。

ODA実績の対GNP比（東欧・卒業国向けを除く）

国	比率(%)
デンマーク	0.99
ノールウェー	0.91
オランダ	0.80
スウェーデン	0.71
ルクセンブルグ	0.61
フランス	0.41
ベルギー	0.35
スイス	0.33
フィンランド	0.32
アイルランド	0.31
カナダ	0.29
日本	0.28
オーストラリア	0.28
ニュージーランド	0.27
英国	0.27
ドイツ	0.26
スペイン	0.26
オーストリア	0.24
ポルトガル	0.21
イタリア	0.20
米国	0.10

日本：21カ国中12位

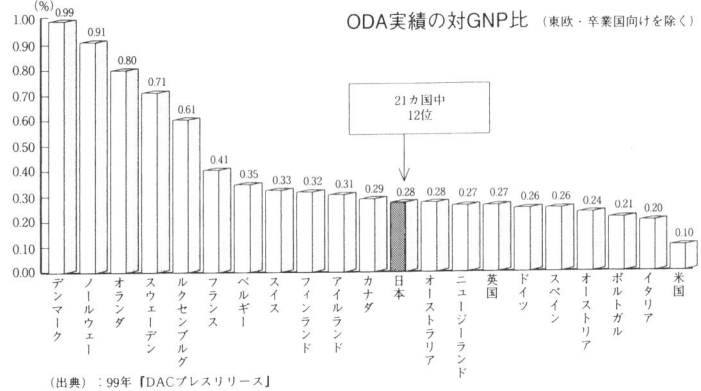

(出典)：99年『DACプレスリリース』
(注)：日本以外は暫定値を使用。

ODA実績の国民一人当たりの負担額（東欧・卒業国向けを除く）（単位：ドル）

デンマーク	322.7
ノールウェー	300.9
ルクセンブルグ	252.4
オランダ	196.8
スウェーデン	175.3
スイス	125.2
フランス	100.6
ベルギー	86.3
日本	84.3
フィンランド	77.0
ドイツ	68.1
英国	66.0
オーストラリア	62.7
アイルランド	56.0
カナダ	55.6
オーストリア	53.9
イタリア	41.4
スペイン	37.2
ニュージーランド	34.6
米国	30.5
ポルトガル	22.3

日本：21カ国中9位

(注) 人口は97年の値を使用

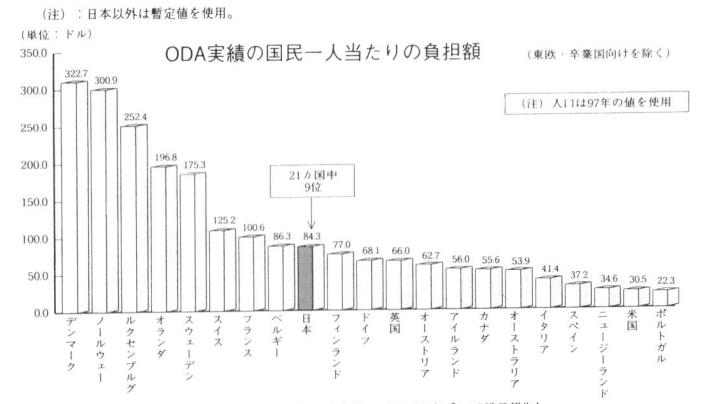

(出典)：実績は99年『DACプレスリリース』(98年実績)、人口は98年『DAC議長報告』
(注)：日本以外は暫定値を使用。

図6-1　日本のODAの特徴

出所）外務省『ODA白書』(1999年版)

および自由の保障状況に配慮する、という援助実施に際しての四つの原則が示されている。

　原則を定めて援助を行うのは基本的に望ましいことだが、個々の援助においてどの程度「理念」や「原則」が守られているかを不断にチェックすることは意外と難しい。この問題に関連して日本政府は「被援助国において懸念すべき事態が生じた場合、日本としては、機械的に援助を停止したり見直したりするのではなく、懸念表明、事態改善などの働きかけを行うことが重要」(1999年版『ODA白書』第4部第3章)だと述べている。その背景には、問題の所在について途上国側に注意を喚起した上で、途上国の意思と判断で改善に向けて動き出すのが望ましい」(西垣昭・下村恭民の前掲書)という判断に加え、「援助の削減や停止によって最も影響を受けるのは途上国の貧困層である」(同上『ODA白書』)という配慮もあると考えられる。

　実際、『ODA白書』(1999年版)には、個々の援助においてどのように「原則」を運用しているかの事例も紹介されている。例えば、中国については「再三の申し入れにもかかわらず、核実験をしたことを受け、95年8月以降、無償協力について緊急かつ人道的性格の援助および草の根援助を除き凍結した」が、「その後、96年7月の核実験を最後に中国が核実験モラトリアムを実施し、同年9月にはCTBTに署名したことを踏まえ、97年3月、無償資金協力を再開した」と書かれている。その他にもインドやパキスタンの核実験、ナイジェリアにおける軍事政権の樹立、ミャンマーの国軍によるクーデタなどに対して、援助の「原則」をどのように運用してきたかの事例が示されている。

　援助の停止などを交渉材料にして相手国の内政に干渉するのは避けるべきだが、個々の援助については可能な限りODA大綱に定めた理念や原則と整合的に運用することが望ましい。その点で、核実験への対応とは別に世界でも有数の武器輸出国である中国への援助や、東ティモールの独立を巡って国軍が市民に発砲して死者を出したインドネシアへの援助などに関する日本政府の説明は必ずしも十分とは言えない。

2 DACの新開発戦略と日本の責務

　歴史も、文化も、民族も、経済社会の状況も違う途上国の開発を援助することは、けっして簡単なことではない。援助の成果が現れるまでには時間がかかるだけでなく、時間をかけても当初意図したような効果が現れないこともある。だからと言って「**援助疲れ**[*]」を起こし、日本などの先進国が途上国に対する協力を怠るようになれば開発はますます遅れ、それが貧困問題の深刻化を通して世界平和や地球環境にも悪影響を及ぼす恐れがある。とくに、日本において1998年以降財政再建を口実にして、ODA予算の削減が続けられているのはODA大綱の理念にも反する懸念すべき事態ではないだろうか。

　20世紀後半の途上国に対する援助は経済的な所得格差の縮小や絶対的貧困の解消などの面では必ずしも成功したとは言えないが、平均寿命や成人識字率の上昇では大きな成果を発揮した。事実、途上国の人たちの平均寿命は20歳以上も延び、識字率も半数以下から3分の2まで上昇したのである。

　DAC(開発援助委員会)は1996年5月に、過去50年間にわたる開発協力の教訓を踏まえて、21世紀初めに向けた「新開発戦略（21世紀に向けて：開発協力を通じた貢献)」を採択した。その前文に相当する「開発の意義」の中で、途上国の開発においては各国の自助努力が基本だが、援助が重要な補完的役割を果たしてきたことも明らかであるとしたうえで、「援助は適切な状況の下で適切に実施されれば効果を発揮する」と述べている。このことは戦後、被援助国としてアメリカや世界銀行などの援助を受けた日本の経験とも整合的である。

　実際、敗戦直後の1946年から51年までの6年間に実施されたアメリカの「ガリオア・エロア」(GARIOA : Government and Relief in Occupied Areas, EROA: Economic Rehabilitation in Occupied Areas)による生活必需物資の緊急援助は、食糧不足に苦しむ人々の生活を支えただけでなく、援助物資の払い下げ代金を原資とした「見返り資金」は政府系金融機関の融資を通し経済復興資金としても活用された。また、1953年以降は世

界銀行などから日本は開発資金の融資を受けたが、その総額は66年までの14年間で8億6,000万ドルに達した。この融資は電力各社の発電施設やトヨタの自動車工場などのほか、東名高速道路や東海道新幹線の建設資金としても利用された。現在でこそ日本は貯蓄過剰国だが、戦後20年以上の期間は国内の貯蓄だけでは国内の投資を賄うことができない貯蓄不足国だったのである。

「新開発戦略」においては2015年を目標年次として次のような提案が行われている。まず、経済的福祉の分野で極端な貧困の下で生活している人々の割合を半分に削減すること。また、社会的開発の分野ですべての国において初等教育を普及させること。そして、環境の持続可能性と再生に関しては、現在の環境資源の減少傾向を地球全体および国毎で増加傾向に逆転させること。そのため、すべての国が2005年までに持続可能な開発のための国家戦略を実施すること、などである。こうした目標の達成に「地球という惑星とそこに住む人々の将来の安定と持続可能性がかかっている」というのである。

開発の目的が従来の経済開発一辺倒から人間開発へと転換する過程で、世界の人々が認識したことは経済成長の限界と地球環境問題の制約である。絶対的貧困に苦しむ国や人々にとって経済成長は生きていくための「命綱」のような意義をもっているとしても、それを克服した国や人々にとっては経済的な富の拡大と並んで政治的、社会的、文化的な人間としての選択機会の拡大が重要な目標となる。そうした多様な選択機会の拡大は経済成長を続けるだけでは実現できない。それと同時に、世界中の国々が従来と同様に資源「浪費」型の経済成長を目指し続ける限り、地球環境問題の悪化によって人類の生存自体も危うくなってしまう。

そう考えると、すでに先進国入りした国々は日本も含めて幸運だったと言える。それは地球の資源や環境の有限性を意識せずに、経済成長に邁進できたからである。これに対し世界人口の9割近くを占める途上国の人々は、有限な資源と環境制約の下でこれから開発を進めていかなければならない。こうした条件の相違を考えれば、途上国の開発に対する

援助や協力はわれわれの当然の責務である。しかも、その責務は政府や企業だけではなく、先進国で生活するわれわれ一人ひとりの市民が負うものである。

　ODAの実績が世界のトップクラスだからと言って、日本が十分な責務を果たしていると考えるのは間違いである。そもそもODAの実績をみても国民1人あたりではデンマークの4分の1に過ぎない。また、人的な面での協力に対する日本の評価もけっして高いとは言えない。「隣の芝生は青い」という言葉がある。途上国で暮らす人々からみれば先進国で暮らす人々の生活は限りなく「青く」見えるかもしれない。そのとき、先進国の人々がどのように振舞うかが援助や協力にとっては重要になる。隣から見えるほど芝生は青くはないと言って、自分の芝生をさらに青くすることに専念するのか、青く見えるのは幻想だと言って隣の人の口を封じてしまうのか、それとも互いの芝生の色をそれぞれの立場に立って見つめ直しどうすれば互いが満足いくように芝生を育てられるかを一緒に考えて協力するのか、すべてはわれわれ自身の選択と行動にかかっているのである。

> **論点3**　政府のODA以外に民間企業や市民あるいはNGOなどの立場でどのような援助や協力ができるだろうか。

〈参考文献〉
1）宇沢弘文『社会的共通資本』岩波新書、2000年
　　日本の経済社会が直面している問題について「豊かさ」という視点からわかりやすく解説しながら、豊かな社会を築いていくためには社会的共通資本の適切な管理・運営が必要なことを示す。
2）アマルティア・セン／石塚雅彦訳『自由と経済開発』日本経済新聞社、2000年
　　開発の理念を従来の経済開発中心から、人間の権利や能力の拡大に重点をおく人間開発へと転換することの重要性を提案している。
3）原洋之介『開発経済論』岩波書店、1996年
　　開発経済論を不要とする新古典派的な考え方を批判しながら、開発の理論と応用および今後の課題について幅広く、しかも簡潔に解説している。

4）The World Bank, *World Development Report* (『世界開発報告』)の各年版
途上国における貧困の実態やこれまでの開発の軌跡およびその成果などを概観する上で、参考になる。

5）小浜裕久**『ODAの経済学』**[第2版]日本評論社、1998年
日本のODAについて豊富な統計を交えながら国際比較の視点も加えて解説している。ただし最新の動向については『ODA白書』などを利用して読者自身が適宜補完していくことが望ましい。

用語解説

名目と実質
名目とはその時々の価格で表した数値のこと。これに対して「実質」とは価格の変化を考慮した数値のことである。例えば1947年の名目消費支出5万6,000円を2000年の物価（消費者物価）を基準にして実質に換算すると120万円程度になる。それでも1人あたりでは年間約25万円、1か月2万円程度と貧しかった。

円高
円高とは外国の通貨に対する円の交換比率が上昇すること。例えば1ドル200円から1ドル100円になると円のドルに対する交換比率は2倍に上昇する。なぜなら、200円で交換できるドルは1ドルから2ドルへと倍になるからである。この場合、円で測った所得は仮に200万円と変わらなくてもドルで測った所得は1万ドルから2万ドルへと倍になる。

潜在成長率
労働力の増加や資本ストックの蓄積および技術進歩など主として供給能力の面から推計された経済成長率のこと。したがって実際の成長率とは必ずしも一致しない。なお、一般に金利の引き下げや公共投資・減税などで実際の成長率を潜在成長率まで高めようとする政策を景気対策と言い、IT（情報通信）革命などの推進によって潜在成長率自体を高めようとする政策を構造対策と言う。

社会的共通資本
宇沢弘文（『社会的共通資本』岩波新書）によれば、私的資本と異なり個々の経済主体によって私的な観点から管理・運営されるものではなく、社会全体にとっての共通の資産として社会的に管理、運営されるもの。具体的には、大気、水などの自然環境や道路、上下水道などの社会的インフラストラクチャー、および教育、医療などの制度のこと。

貧困の定義
世界銀行は最低水準の食糧と生活必需品の購入を可能にする所得を基準として、そ

の所得以下の人々を貧困状態にあると推定している。この基準は概ね1日あたり1ドルとされている。しかし、所得だけで貧困を定義できるかどうかは難しい問題であり、A.センは、個人の能力と権利の欠如を貧困の定義とするように提案している。その試みの一つが以下で取り扱う人間開発指標（HDI）である。

グラント・エレメント

援助条件の緩やかさを示す指標で、ODAの質を表す主要な指標として用いられている。商業条件（金利10％と仮定）の借款をグラント・エレメント0％とし、それよりも条件（金利、返済期間、据置期間）が緩和されるに従ってグラント・エレメントの％が高くなり、贈与の場合には100％となる。

援助疲れ

国際収支や財政収支の赤字あるいは援助に対する国民の支持や関心の低下を理由にして、政府がGDPに対するODAの比率を長期的に引き下げること。

Foods

第7章　世界の食料・農業と環境問題

丸岡律子

―〈本章のねらい〉―

　今日、環境問題が地球規模的な課題であるという認識は共通のものとなっているが、「環境」とは何であろうか。「環」は「たまき」すなわち輪のような形をした宝石であり、転じて、めぐる、かこむ、とりまくの意味をもつ。境は「さかい」、あるいは、ところ、ありさまを示す。つまり環境とは「とりまいているもののありさま」であるが、同時にそれ自体が「輪」であり「繋がり」をもったものである。

　「繋がり」とは何であろうか。ある状況がもう一つの状況を引き起こし、それがまた他のことに影響する。そこでは一つの行為がプラスにもマイナスにもなりうる。絶対的な価値を見いだすことは困難である。だから、そこでできることは、継続的な現状把握や、それに基づく繋がりの解明、さまざまなシュミレーションによる予測とその修正といった地道な努力である。

　レイチェル・カーソンが農薬の環境への影響に警鐘を鳴らした『沈黙の春』(1962)を著わしてからすでにほぼ40年が経つ。私たちは彼女の警告を生かせてきたのであろうか。むしろ、さらに新たな問題が起きているのではないだろうか。本章では、食料・農業を切り口として環境問題へのアプローチを示すこととする。

1 世界は飢えている

1 日本の飽食と世界の食料事情

私たちの日々の食生活を振り返ってみよう。毎日不足することなく食べることができる。コンビニエンスストアに行けば、豊富な食べ物が所狭しと並べられ、売れ残りはあっさりと廃棄されてしまう。もっとも最近、なるべく廃棄処分しないために売れ残りの食料品を堆肥化する試みもなされてはいる。しかしこうした食料事情が世界的に普遍的なものとは誰も思わないであろう。

人間1人が1日にどれだけの食料*を食べているのかをまずみよう。実際に消費されている量を把握するのが一番いいのであるが、世界的な比較のために、データの得やすい供給量でみることとする。実際の消費量は供給量から廃棄等の量を差し引いたものであるが、比較のためにはこれで差し支えない。日本における食料供給は1人1日あたり約2,800キロカロリーである。これは成人が必要とする熱量（2,700キロカロリー）を十分超えている。また、その供給熱量のうち、動物性食品から得られ

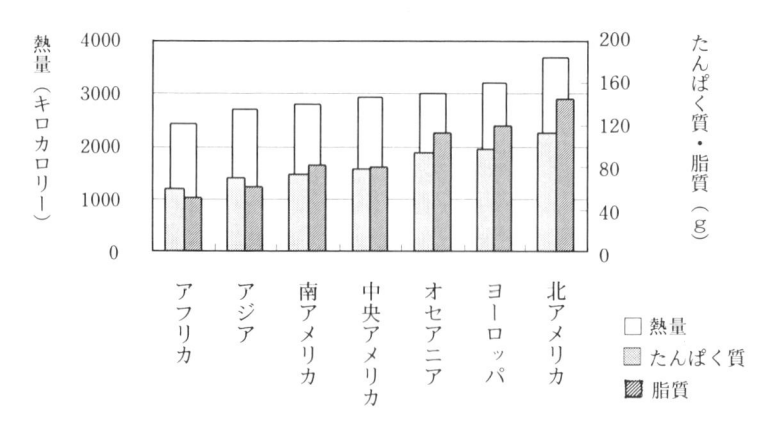

図7-1 地域別食料供給量（1998年）

出典）FAO, Food Balance Sheet (http://apps.fao.org)

る熱量は22%である。他の先進国の場合、例えばアメリカはそれぞれ、3,000キロカロリー以上、約35%と、日本以上に食料供給が豊富である。最近の傾向としては健康への指向性の高まりとともに動物性食品の割合は低下しつつあるが、それでも非常に高い数値を保っている（図7-1）。

　一国の食料供給量は自国生産量に輸入量を加え輸出量を差し引いて求められる。その食料供給量に対する自国生産量の割合が**食料自給率***である。日本の食料自給率はカロリーベースで41%ときわめて低い。とくに、大豆、小麦などの麦穀類の自給率が低いことは周知の事実である。日本の豊かな食生活が輸入によって支えられていることには、注意を払う必要がある。もっとも、主食のコメ生産に関しては、生産調整による需給バランスを図っているほどで、自給ベースにある。こうした一国内での食料の消費と生産のバランスはけっして安定したものではない。

　では、発展途上国ではどうであろうか。ここでは事情がずいぶん異なる。1人1日当たりの供給熱量は平均2,000〜2,300キロカロリーであり、中には2,000キロカロリー以下の国もある。そのうち、動物性食品から得られる熱量は約10%である。人間の活動には単に熱量だけでなく、動物性食品が相当の割合で含まれている必要がある。だから、これらの国の状況は、成人1人1日が必要とする熱量を満たさないだけでなく、栄養構成面からみてもきわめて貧弱である。

　さらに、供給カロリーがきわめて低い国々はどうであろうか。2000年の状況を見てみると、東アフリカのケニア、エリトリア、エチオピアで1,000万人が深刻な食料不足に陥っている。FAOのレポートでは、その原因を干ばつと内戦にあるとしている。干ばつにより収穫が減少しているところに、内戦によって農地を放棄する農民が続出し正常な農業経営の存続が不可能となっている。この3か国以外にも13か国が食料不足に見舞われており、その原因も政治の不安定性による難民の発生と干ばつであるとしている。

　かつて、1985年から86年にもアフリカ・サヘル地域*は大規模の干ばつを経験した。当時、世界のマスメディアがこのことを報道し、衆目を集

めた。日本のメディアも同様で、新聞紙上などで大きなキャンペーンが展開された。しかし、その後、これほど大々的に報道されることがないが、それは状況の改善を意味するのではない。むしろ飢餓は常態化しており、その意味で「ニュース」性をもはやもたないだけであるということを認識しなければならない。

2 農業生産の仕組みと構造的問題点

飢餓が広範囲に常態化しているということは、食料生産が低下していることを示すのであろうか。あるいは、生産の低下以外の要因が大きいのであろうか。

農業生産の変化を長期的にみると、世界のいずれの地域でも増加傾向にある。生産量は耕地面積と土地生産性*の積として現れる。つまり、土地生産性が一定で耕地面積が増加したとき、あるいは、耕地面積が一定で土地生産性が上昇したとき、生産量は増大する。

飢餓の広がりが激しいアフリカ南部においてみると、この30年間で農地面積はほとんど変化していない。1961年において861万km²であったが30年間ほぼ同水準を保ち、98年は888万km²となっている。全体としての農地面積に変化はなかったが、耕作面積は増加している。穀物の耕作面積は1961年の41万km²から74万km²へ、野菜類の耕作面積は1.5万km²から3万km²へと増加した。また、その間に単位面積あたりの土地生産性の上昇もみられた。穀物の場合は61年の10アールあたり76kgから2000年の101kgへと1.3倍の伸びを示し、その結果生産量は3,153万tから7,517万tへと2倍以上の伸びを示した。

そうした農業生産の増加がみられる中で、なぜ飢餓が常態化するまでになっているのであろうか。

第一の要因は人口増加である。アフリカは過去40年間、急激な人口増加を経験している。2000年におけるアフリカ全体の人口は7億8,000万人であるが、これは過去10年間に1億7,000万人、さらに前の10年間に1億5,000万人増加した結果である。60年以降90年までは、10年間毎

に30％の人口が増加していた。60年代以前では人口1,000人あたりの出生率は約40人、死亡率は約25人とともに高かったが、不十分ながらも医療が普及し70年代前半には死亡率が10人前後に低下したが、出生率は依然高いままであった。その後、80年代に出生率、死亡率とも減少するが依然としてその差は20人ほどあり、急激な人口増加は避けられていない（図7-2）。そのため、農業生産量が過去40年間に2倍の伸びを示したものの、1人あたりにすると生産量はむしろ減少したのである。

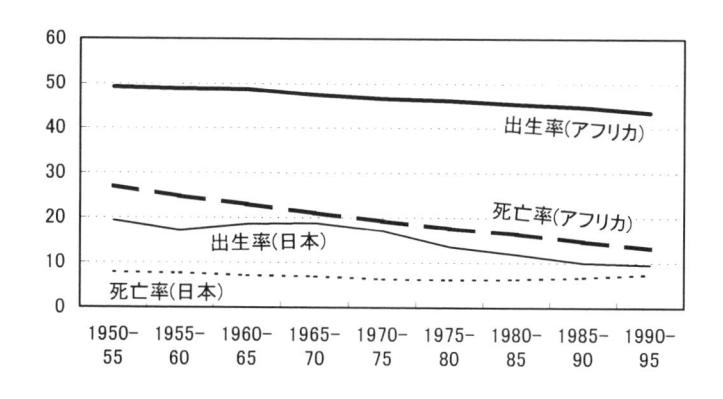

図7-2　人口増加率の変化

出典）国連資料および総理府資料より作成

　第二の要因は政情の不安定性である。内戦による難民の数は約500万人以上とも言われ、彼らは自らの居住地から離れて暮らしている。居住地に生活していれば、十分ではないとしても自給用の食料生産や調達が可能である。しかし、難民となった人たちはこれができず、極端に食料が不足する。つまり、仮に食料の全体量が十分であっても、その分配に問題が生じることを意味している。

　現在、農業生産量は人口増加に追いついていないレベルであるから、農地の拡大や生産性の向上によって生産の増大を図る必要はあるが、一概にそれを推進するわけにもいかない。なぜなら、農業の拡大はさまざ

まな環境問題を引き起こしているからである。しかし、そのことを述べる前に、単純に生産量を増加させただけでは人々の食料確保に繋がらないことを確認したい。

3 アフリカ農業の問題点

アフリカ農業は二重の構造をもっている。一つは穀物を中心とした自給用作物であり、もう一つは果実や嗜好品など外貨獲得源としての輸出用作物である。両者の併存は構造的歪みを内包している。

従来の農業が営まれていた土地のうち、土地の富裕度などの条件が有利な農地には輸出用作物が進んで耕作され、自給用作物は条件不利地へと追いやられる傾向にある。しかも、人口の増加に伴って農地の開発を余儀なくされ、それまで耕作されていなかった周辺地が農地化していった。過剰な農地開発や、さらには、過剰な放牧が行われ、それは深刻な土壌流出や土壌劣化を引き起こしている。そうした周辺地での土地生産性はけっして高くない。そのため、さらなる農地開発を引き起こす、という悪循環が生じている。

一方、食料需要のかたちも変化してきている。先に人口が過去40年間に急激に増加したと述べたが、それを都市地域と農村地域に分けると、農村地域の人口がアフリカ全体で2.2倍の増加であるのに対して、都市地域の人口は6倍近い増加となっている。そしてその割合も、1960年の5％から2000年には35％へと増加した。都市人口の増加は食料依存人口の増加だけでなく、食料需要の内容の変化を引き起こしている。従来の農村地域の主要食料はイモ類や雑穀類であったが、都市地域では小麦や米が主要食料となる需要転換である。しかし、この需要に対して国内農業生産が対応できず、いきおい、輸入や援助に依存することとなる。

主要な熱量供給源である穀類についてみると、南部アフリカの平均で1人1日あたり全供給カロリー2,221キロカロリーのうち1,035キロカロリーを穀類が供給している。そのうち、メイズとミレがそれぞれ339、206キロカロリー、コメとコムギがそれぞれ177、141キロカロリーを供給

する主要穀物であるが、メイズ・ミレの国内生産割合が約9割に対して、コムギの約8割、コメの3割以上が輸入に頼っている。コムギの輸入は1970年に188万トンであったのが90年に484万トン、98年には890万トンと増加の一途をたどっている。逆に、コーヒーや綿実などの作物は大半がそのままあるいは加工されて輸出される。コムギやコメへの需要転換が外貨需要を増加させ、それが国内向け農業生産能力の低下となって現れているのである。また、輸出指向性の高い作物は、国際市場の影響をもろに受けることも無視できない。実際、1990年代の国際農産物価格の低迷によって、アフリカ経済は多大な打撃を受けた。

では、そうした農業への圧力がどのような環境変化をもたらしているのか、次に詳しく見てみよう。

| 論点1 | 世界中で飢餓の状況にある人口はどれくらいであろうか。また、飢餓状況にある人々はどのような気候状況、人口状況、政治状況の下にあるのだろうか。 |

2 農業と環境問題

1 土地劣化の状況

地球的規模でみると、現在約20億ヘクタールの土地が何らかの土壌侵食の影響を受けているとされている。とくに、半乾燥および亜乾燥湿潤地帯での劣化が著しい。アフリカでは農地の22％、耕地の38％が土壌劣化を引き起こしていると考えられている。その内訳は、表土流出83％、化学的不適12％、物理的不適5％である。そして7,000万ヘクタールは回復不可であり、毎年1,000万ヘクタール以上が耕作放棄、あるいは、それに近い状況の生産性の低下をもたらしている。これらの土地の劣化はどのようにして起こっているのであろうか。以下、アフリカだけでなく、農業が大きく展開されているアメリカや、アフリカと同じく人口問題を抱えるアジアをも視界に入れながら述べることとする。

2 農業が引き起こす環境問題

干ばつや異常低温などの環境の変化によって農業生産は大きな被害を被ることがしばしばある。しかし、農業生産自体が環境、とくに土壌環境に大きな影響を与えているのも事実である。つまり環境「被害者」である一方で環境「加害者」ともなっている。

まず、土壌の劣化の中でも、表土流出が最も深刻である。これは水や風によって土壌の表層部分が流されてしまうものである。作物のない時期にじかに水・風に晒(さら)されることが直接的な原因であるが、そのとき、地中に根がないと土壌流出が抑止されない。また、一般に耕起は、地中に空気を送りこみ、太陽光に晒すことによって土壌を消毒する効果があるが、同時に、土壌が風雨に晒されることによって表土流出を促進することもある。さらに、広範囲に大量の水を流しこむ灌漑は、直接的に水による表土流出を起こさせる。

表土流出の結果、どのようなことが起こるのであろうか。まず、植物は土壌中の窒素などの栄養分に空気中の二酸化炭素を取りこむことによって有機物を生成するが、そうした栄養分の多くは土壌の表層部分に含まれている。したがって、表土の流出は土壌栄養の流出そのものである。その結果、表土が流出した耕地では植物の生育がはばまれ、その結果、それを促進するために多くの肥料が必要となってくる。

また植物の生育のためには、土壌の物理的性質として適度な**団粒構造***をもっている必要があるが、表土が流出したあとの残土は粒子が細かすぎてほとんど粘土質であるため、植物の根が張りにくい状況となる。また、土壌の保水力も低下する。こうした土壌では、植物の順調な生育は望めない。

さらには、表土の流出によって地形そのものが変化してしまうことがある。それまで水平性を保っていた耕地がいびつな地形になってしまうと、耕作に適さなくなってしまう。

土壌の化学的な成分も重要な環境問題を引き起こしている。従来から

連作によって特定の栄養分が枯渇し、生育障害を起こすことが知られているが、現在起こっている問題は、過剰な投入によるものである。

まず、灌漑による塩害がある。灌漑水が純水であればいいのだが、多くの場合、塩類（ミネラル分）が含まれている。とくに、雨水などの天水でなく、地下水を灌漑用水源としている地域で問題が顕著である。地下水には土壌中の塩類が含まれている。地下水として存在している分には塩類濃度が低く問題があらわになることは少ない。しかし、灌漑用水として利用されると土壌中で塩類が凝集され、濃度が上昇する。これが顕著になると土地から塩類の結晶が析出するいわゆる「塩噴き現象」が起こる。こうなると植物の生育が著しくはばまれる。

また、灌漑水源である地下水にも悪影響を与える。灌漑のために多量の地下水がくみ上げられると地下水位が低下してしまう。そこに地域によっては、海水が入り込むことによって地下水そのものの塩類濃度がさらに上昇する、という悪循環を生じる。水は、言うまでもなく、農業生産に必要不可欠であるが、同時に、水利用が環境問題を引き起こしうることにも注意を払わなくてはならない。

土地生産性を向上させるために肥料は不可欠である。とくに、効率的に効果を出すために、無機質肥料が主に投与されてきた。その量は、日本で1ヘクタールあたり352kg、アメリカで113kgとなっており、アフリカは18kgと少ないが増加傾向にある。肥料を過剰に投与すると、その土壌は酸性化し、作物生育の障害となる。とくに、排水条件が不良な土壌の場合には肥料分が滞留し、酸性化が顕著となる。さらには、農薬の過剰投入も残留農薬となって土壌を汚染する。この場合も、灌漑水が過剰肥料や残留農薬を運ぶ「運び屋」となることがある。農薬は作物の収穫時期には農薬が残らないよう散布時期を調整するが、それにもかかわらず農薬が残留していることがあり、その人体への影響は、散布時の直接的影響とともに無視できない。

生産性向上のもう一つの方法は機械化であり、これは労働生産性を飛躍的に向上させる。しかし、農業機械が土壌を圧迫することによって、

通気性が悪化したり排水不良を起こしたりすることがある。これが土壌組成の物理的な生産不適化である。これは植物の生育の障害を引き起こす。とくに発芽を妨げたり、根の生育を遅らせることになる。

　以上のように、これまで世界的規模で展開されてきた農業生産向上の方向性は、いずれも環境の観点からはそのまま続けていけるものではない。環境問題の提起として、「持続可能であるかどうか」が判断基準となってきている。農業をこの観点からみた場合、どのような展開が可能であるのだろうか。

3　持続可能な農業は可能か

　現在の農業生産はそのままの形を続けていると土壌を劣化させ、生産力を低下させるばかりであるようである。実際、すでに農業生産に適していない土地においても農業生産が行われており、そこは遅かれ早かれ生産不可となるという見解もある。その場合、現在の耕地面積を維持するとすると、地球が相当の生活水準で養える人口は20億人だけであるとも指摘されている。現在の地球人口の約57億人をはるかに下回る数値である。農薬や化学肥料の投入を極力押さえ、持続可能性を追求すると、穀物の土地生産性は、条件不利地で1ヘクタールあたり0.5トン、温暖地で有機肥料利用の場合に2トンと計測されているからである。現在の世界平均が3トンであるのに比べるとずいぶん悲観的である。

　その対極的な指摘もある。農業生産の場を完全に工場化し、管理制御技術の適応によって生産性を飛躍的に上げようというものである。この場合、0.4ヘクタールの敷地に何層かの「耕地」を作ることによって、500人ないし1,000人の食料供給が可能になり、全世界では5,000億人分の食料生産が可能であるという。

　現実的にはこうした両極端の姿にはならないであろうが、予想の幅が広いのは事実である。表7-1に50年後の食料供給状況を予想した一つの例を示している。人口や農業生産の条件を変えたシナリオそれぞれによって1人1日あたりの供給熱量に大きな差が出ることがわかる。

表7-1　50年後の食料供給状況の予想：いくつかの仮説

シナリオ	人口	1人あたり所得	1人あたり熱量(穀物換算)	耕地面積	土地生産性	食料総需要	食料総供給	食料価格	一人一日当たり熱供給量
A	+60%	+110%	+30%	+13%	+86%	+108%	+110%	-3%	3,518kcal
A-1	+32%	+110%	+30%	+13%	+86%	+72%	+110%	-54%	3,743kcal
A-2	+60%	+110%	+30%	+13%	+49%	+108%	+68%	+57%	3,316kcal
B	+60%	+28%	+6%	-15%	+10%	+70%	-7%	+110%	2,505kcal
B-1	+120%	+0%	+0%	-15%	+10%	+120%	-7%	+181%	2,258kcal
B-2	+60%	+28%	+6%	-15%	+49%	+70%	+27%	+61%	2,658kcal

資料）Phillips Foster & Howard D. Leathers, *The World Food Problem*, Lynne Rienner Publishers, 1999, p.367

　そうした予想の下に、持続可能な農業、つまり有機肥料の利用を高めるなどできる限り環境への負荷を減らし、しかも生産性の高い生産技術を実現させることになろう。しかし、ここで「環境」を単純に土壌条件、大気条件、気象条件といった人間の感知できる範囲でとどめておいていいか、という問題が生じる。技術の進展は従来の環境概念で把握しきれない課題を提起している。また、農業は環境に負荷を与えているばかりでなく、環境への貢献を評価する動きもある。それらについて次に見てみよう。

> 論点2　持続可能な農業の試みとして、日本やその他の先進国および発展途上国でどのような展開が図られているのであろうか。

3　新たな問題：技術革新と農業評価

1　技術革新と普及

　現在、目覚しい進展をみせている科学技術は、農業・食料分野にも及んでいる。なかでもバイオテクノロジー*技術の進展はめざましく、受精卵移植などの細胞・組織の操作技術や、ランの苗の大量生産などの細胞・

組織培養技術は、すでに広く実用化されている。そうしたバイオテクノロジー技術の一つに遺伝子操作があり、その技術を応用して開発された典型例が遺伝子組み替え食品である。

　生物は遺伝子に遺伝情報を格納しているが、ある特定の性質を生物に与えるのがどの遺伝子なのかが解明されつつある。遺伝子操作とは、その遺伝子を他の生物に遺伝子レベルで組みこむことによって、本来はもっていない「有用形質」をもたせようとするものである。この技術は従来の品種改良技術と異なって、交配が不可能な生物種間で遺伝形質の交換が可能であること、必要な形質だけが転化できること、また、期間が短縮できることなどの利点があるとされている。しかし、自然界に存在しない生物種を創り出すことになるので、その環境への影響や食品としての安全性に対して厳しいチェックが行われ、安全性が認められたもののみが商品化できる。この承認は各国が独自に行っており、日本では食品に関しては厚生労働省が、飼料に関しては農林水産省が管轄している。アメリカでは食品医薬品局（Food and Drug Administration, FDA）である。

　2000年9月アメリカで、家畜の飼料用として利用が承認されているが食用としては未承認のトウモロコシ（商品名「スターリンク」）が食品に混入しているという指摘があがった。これを受けて日本でも調査が行われ、食用として輸入されたものの中に混入しているのが発見された。この品種は害虫が死ぬたんぱく質を作る性質に遺伝子を組み替えているが、このたんぱく質は消化器で分解されにくく、人体にアレルギーを起こさせる疑いがあるとして、米食品医薬品局は承認していないのである。また、日本では食用・飼料用ともに未承認である。

　農林水産省はこの混入事件を重くみて、アメリカから輸出される飼料用コーンも食用のものと同じように検査するよう求め、2000年中にその合意を得た。しかし、それにいたるには資金負担など問題が山積であった。もし、日本の商社などが独自に綿密な検査をするとすると、検査費用が価格に転嫁され、また輸入が停滞することから価格高騰を招く

恐れもあった。

　遺伝子組み替え作物は、日本で2000年末現在、ウイルスに強いトマト、除草剤の影響を受けないダイズ、日持ちの良いカーネーションなど、37種の安全性が確認されており、隔離されていない一般圃場での栽培や輸入が承認されている。これらはいずれも、遺伝子の組み替えにより既存の種にない有用で安定的な特性をもち、かつ、近縁種との交雑によって圃場外に拡散しない、食品としてはアレルギーを誘発しない、といった基準を満たしているものである。

　しかし、実際には日本ではこれら承認を受けた遺伝子組み替え作物を商業的に栽培してはいない。世界的には、1999年に遺伝子組み替え作物が栽培されたのは全世界で約3,900万ヘクタールあり、そのうちアメリカ合衆国が約2,800万ヘクタールあるので、栽培地の約72%がアメリカ合衆国である。イリノイ州など7州での調査では、耕作面積の33%が組み替え作物であった。

　アメリカ合衆国でこれだけの遺伝子組み替え作物が普及した背景には、同国が世界的な穀物輸出国であると同時に、穀物メジャーと呼ばれる、アグリビジネス*を主体とする商社の存在がある。彼らは種子の購入から出荷、さらには輸出までを掌握して農業生産の動向をにぎっている。しかし、日本やEUが食品としての承認に消極的であることから、生産は再び変更の方向にある。

　このように、生命科学による技術革新が農業に与える影響は多大なものがあるが、その技術を利用することが生物環境を左右するという問題と同時に、国際間の交渉や協定、国際経済の動きといった、複雑な問題を含んでいるのである。

2　農業が環境を守る

　今まで、農業や食料生産は環境に対して負の影響を与えるもの、との視点から論を進めてきた。しかし、それしかないのであろうか。農業生産イコール環境負荷を高める、であろうか。あるいは、土壌劣化など環

境の質の低下は農業のみによってもたらされるのであろうか。答はノーである。後者から検討してみよう。

　例えば、乾燥地域では、70％の土地が土地の劣化を来たしている。そこで土壌浸食の主要因として考えられているものは地域によって異なっている。アフリカでは過剰放牧が約500万ヘクタールと最も大きく、耕作農業の120万ヘクタール、森林伐採の60万ヘクタールがそれに続いていて農業の影響が大きいが、アジアの場合は森林伐採が300万ヘクタールと最も多く、過剰放牧と耕作農業はそれぞれ約200万ヘクタールでアフリカと構成を異にする。最も特徴的なのは北米である。ここでは耕作農業による土壌浸食が最も多く約90万ヘクタールであるが、過剰放牧や森林伐採によるものはいずれも50万ヘクタールでより小さい。これは、前述の機械や肥料などの長期間にわたる投入の結果と言えよう。しかし、それが普遍的な原因とは言い切れない。

　では、前者の農業はもっぱら環境への加害者であり、何らかの貢献をしないのか、という問題はどうであろうか。実は農業がもつ環境への正の影響に関する評価については国によって見解が異なっている。

　日本の場合、耕地の約8割を占める水田が一種のダムの役割を果たしているとみなされている。つまり、水系に建設される巨大なダムは深さ数十メートルの水を貯えて下流域の水量を調節するが、水田の場合はわずか数センチメートルの溜められた水がその面積の広大さゆえにダムに匹敵する洪水調節機能をもちうるのである。その他、国土保全の機能、水源涵養の機能、自然景観保全の機能、さらには、農村に住む人々の行動までを視野に入れて、文化・伝統の継承と提供などの機能が、農業固有のものとして考えられている。これらの機能を「外部経済効果」と捉えて計測した例がある。あくまで試算であるが、それによると、これらは7兆円にのぼるという。その内訳は、洪水防止機能が2兆3,000億円、水資源涵養機能8,000億円、土壌浸食・土砂崩壊防止機能500億円、農村景観・保健休養機能3兆2,000億円、大気浄化機能3,000億円などである。国内総生産が503兆円、農業総生産額が約10兆円であるから、この大き

さが理解できよう。政策的にも、こうしたものを食料生産などの一般的に考えられる農業の経済的な機能とは別立てで考慮すべきとして、1999年に成立した食料・農業・農村基本法では「多面的機能」として明記している。そして、この多面的機能を守るために、農業生産や農村が保護されるべきである、との見解から政策が展開されている。

さらに重要なことは、WTOの交渉においてもこの立場をとり、内外価格差がきわめて大きいにもかかわらず、農産物の輸入規制をかけていることである。ところが、アメリカ合衆国はこの立場をとらない。その違いが交渉のスムーズな展開をはばんでいる。一国の農業と環境の関連性の評価が国際的な交渉の場に影響を与えているのである。

このようにみてくると、食料確保の営みが実にさまざまなことに関連性をもっていることがわかるであろう。では、こうした関連性の下で、世界に蔓延する飢餓をなくしたり、自給性を高めたり、環境負荷を低減させるためにはどうしたらいいのであろうか。

一つの方向は、「持続可能な農業」と称される、環境負荷を少なくした農業であろう。さまざまな技術開発が各国で研究されていて、例えば表土流出を避けるために灌漑用の水量を必要最小限にとどめるドリップ灌漑などがすでに実用化されている。継続的な研究の必要性は今後ますます高まるであろう。また、食料生産が食料の需要構造に大きく影響を受けていることを考慮すると、直接農業生産に携わらない消費者が真剣に農業と環境の関連性を考慮しなければならない。農業問題や農村問題が単純な農業・農村だけの問題ではないとの意識を多くの消費者が認識する必要があるとともに、そうした認識を広める行動を官・学・民などの連携の中でとっていく必要がある。

国際関係学的に言えば、「食は平和のバロメータ」であると言える。平和状況がないと豊かな食は生まれないのである。

論点3　科学技術、とくにバイオテクノロジーに対する評価・見解は各国で同じであろうか。相違しているなら、その要因と影響は何であろうか。また、アグリビジネス分野の企業はそれらにどのように関与しているのであろうか。

___コーヒーブレイク___

環境は誰が、何のために守るのか

　環境を守るということは、現在、正当性をもった推進すべきこととして受け取られている。環境にやさしい商品の開発、環境にやさしい企業の行動など、その例は枚挙に暇がない。しかし、何のために環境を守るのか、そして、そのために誰が何をするのかという問いに明確に答えられるであろうか。環境とは人間が、いやそれだけでなく地球上のあらゆる生物がその生存を維持していく拠り所である。では「あらゆる」の語はどこまでを含んでいるのであろうか。仮に人間に限るとしても、その範囲を認識しなければならない。

　環境問題にはさまざまな要素が複雑にからんでいるが、その中で二つの平等性をキーワードとして挙げたい。水平平等性と垂直平等性である。

　まず、水平平等性とは、同時代における地域間の平等である。気候変動に関する国際連合枠組み条約締約国会議（略してCOP、1988年の政府間パネル以降継続的に会議が開催され、第3回会議であるCOP3は1997年に京都で開催された）で問題になるのは、環境問題における南北問題とも言うべき問題である。例えば地球温暖化の主原因である温暖化ガスは、今まで先進国が見かえりとして経済成長を手中に収めながら排出してきた。いま、発展途上国が同じような経済発展を目指そうとするとき、後発で環境に影響するという理由で温室効果ガスの排出が拒まれるのは平等性に欠けるのではないか、という指摘がある。

　こうした同時代的平等性に対して、垂直平等は時間的な平等性を問うものである。現在に生きる私たちの営みが将来にどのような影響を与えるのか、将来世代の環境を現在世代が壊してしまうのではないか、というものである。例えば、温室効果ガスはいったん排出されるとその回収が困難で地球温暖化が長期化する。次世代に環境負荷を負わせない努力が求められている。

　では、環境問題は誰によって解決されるべきものであろうか。科学的な究明は研究者・研究機関が行うであろう。技術上の展開は企業が積極的に取り入れるであろう。企業の環境問題に対する取りくみや、それを指導・規制する行政の役割は重要である。しかし、それだけでは解決につながらない。グローバルな課題であるから国際機関が有効に機能する必要があるし、国際機関とは別の視点からNGOが機能する部分がある。また、影響力が一人ひとりでは小さくとも集合体としては大きな一般市民の行動がなければ生活に関連の環境負荷を少なくすることはできない。

　このようにみてくると、行政、国際機関、企業、研究者、NGOから一般市民まで、それぞれが主要なアクターなのである。

〈参考文献〉
1）レスター・R・ブラウン編著、松野弘監修、ワールドウォッチジャパン訳『レスター・ブラウンの環境革命——21世紀の環境政策をめざして——』朔北社、2000年
環境問題のシンクタンクとして世界的評価の高いワールドウォッチ研究所の隔月刊誌『ワールドウォッチ』から9篇の論文を収集している。環境問題全体にわたっての最新傾向を理解するのに適当である。毎年刊行される『地球白書』も見ておきたい。
2）西岡秀三編著『地球環境50の仮説』東海大学出版会、1994年
私たちの生活がどのように環境問題に繋がり、解決の方向性としてどのようなことが考えられるかという視点から、ライフスタイルや政治経済、都市構造のそれぞれにおいて仮説を立てている。最新性はないが、環境問題に対する切り口のヒントを与えてくれる本である。
3）矢口芳生『地球は世界を養えるのか——危機の食料連鎖——』集英社、1998年
世界の食料需給に関する予想はさまざまであるが、本書は人口・環境・食料の連鎖の中で食料・農業問題を捉えている。平易な記述で読みやすい。
4）OECD編、農林水産省農業総合研究所監訳『農業の環境便益』家の光協会、1998年
農業をアメニティや生態学の視点からとらえ、農業が環境に与えるプラスの部分に関する激論の集約である。農業政策の展開をめどとしているとはいえ、公益的機能、外部費用などを理解するのに役立つ。
5）レイチェル・カーソン、リンダ・リア編、古島秀子訳『失われた——レイチェル・カーソン遺稿集——』集英社、2000年
『沈黙の春』を世に送ったカーソンの随筆や論文、手紙などを収録している。自然への限りない関心と畏敬、それゆえの環境悪化への怒りと哀しみが彼女の著作の原動力であったことが知れる。なぜ学ぶのか、と自問自答しながら読みたい。

用語解説

食糧と食料

いずれも「食べ物」を表す語であるが、「食糧」は主食となる穀物およびイモ類を指し、「食料」はそれ以外の野菜や畜産・水産物を含む包括的概念である。慣例としてFAO（Food and Agriculture Organization of the United Nations）は国連食糧農業機関と称するが、現在、foodはたいてい「食料」と訳されている。

第7章 世界の食料・農業と環境問題

食料自給率
一般に食料自給率と言う場合、供給熱量自給率を指し、(国産供給熱量／国内総供給熱量)×100で算出される。これに対して、穀物自給率は国内で飼料用に供される穀物も含んで「消費仕向け」と捉え、(国内生産量／国内消費仕向け量) ×100で算出される。日本の場合、前者が約41％、後者が約26％と、供給熱量自給率自体が先進国の中で異常に低い水準であるが、穀物自給率はさらに低い水準である。

サヘル地域
アフリカのサハラ砂漠以南の地域を指す。地理条件的、経済的に北部地域と性質を異にする。とくにサハラ砂漠周辺地域は環境問題が深刻である。

生産性
生産活動における投入に対する産出の割合を生産性と言う。農業の場合、土地面積が生産の重要な制約条件となるので、土地生産性（生産量／土地面積）をいかに向上させるかが問題となる。これに対して、投下労働量に対する生産量の割合を労働生産性と言い、広大な土地条件の下では改善対象となる。

団粒構造
土壌の役割には植物の物理的な保持、水分や養分の貯蔵、根の呼吸作用の保持などがある。粘性の高い土壌は保水機能が高いが通気性がなく、砂質土壌はこの逆である。粘土質の小さなかたまりを含む土壌が両者のバランスがとれた最適な土壌とされている。

バイオテクノロジー(biotechnology)
生物学（biology）と技術（technology）を組み合わせた造語で、生物学、生化学、分子生物学などの成果から開発された遺伝子組み替え、細胞融合、組織・細胞培養、受精卵移植などの技術の総称。1970年以降急速に発展し、科学の基礎分野から、医療や農業などへの応用分野に大きな影響を与えている。

アグリビジネス（agribusiness）
農業関連産業全体を示す産業分野。品種改良の研究開発をもとに種子を販売し、その生産物の加工・流通も行うなど、総合的な展開をしている。バイオテクノロジーなどの新技術を利用した展開や、異業種からの参入、さらには国際的な統合も進んでいる。

Coexistence

第8章　ヨーロッパ統合と「共生」

中本真生子

───〈本章のねらい〉───

　現在ヨーロッパは、統合とそれに伴う変化の中で揺れている。「国民国家」というまさにヨーロッパから始まった国家体制を越えて統合を図ろうとする試みは、これまでその体制を支えてきたさまざまな原理の問い直しという大きな課題を伴っている。「同化」から「共生」へという統合原理の変化は、諸制度の整備や改革、見直しにとどまらず、人々の生活や意識そのものを根底から変えていこうとしている。

　本章では、現在EUが直面している新たな統合原理としての「共生」の問題を「女性」、そして「外国人」という二つの側面から考えていく。性差を越えた「人間」としての共生、そして国籍を越えた「外国人」との共生という問題は、ヨーロッパの統合とともに大きく前進してきた。現在ヨーロッパでは、「違い」を認めあった上で「共に生きていく」という新たな原理がさまざまな分野で試みられ、新たな家族形態やアイデンティティを生み出していると言える。しかしまた一方で、この新たな動きからも排除され、こぼれ落ちてしまう人々が存在していることも事実である。ヨーロッパの壮大な「実験」が、どのようなモデルを提供してくれるのか、あるいはそこにはどのような限界（制限）が課せられているのか、日本の状況とも比較しながら考えてほしい。

1 EUと女性

1 「市民権」と女性

1789年、フランスで世界に先駆けて謳いあげられた「人間と市民の諸権利の宣言（人権宣言）」は、実はその中に女性を含んではいなかった。参政権、財産権等を含む「市民権」は、男性のみをその対象として宣言された。フランス革命当初、デモやバリケード戦で男性とともに武器を取って戦い、社会変革を要求した女性たちは、新たな革命政府によって路上から、そして議会から締め出され、「家庭に入る」ことを求められたのである。それに抗議して「**女の人権宣言***」を著したオランプ・ド・グージュは「反革命的行為」の名の下に処刑された。「女性は処刑台に上がる権利があるのだから、演壇に上がる権利も持つべきである」という、身を賭した彼女の主張が実現されるのは、フランスでは第二次世界大戦末期のことである。革命以降新たに形成されていった「国民国家」において女性に課せられた役割は、「家庭」を守り、次世代の「国民」を産み育てるというものであった。それはさまざまな制度や規範によって強化され、いわゆる「近代家族」の神話を生み出していく。国民国家はその出発点において性による役割分担を内包していたのであり、さらにこの性別役割分担は、実は国民国家体制を深い部分で支える一種の装置であった。

しかしこのように「市民」の対象から外され、「家庭」に入ることを求められた（強いられた）女性は、20世紀初頭から北欧諸国を皮切りに徐々に参政権を獲得し始め、現在ではそれは女性が当然有すべき「人権」と捉えられるようになった。そして21世紀に入った今日では、女性は社会のさまざまな分野での「平等」を追求している。とくにヨーロッパでは、ECの発足当初から、女性労働という観点に立つ男女平等政策が一貫して取られてきた。ヨーロッパがさらに強く統合を進めようとする現在、それぞれの国家を越えて女性たちのヨーロッパ規模での共

闘が始まっている。以下、女性と男性の「共生」社会を目指すEUの試みを概観していこう。

2　EUの男女平等政策

ヨーロッパはEC時代から積極的に、女性が「女性であること」ゆえの社会的な不利益を解消していくという運動に取り組んできた。とくに1980年代にはヨーロッパ委員会が率先して「女性の機会平等推進行動計画」をスタートさせ、以後ECは女性の雇用・労働問題だけでなく、その前提となる教育や家庭の問題にも踏み込んでいく。1982年にはヨーロッパ議会に「機会均等部局」が、1984年には「女性の権利委員会」が常任委員会として設置され、さらに各国からの専門家が集まった「ヨーロッパ男女平等ネットワーク」や男女平等問題に関する各国代表による「アドヴァイザリー委員会」等の制度も整備された。

しかしヨーロッパ統合の中で「男女平等」の問題が人々の生活や心性そのものにかかわり始めたのは、やはり1990年代に入ってからである。1992年、マーストリヒト条約締結の際に合意された「社会政策」は、加盟諸国に「男女の機会平等、平等待遇」を実現していくことを強く求めた。さらに1995年に決定された「女性と男性の機会平等に関する第四次行動計画」は、「あらゆる政策、措置、活動の立案、遂行、監視のプロセス」に女性と男性の機会平等を組みこむことを目標として掲げている。つまり制度を作り、政策を決定する場においても女性と男性が「平等」に存在することが実現すべき目標として提示されたのである。

この時点でヨーロッパ議会における女性議員の人数は約20%であり、加盟国においても30%を切る国が大半であった。この政策決定の場における男女比率のアンバランスそのものが「民主主義の赤字」であると指摘し、「意思決定過程における男女平等」を目指すという動きには、1995年に加盟した北欧諸国の先例とその成功が大きく影響していたと言える。それでは次に、この問題においてEUの牽引役とも言えるスウェーデン社会を見てみよう。

3 スウェーデンの男女平等システム

1995年にEUに加盟したスウェーデンは福祉国家として、さらには「専業主婦のいない国」(成人女性の就業率は80%以上、労働市場の48%が女性) として名高い。しかし20世紀前半のスウェーデンは、性別役割分業を基本とする伝統的な家族モデルを体現している国家であった。1960年代から1970年代にかけての制度面、次いで意識面の大きな変化が、スウェーデン (およびノルウェー、フィンランドといった北欧諸国) を「男女平等に最も近い国」と称されるまでに変貌させたのである。以下、スウェーデンがいかにして男女平等社会に転じたかを概観しよう。

スウェーデンでは1960年代の経済成長期に女性の就労が飛躍的に進んだ。これは労働力不足を補うためであったが、その動きと1970年代の女性運動の波が結びつき、この時期次々と女性のための新たな制度が導入される。例えば育児関連では15か月間の出産・育児休業制度、児童看護休暇制度、幼児をもつ親の労働時間選択制度 (1日6時間、通常の25%短縮) 等の導入、さらには保育所、学童保育所の数や開園時間の充実が図られた。またそれと平行して婚姻制度が改正され、姓の選択・継続制度や慰謝料の廃止、中絶権の保障、両親親権保障、さらには同棲法や離婚自己決定権の保障等により、いわゆる「伝統的な家族」(＝近代家族) は大きく変容する。さらに税制改革も行われ、1971年に課税の対象が世帯単位から個人単位に切り替わった。この課税の個人化こそが、すべての人間が労働して収入を得、経済的にも自立するという理念を最も体現し、また女性の労働市場進出を促進したものであると評価されている。教育面でも1969年より男女平等カリキュラムが作成され、さらに1980年からは全教科における男女平等、家庭科および技術の男女必修が実現された。しかし女性の労働市場進出を決定的にしたのが、福祉の充実による公的サービス部門の増加であったことも忘れてはならないだろう。実際公共部門での性別労働力構成は女性7対男性3である (民間部門ではこの比率は逆転する。また民間部門での女性管理職の少なさは、大き

な問題と考えられている)。

　そして何よりもこの国の男女平等状況を現わしているのが、「意思決定機関」、つまり政界への女性の進出である。現在スウェーデンの議員数は地方、中央ともに40％近くが女性であり、ここ10年来閣僚もほぼ半数が女性によって担われている。このような女性の政界進出を可能としたのは、まずは制度面での改革であった。スウェーデンでは比例代表制が採られているが、各党の候補者名簿を男女、あるいは女男交互に並べる交互型名簿方式が、環境党・緑（緑の党）や社会民主党など多数の政党で採用されている。さらに制度面での改革に加えて、それに伴う（あるいは促される）意識の面での変革も忘れてはならない。先に挙げた育児関連の制度は、すべて「両親」をその対象としたものである。つまり女性（母親）だけでなく男性（父親）もまた、社会に参加すると同時に育児にも参加し、仕事と家事をともにすることが前提となっているのである。現実にはスウェーデンでも男性が家事、育児にかける時間は、女性のそれに比べてかなり少なく、女性が「仕事も家事・育児も」するという状況が、程度の差こそあれ今なお続いている。しかし男女平等教育を受けて育った若い世代には、「女も男も、仕事、家庭、社会に対して同等の権利と義務と可能性をもつ」男女共生社会の理念は、もはや当然のこととして根づいている。現在スウェーデンで目指されているのは、さらなる「男性」の意識改革、そして「男らしさ」からの男性自身の解放なのである。このようなスウェーデンのEU加盟は、この理念がEU諸国のジェンダー政策を活性化させるものとして期待されている。

4　パリテ法：フランスの決断

　しかしその一方で、スウェーデンと男女平等社会の達成度を競うノルウェーは、1995年の国民投票によって（僅差ではあったが）EU加盟を否定した。その理由の一つには、「男女平等社会」が後退するのではないかという女性たちの危惧があったと分析されている。実際クォータ制を導入し、女性の議員、閣僚が常に40％を越えるノルウェーと比べると、当

表8-1 EU15か国の立法府における女性議員

国	選挙年	議席数	女性数（　）内%
スウェーデン	1994	349	141 (40.4)
フィンランド	1995	200	67 (33.5)
デンマーク	1994	179	59 (33.0)
オランダ	1994	150	47 (31.3)
ドイツ	1994	662	176 (26.6)
オーストリア	1994	64	16 (25.0)
ルクセンブルク	1994	60	12 (20.0)
スペイン	1996	350	80 (22.8)
イタリア	1994	630	95 (15.0)
アイルランド	1992	166	20 (12.1)
ポルトガル	1995	230	27 (11.7)
ベルギー	1995	150	17 (11.3)
イギリス	1992	651	60 (9.2)
フランス	1993	577	35 (6.0)
ギリシア	1993	300	18 (6.0)
計		4,718	870 (18.4)

出典)『ヨーロッパ統合と文化・社会の諸相』愛知教育大学、1998年、63頁

時のEU諸国やヨーロッパ議会は惨憺たる有様であった（表8-1）。しかしEUは先にもみたように、1990年代以降はとくに男女平等政策に力を入れており、とくにフランスは、2000年という区切りの年に一つの決断を下した。2000年3月、フランスはフランス版クォータ制度*「パリテ法（男女同数法）」の導入を決定したのである。

　パリテ（parité）とはフランス語で同等、同一を意味する言葉である。フランスは前述したように女性参政権導入が1944年と遅く、その後も政界では男性優位の時代が長く続いてきた。1995年段階で議会における女性議員の割合は5.9%に過ぎず、これは当時のEU加盟国の中では最低に近いものであった。この状況は欧州議会やヨーロッパ委員会でも問題とされ、その意味で改革は内からも外からも求められていたと言える。「パリテ運動」は、具体的には政策決定機関への女性の参入を促進するために、各種の選挙の際に各政党が候補者を男女同数にすることを要求するものであった。1993年、『ルモンド』紙にパリテ確立を求める「577声明」が掲載されて以来、この運動は全国的に広がっていく。1997年の選挙では全候補者の三分の一を意識的に女性にした社会党が勝利し（この選挙の結果、国民議会における女性議員の比率は10%まで「上がり」、29人中11人の女性閣僚が誕生した）、一般に向けてのアンケートでも、7割から8割がこの動きに賛同する意思を示した。

　しかしこの提案に対して、保守派のみならずフェミニストの側からも疑問や反対の声が上がり始める。とくに『母性という神話』を著した哲

学者E.バダンテールはパリテを「女性、男性の性差による相違を強化することにつながるもの」として反対派の先頭に立った。バダンテールは政界への女性進出の必要性を主張しながらも、パリテに対しては次の二つの理由から反対する。①パリテは女性・男性の差異を逆に絶対的なものとしてしまう危険性がある。これは性差を「自然」なものとし、男性・女性のステレオタイプ化と差別化を助長する「性差自然主義」を深めることになりかねない。②女性という社会集団の権利を擁護することは、逆に女性をマイノリティとして規定するものであり、さらにその「集団」を擁護することは「市民の平等」というデモクラシーの基本理念に、そしてフランス共和国の基本理念である普遍主義に反する。とくにこの「特定集団の権利の擁護」は、女性のみならず移民や宗教問題にもかかわるものとして、雑誌、新聞等で激しい論争が繰り広げられた。

最終的には「この法律がなければ安泰だと思って、権力にしがみついている男たちがいかに多いかを直視しなければならない」というマルチヌ・オブリ雇用・連帯相の発言の後、1999年に憲法改正が実現し、2000年6月、法案は成立する。その内容は町議会、地域圏議会、欧州議会、小選挙区制の国民議会の選挙で、各政党が候補者名簿を男女同数にすることを義務づけ、違反した政党には罰則が課せられるというものであった。そして2001年3月の市町村選挙より、パリテは適用されている。これは画期的な法案なのだろうか。それとも女性の内部からも危惧されるように女性をマイノリティ化し、個々の「市民の平等」を揺るがせるものなのだろうか。その答えは容易には出ないだろう。しかしこれまでヨーロッパ諸国で採られたクォータ制は、男女平等社会を推進する上で一定の成功を収めており、フランスにおいてもこの「荒療治」が前進となる可能性は大いにある。「制度」の変革が人々の意識を変えていく例は、北欧諸国が示すところである。しかしそれとともに、パリテ反対派が提示した問題についても慎重に見守り、考えていかねばならないだろう。

以上のように性による不平等、不均衡をなくし、「民主主義の赤字」を解消しようとする動きはEUの基本政策としての位置を占めており、

各々の構成国もその指導や影響のもとで自国の政策を見直し、変革を進めることを求められている。実際パリテ運動が一般の人々の支持を集めた背景には、女性議員数がEU諸国の中で最下位に近いということを「問題」と感じる人々の認識があったと分析されている。EU諸機関の報告書や勧告、そして何よりも他の構成国が比較の対象として存在していること自体が、フランスの現状を「嘆かわしいもの」としてフランスの人々に自覚させたのである。このように、EUは紆余曲折や地域差はあるものの、「両性の共生」社会へと、それぞれの国毎に、そしてEU全体として進みつつある。しかしクォータ制という擁護制度を必要としなくなる日がいつになるか、それにはまだ長い道のりが残されていると言えよう。

> 論点1　クォータ制度は救済策か、それとも逆差別につながるのか、また日本に導入されるとしたらどうなるか、議論してみよう。

2　ヨーロッパ統合と「外国人」

　それでは次に、かつて女性とともに「市民」の枠から外された「外国人」の問題についてみていきたい。EUはその内に存在する「国境」をどのようにして越えようとしているのであろうか。また「国境」を越えて移動する人々は、どのように移動した先で先住者たちと「共生」していくのだろうか。

1　「市民権」と外国人

　フランス革命勃発の翌年の1790年、ライン地方出身のドイツ人アナカルシス・クローツは志を同じくする20名の「外国人」たちとともにパリの国民公会へと赴き、「諸国民の名において、すなわち諸王国によっていたるところ抑圧されている正統な主権者の名において」フランス革命

に参加することを求めた。身分制社会の廃止という普遍的な革命の目標は、「国境」を越えてクローツやトマス・ペインらを革命に参加させたのである。彼らは「革命に貢献のあった外国人」として市民権を与えられ、国民公会の議員にさえも選ばれた。その意味でフランス革命は、当初は外国人に対して開かれていたと言える。しかし対外戦争の激化とジャコバン独裁の開始とともに、この「国境を越えて開かれた革命」の可能性は摘み取られ、クローツはスパイという汚名の下処刑される。革命はグージュの処刑によって女性を市民から排除したのと同じく、クローツの処刑によって外国人を市民から排除したと言えよう。その後二世紀にわたり、国籍を持つ「国民」のみがその国に対して権利を有するものとして承認される、という体制が続いてきたのは周知のとおりである。

しかし1992年、「ヨーロッパ市民権」の創設を宣言したマーストリヒト条約により、EU加盟国出身の「外国人」は、出身国外での一定の参政権を保障されることとなった。各国はそれに沿って国内法を改正し、すでにヨーロッパ議会選挙はこのシステムの下で実施されている。それぞれの国家を越えた「ヨーロッパ」という単位をおくことによって、「市民権」は「国民」という壁に風穴を空けた。その意味において、現在のEU諸国においては、女性に続いて外国人も、かつては排除された「市民権」を獲得しつつあると言えるだろう。このように、EUは国民国家の「枠」を越えて市民権を拡大し、共生・共存を促進していく方向へと向かっている。それではこの「ヨーロッパ市民権」とは、どのような権利をEU構成員に保障しているのだろうか。

2 「ヨーロッパ市民権」とは何か

1992年に調印され、翌年発効したマーストリヒト条約は、経済・通貨同盟、共通の外交・安全・防衛政策、内務・司法協力等を目標と掲げ、ヨーロッパ統合の拡大・深化を強く推し進めるものであった。しかしこの条約の中でそれらにも増して注目されたのが、この条約によって創設された「ヨーロッパ市民権*」である。

「ヨーロッパ市民権」とはEU構成国の国民が、それぞれが属している「国家」を越えて、「市民」として共通の権利を有することを規定したものである。つまりEU構成国の諸国民は、EU域内においてはそれぞれが属する国家の外でも、つまり「外国人」でありながらも市民権を有することになったのである。とくに出身国外における参政権は、それまで「その国家の国籍を有する市民」の権利とされていたこの領域を、地方選挙という制限付きではあるが、国籍を持たない「外国人」にまで拡大したという意味で非常に大きな決断と言えるだろう。このようにEU内では、国籍とは離れて一定の「市民権」が保障されることとなり、この意味においては、かつて「国民」であることを前提とし、「外国人」を排除した「市民権」は、EU域内においては「国籍」の縛りを半ば越えつつあると言うことができる。そもそもは労働力の自由移動、労働市場の形成という経済的な目的から始まった「人の自由移動」は、その過程で「国籍」の壁を越えてEU構成国の人々を「市民」として結びつけるという方向を差し示すこととなったのである。

　しかしこの「ヨーロッパ市民権」は、ここまでの記述からもわかるように、あくまでもEUという枠内において、そしてEU構成国の国民であること、という制限を設けている。さらに現在EUでは、ヨーロッパそのものに対するアイデンティティを生み出すプログラムを積極的に推進している。それは「ヨーロッパ人」という集団を新たに形成していこうとする試みとも言える。それでは次に、どのように「ヨーロッパ人」形成の試みが行われているのか、みていきたい。

3　「ヨーロッパ人」の形成

　「ヨーロッパ人」としてのアイデンティティをEU域内の人々にもたせようとする試みは、マーストリヒト条約以前から始まっている。1985年には、すでにヨーロッパ・アイデンティティ強化のためのヨーロッパ市民権、ヨーロッパ文化の確立、若者の交換留学、シンボルの形成などが提案されていた。その後1987年には域内の学生の交流と大学間の研

究交流を推進する「エラスムス計画」が発足し、さらに1989年には域内の諸国語教育の振興を推進する「リングア計画」（構成員がEUの共通語を二言語以上習得することを目標とする）がスタートしている。またヨーロッパのシンボルとして、青地に黄色で12の星をあしらったEU旗（国旗に対応するもの）、ベートベン作曲交響曲第九番「歓喜の歌」（国歌に対応するもの）、祝日としての5月9日（建国記念日に対応するもの）なども制定された。さらにマーストリヒト条約以降、「教育」というシステムを通じてのヨーロッパ・アイデンティティ形成の試みが着実に進められている。

また一方で、EU機関とは直接関係ない民間から、ヨーロッパ・アイデンティティを形成しようとする挑戦も行われている。その中でも特筆すべきは、『ヨーロッパの歴史』と題された「ヨーロッパ共通歴史教科書」の作成であろう。これはかつて「国民」形成のための強力な装置として機能してきた歴史教育を逆手に取り、ヨーロッパ規模の歴史観、歴史像を再編し普及させようとする壮大な試みである。「共通の記憶」という国民・民族アイデンティティ形成の装置をヨーロッパ規模で造ろうとするこの計画は、F.ドルーシュという一実業家の企画によるものであった。EU構成国各々の国民史の枠を越えて、12か国（第2版は14か国）から歴史家、歴史教育者が集って作成されたこの本は、歴史教育の副教材であると同時に、一般向けの歴史書でもある。この本は温度差こそあったが、おおむね好意的に受け止められた。このように、今やEU構成国の子供たちは、「共通の過去」をもつ「ヨーロッパ人」という一集団としてのアイデンティティをもつことを期待され、その路線に沿った教育を受けているのである。

しかし、当然ながら今現在では教育システムは各国ごとに異なっており、「ヨーロッパの歴史」と「国民史」をどのようなバランスで教えるか、どのように兼ね合わせるか（あるいは合わせないか）等、各国の方針は異なっている。当然「ヨーロッパ人」意識の形成にも速度差が出てくるであろう。しかしこのような「共通の歴史」という装置が形成されつ

平均的な欧州人

英アバディーン大学とセントアンドルーズ大学が、統計に基づいて合成した人物画像。年齢31・5歳。性別・両性具有（男49％、女51％）。人種は混血。別居中。サービス業。労働時間週37・4時間。

（『朝日新聞』1994年1月25日）

つあり、さらにそのような教育を受けた上で各地の大学や研究機関での移動、交流が促進されるとき、このシステムがヨーロッパ・アイデンティティを形成していく可能性は十分にあると考えられる。このような教育を受けた世代の増加に加え、現実にEU内を移動する人々や越境労働を行う人々の増加、そして「共通通貨」ユーロの誕生によって、「ヨーロッパ人」という帰属意識はますます多くの人々に共有されるものになろうとしている。経済統合から、より大きな政治的統合を目指す方向へと動き出したEUは、ヨーロッパ・アイデンティティを鍵とした人々の共生へと向かいつつあると言えよう。

　しかしここまで見てきたような市民権の付与、シンボルの制定、（歴史）教育などを通じてのヨーロッパ・アイデンティティの形成は、かつての「国民」形成の手法をヨーロッパ規模で再度実施しているかのようにも見える。たしかにこのヨーロッパ・アイデンティティはそれぞれの構成国の言語、文化（およびその中の少数言語、少数民族文化）を等しく「ヨーロッパ的なるもの」として等価に扱っており、かつての「国民形成」の際に多くみられた一言語、一文化への同化志向は薄い。その意味でこのヨーロッパ・アイデンティティの形成は多言語・多文化主義に則っているという見方もできる。しかしながらこの多言語・多文化主義は、あくまでも「ヨーロッパ」という共通項の上に展開されるものであり、「ヨーロッパ」外の要素はそこには一切と言っていいほど含まれてはいない。そのため、新たなアイデンティティを形成し、二つの世界大戦を引き起こした国家間、国民間の「共生」を目指すEUの動きは、一方で共生の環境を形成しつつ、他方ではかつての「女性」や「外国人」のよ

うな、新たな「排除」される存在を作り出している。それでは現在の「ヨーロッパ」から排除されるのは、どのような人々なのだろうか。彼らはなぜ、そしてどのように「排除」されているのだろうか。

論点2　「国民」形成と「ヨーロッパ人」形成の共通点と相違点について話し合ってみよう。

コーヒーブレイク

『カフェ・オ・レ』と『憎しみ』：カソヴィッツの映画に観るフランスの現在

　マチュー・カソヴィッツによるこの二作の映画は、それぞれ異なった側面から現在のフランスが抱える対立、鬱屈、愛憎を見事に描き出している。1993年作の『カフェ・オ・レ』(Café au lait) は、パリ下町の若者たちを描きながらも、いわゆる「フランス人」はほとんど出てこない。海外県マルティニック出身のローラを中心に、ユダヤ人青年フェリックス、アフリカの外交官の息子ジャマルが、ローラと彼女のお腹の子供をめぐって争奪戦を繰り広げる。ローラは褐色の肌をもつ学生。カソヴィッツ自身が演じるフェリックスは定職をもたず、自転車で宅配のバイトをしているユダヤ系の白人。ジャマルはエリート階層に属し、パリで豊かな学生生活を送る黒人である。肌の色も三者三様なら、宗教もカトリック、ユダヤ教、イスラム教とそれぞれに違い、しかも三人ともフランス社会ではマイノリティ。この作品は、人種や文化摩擦（衝突？）、偏見などの問題に加え、未来の「家族」の在り方にまで踏み込んだ一種の逆説的ユートピアを描き出している。互いに罵り合いながらも正面からぶつかり合い、「共生」の道を選びとっていく彼らは、フランスの、そしてヨーロッパの可能性を信じているかのように見える。

　一方1995年に公開され、カンヌ映画祭監督賞を受賞した『憎しみ』(La Haine) は、パリの郊外都市を舞台とした非ヨーロッパ系、そしてユダヤ系の若者の鬱屈と、やり場のない怒りを描いた作品である。タイトルの La Haine という言葉は、憎しみというよりも憎悪、「はらわたの煮え繰り返る」想い、といった意であるという。警察による職務質問の最中に重傷を負った移民二世の青年。それをきっかけとして起こる若者たちの暴動。偶然から銃を手に入れ、それを片手に「郊外」の共同住宅街をさ迷うユダヤ系のヴィンス、マグレブ系のサイード、アフリカ系のユベール。彼らは行動を共にしながらも罵り合い、しかし庇い合い、そして行く先々で警官、自警団、スキンヘッド等と衝突する。画面から伝わってくるのは、まさに「もはや白人のものだけではない」現在のフランスであり、現在のヨーロッパなのである。

3　EUと移民──「共生」から取り残される人々

1　EUと移民

　現在EU域内には、二種類の「外国人」が存在している。一つは前節で述べた、EU構成国出身の「外国人」であり、これらの人々はヨーロッパ市民権の確立とともに、居住国の国民に準ずる権利や保障を手にした。同時にこれらの人々は教育や「共通の歴史・文化」という観念の浸透によって「ヨーロッパ人」という新たな帰属意識を持ちつつある。しかしEU内にはもう一種類の「外国人」、つまりヨーロッパの外からやってきた、いわゆる「移民」の人々が存在している。彼らこそが、ヨーロッパに居住しつつ「ヨーロッパ」から排除される人々なのである。

　「移民」という言葉が「国外からやってきて、定住するようになった人々」を指すのなら、ヨーロッパは大航海時代以降数多くの「移民」たちを南北アメリカへ、そしてその他の広大な植民地へと送り出していた。さらに20世紀前半までは、ヨーロッパの国家間の移民も数多く行われていた。経済的、あるいは政治的理由による南欧、東欧から西欧への移民は頻繁に行われ、そのような人々は、移住した先の地に数世代のうちに同化していった。

　しかし現在ヨーロッパで「移民問題」というとき、それは基本的にEU域外からの非ヨーロッパ系移民を指す。第二次世界大戦後、ECの設立もあって、ヨーロッパ諸国間の経済格差は小さくなり、それにつれてヨーロッパ間の移民の数は減少した。そして1960年代の好況期、著しい労働力不足を補うために採られた方策が、旧植民地やトルコなどからの非ヨーロッパ系労働者の受入れだったのである。当初は「出稼ぎ移民」として成人男性が単身ヨーロッパへと渡ってくる形態が主流を占めており、当事者も受入国もこの「出稼ぎ労働者」が一定の期間働いた後、出身国へ帰るものと考えていた。しかし1970年代、石油ショック以降の長期の不況が状況を一変させる。新たな移民受入れは凍結され、すで

表8-2 ヨーロッパ各国のイスラム系住民

北欧諸国				
スウェーデン	22,000	旧東ドイツ	15,000
デンマーク	18,000	ポーランド	2,000
ノルウェー	6,000	ハンガリー	100
フィンランド	1,350	西欧諸国	
アイスランド	500	フランス	2,450,000
東欧諸国		旧西ドイツ	1,700,000
ユーゴスラヴィア	3,000,000	イギリス	1,500,000
アルバニア	1,700,000	オランダ	300,000
ブルガリア	80,000	ベルギー	250,000
ギリシア	150,000	イタリア	200,000
チェコスロヴァキア	150,000	スイス	55,000
キプロス	117,000	スペイン	15,000
オーストリア	86,000	ポルトガル	15,000
ルーマニア	50,000	ジブラルタル	3,000
		ルクセンブルク	1,000
		アイルランド	500

注）東欧諸国のイスラム系住民の多くは、移民ではなく、従来から住んでいる人々である。
出典）梶田孝道編『ヨーロッパとイスラム』有信堂高文社、1993年、6頁

に渡欧していた非ヨーロッパ系労働者たちは、さらに厳しい不況にあえぐ出身国に帰るよりも、家族をヨーロッパに呼び寄せることを選んだ。こうしてヨーロッパ諸国には非ヨーロッパ系の定住者が数多く存在することとなったのである（表8-2）。彼らはその多くが非熟練労働者であり、常に不安定な雇用状態に置かれていた。しかもそれは第一世代だけの問題ではなく、移住先のヨーロッパ諸国で生まれ育った第二世代以降も引き継がれていった。

このような非ヨーロッパ系移民の存在と彼らを巡る諸問題は、1980年代以降、移民たちによるモスク建設要求や、移民二世の増加とその教育問題などを通して、各国で「目に見える」ものとなってくる。ヨーロッパがヨーロッパ・アイデンティティを構築し、「ヨーロッパ人」として一つになろうと模索し始めるのと平行して、ヨーロッパに居住する「ヨーロッパ文化・歴史を共有しない人々」の数は増加し、彼らの自身の社会的・文化的権利を主張し始めたのである。

彼らを巡る問題は、当初は各々の国家内での「統合」や「同化」を巡

るものであったが、マーストリヒト条約以降、それはEU全体にかかわる問題ともなった。なぜなら国籍取得が比較的容易な国（例えばフランス）に居住するEU域外からの移民は、受入国の国籍を持つことによって、原則としてヨーロッパ市民権を有するが、国籍取得が困難な国（例えばドイツ）に居住する移民はヨーロッパ市民権を有することができない、という不平等が生じることになったからである。「移民」の定義や国籍条項は各国がそれぞれに定めるものであるが、このような不平等についてはEUとしての対応が求められていると言えよう（ちなみにドイツは2000年に国籍法を改正し、移民二世のドイツ国籍取得への道が開かれた。またヨーロッパ委員会は、EU内に5年以上居住している「域外出身者」に労働・雇用に関してEU市民と同等の権利を有する「EU永住権」の付与を定めた指令案を2001年に発している）。

　しかしまた一方で、国籍を取得していようといまいと（つまり法的に「ヨーロッパ市民」であろうとあるまいと）、非ヨーロッパ系移民は社会的、文化的な問題を共通して抱えている。非熟練労働や低所得の連鎖、そして彼らを文化的、宗教的、そして人種的に「ヨーロッパとは違うもの」「異質なもの」として見るまなざし。彼らは（法的にどうであろうと）、ヨーロッパの中の「外国人」なのであり、EUはこの問題にどう対応していくのか、その方策を未だに持ちえていない。それでは実際に、EU各国でどのような「新しい外国人問題」が生じているのか、いくつか例を挙げてみていこう。

2　非ヨーロッパ系移民の現在

　フランスは、前世紀より移民受入れ大国であり、実に人口の約四分の一が移民としてフランスに移り住んだ先祖をもつという。しかし20世紀半ばまで、基本的にヨーロッパ系であった移民は、第二次大戦後は旧植民地国からの労働者が中心となり、とくにマグレブ系と呼ばれるアルジェリア、チュニジア、モロッコなど北アフリカ出身の移民は、現在フランス国内で250万人を数える。フランスは出生地主義を採り、国籍取

得が比較的容易であったため、法的にはフランス人（つまりヨーロッパ市民）である人々が多い。しかし彼らの大半は、フランス国籍を持ちながらも日常的には「外国人」として生きている。なぜなら彼らは社会的、文化的にフランスという国家に「溶け込んでいない」と認識して（されて）おり、しかもいわゆる先住フランス人と同等の立場にはないと認識して（されて）いるからである。このことはフランスに生まれ、フランス的教育を受けて育った移民第二世代にとっても同じか、さらに顕著である。彼らは低賃金労働と低所得、低学歴といった「貧困の再生産」、高い失業率（白人フランス人の10%程度に比べて25〜30%）、郊外の低家賃住宅（HLM）に代表されるような住環境の悪さと一種のゲットー化などの問題を抱えている。またフランス的（ひいてはヨーロッパ的）価値観への「同化」を求める圧力と、それに抗するための（そして同棲や同性愛などを法的に承認するフランス社会に「染まらない」ための）民族固有の文化、価値観の維持、強化という文化的対立と葛藤が常に彼らを取り巻いている。なかでもイスラム信仰やその戒律に従った価値観、生活習慣は、ヨーロッパ（われわれ）と非ヨーロッパ（彼ら）を区別する、最も目に見えやすい記号となっている。1995年に起きた一連の爆破テロ事件の犯人として、アルジェリア移民二世のカレド・ケルカルが憲兵隊に射殺された事件は、「同化しない」「危険な」移民というイメージを彼らに付すこととなった。そして「移民排斥」を公然と掲げる右翼政党「国民戦線」は、90年代以降根強い支持率を維持している。

　このようなフランスに対してドイツは、つい最近まで名だたる「血統主義」国家であり、多数のトルコ人移民（約200万人）を抱えながらも「ドイツは移民国ではない」と公言していた。ドイツに生きるトルコ人移民は、2000年に国籍法が改正されるまでは基本的にドイツ国籍を取得することなく、名実ともに「外国人」としてドイツ社会の中で暮らしていた。移民第一世代は、やはり非熟練労働に就業する者が多かったが、第二世代以降は職業教育を受け、徐々に社会的地位を上昇させる傾向もみられる。しかしその一方で、ドイツの極右政党は「外国人が多すぎ

る」とトルコ人移民の帰国を主張し、さらにはネオナチの青少年による外国人襲撃事件もしばしば起きる。さらにドイツの隣国オーストリアでは2000年1月、移民排斥を掲げ、過去にはナチス賛美の発言を繰り返していたハイダー氏を擁する自由党が政権入りし、EUのその他14か国がこれに対して制裁を試みるという事態が起こった。またベルギーでは、2000年10月のアントワープ市議選挙で極右政党フラームス・ブロックが33％を得票している（代表のドウィンテル氏は、「移民はその国の文化や生活習慣を尊重し、同化すべきだ。ゲットーみたいに群れて住み、自分たちの文化に浸っているならば、国に帰ればいい」と宣言）。なおこのような極右の攻撃は非ヨーロッパ系移民を対象とすることが多いが、ユダヤ人を攻撃するケースも今なお存在する。

　以上のように、現在EUの中の「外国人」たる多数の非ヨーロッパ系移民たちを取り巻く状況は「共生」とはほど遠い。さらにイスラム教徒の移民女性の状況はいっそう厳しく、複雑なものである。強化されたイスラムの伝統は男性優位を正当化し、その結果移民女性たちは男性と同等の自由や権利を持つことができないでいる。彼女らの多くは十分な教育を受けられず、失業率も高い（父親、夫が就学、就業を許さない場合も多い）。彼女らが身に纏うスカーフは、ネオナチらの格好の攻撃目標ともなる。とくに第二、第三世代の若い女性はヨーロッパ的価値観とイスラム的価値観の間で板ばさみになり、父親や夫によってイスラム的伝統に忠実に生きることを強いられるというケースも多い。そのような女性たちは移民として、そして女性として、定住先の国からも自らの民族集団からも抑圧を受ける存在と言える。しかし移民女性らの中でも、この問題に関しては相反する見解（伝統か、束縛か）が存在している（スカーフ着用を「強制」と感じるか、「男性の視線から身を護る」と捉えるか等）。しかしながら第1節でみたような、EUの男女平等に向けてのさまざまな政策が、彼女たちにまで届いていないことはたしかである。

　このように、「ヨーロッパ」というレベルでは女性、外国人の権利と利益を保障しているEUも、「ヨーロッパ文化」や「ヨーロッパの歴史」を

中心に統合を進めつつあるがゆえに、非ヨーロッパ系の人々に対しては有効な手立てを見いだしえていない。先にも少し触れたEU永住権の案も、専門職を外から招き寄せるといった意味合いが強い。むしろEUは、ヨーロッパという次元での共生を進める反面、「ヨーロッパ以外」をはじき出すユーロセントリズムの兆候を示しているとさえ言える。しかし、かつて女性と外国人を排除した「市民権」が、その双方へと開かれつつあるように、そして制度面だけでなく人々の意識をも変えていきつつあるように、現在の「ヨーロッパ市民権」も、さらに拡大していく可能性がないとは言えないだろう。今後のEU諸国が、そしてEU自体がどこまで「ヨーロッパ」という文化や民族の枠を越えて多様性を認め合い、共生を実現しうるのか。1980年代に「相違への権利」の下、ヨーロッパ内の少数民族や少数言語の権利を認めたように、その「多文化主義」の中に非ヨーロッパ的要素を包摂しうるのか。グローバル化が加速する現在の世界において、ヨーロッパが「ヨーロッパ」だけで閉じることは不可能であり、現実にヨーロッパはすでにヨーロッパ系の人々だけのものではなくなっている。「両性」の、そして「域内外国人」との共生を構築しつつあるEUが、非ヨーロッパ系移民との「共生」の回路を開けるかどうか、それはEUにとってだけでなく、今後の世界全体にとっても大きな意味をもつ問題なのである。

> 論点3　EU諸国における二種類の「外国人」問題を、日本の「外国人」問題と比較、検討してみよう。

〈参考文献〉
1）岡沢憲芙『おんなたちのスウェーデン』NHKブックス、1994年
　スウェーデンがどのようにして男女平等社会を実現し、それを維持しているかを制度面、意識面ともに丁寧に説明している入門書。
2）宮島喬編『現代ヨーロッパ社会論』人文書院、1998年
　EU統合が進む中でヨーロッパが抱える問題について、それぞれの専門家が独自の角度から鋭く切り込んでいる。現在のヨーロッパを知るための必読書。
3）宮島喬・梶田孝道編『外国人労働者から市民へ』有斐閣、1996年

外国人労働者の市民権を巡って、参政権から医療・福祉問題、教育問題、ジェンダーの問題など、幅広いテーマで日欧の現状を比較、検討している。
4）A.G.ハーグリーヴス、石井伸一訳『現代フランス』明石書店、1997年
「現代フランスにおける最も重要で差し迫った問題の一つ」である移民問題について、社会、経済、民族、アイデンティティといった多方面にわたって、客観的に考察している。
5）内藤正典編『もうひとつのヨーロッパ』古今書院、1996年
EU諸国に生きるトルコ人の現状と、それに対する彼らの意識を、インタヴューや座談会を交えて浮かび上がらせる。トルコ人の日常が見えてくる。

用語解説

「女の人権宣言」

「女性および女性市民の権利宣言」。フランス革命に積極的に参加し、多くの政治的文書を残した劇作家オランプ・ド・グージュが1791年に執筆。「人権宣言」が女性の権利を排除していることを批判し、「人権宣言」の条項を模しながら、主語を変える、文を付け加えるなどして女性の権利を宣言した。男女間の財産分配の平等、公職への女性参加、夫婦契約の在り方や婚姻外の女性、子供の保護、ステップ・ファミリーの在り方など、現在にもつながる問題を提示している。グージュは1793年に「反革命的著作を著し、女性にふさわしい徳を忘れた」との理由で処刑された。

クォータ制度（割当制）

選挙の候補者名簿や公的機関などにおける片方の性の最低比率を定める制度。ノルウェーでは公的な審議会、委員会や政党の候補者名簿で片方の性が40％を下回ることを禁止している。ドイツの緑の党や地方選挙でも実施されており、スウェーデンでは候補者名簿を男女（あるいは女男）交互にする方式が採られている。またベルギーではアファーマティブ・アクション法によって、公的機関において女性が一定の比率を占めることが義務づけられている（例えば警察官の25％を女性とする等）。

ヨーロッパ市民権

EU構成国出身者の権利および利益を保護することを目的するものであり、EU構成国の国民（構成国の国籍を持つ者）を「ヨーロッパ市民」と定義した上で、次のような権利を保障している。①「自由移動」の権利。「ヨーロッパ市民」は原則としてEUの領域を自由に移動し、居住することができる。②参政権。「ヨーロッパ市民」は出身国以外の居住国での地方選挙権とヨーロッパ議会選挙権を持つ（各構成国はそれを可能とするために国内法を改正した）。③外交保護。「ヨーロッパ市民」はEU域外において、自国の在外公館が存在しない場所でも他の構成国の大使館、領事館の保護を受けることができる。④請願と苦情申し立ての権利。「ヨーロッパ市民」はヨーロッパ議会に対して権利侵害の調査を請願する権利と、逆にEUの行政に関してオンブズマンに苦情を申し立てる権利を持つ。

Media

第9章　グローバル時代の報道とマスメディア

大空　博

―〈本章のねらい〉―

　印刷技術の発展とともに誕生した活字中心のメディアは、その後、ラジオ・テレビの出現、インターネットの爆発的な普及で電波・通信の領域に幅を広げ、今日のIT（情報技術）革命時代到来の起爆剤になってきた。
　「グローバル時代」を特徴づける事象の一つは、情報伝達の速さである。インターネット上に出現した巨大なニュース・リンクを通し、情報は国境を越え、瞬時に世界を駆けめぐる。かつて想像もつかなかった膨大な情報が政治・経済・社会の変化をあぶりだし、「変化」に一段と拍車をかけている。グローバル時代は、一方で情報が氾濫する時代でもある。そのような時代に生きる私たちは、情報とどう向き合えばいいのだろう。
　この章では「グローバル時代の報道とマスメディア」を主題として、ITがもたらす情報革命の背景と、国際関係を学ぶにあたって私たちに不可欠なメディアとしての新聞、雑誌、テレビ、そしてインターネットが果たす役割と特性を考えるとともに、メディアが伝える社会情報への認識を深め、その活用方法を学んでいきたい。
　私たちが接する情報は日々に生まれ、作り出される。それを取材し発掘するのがジャーナリズムだ。ときには隠蔽された情報をも暴く。その役割と使命は変わらない。IT時代のメディアをその視点で見つめよう。

1 情報革命の中でのテレビと新聞
――第四のメディア・インターネット

1 ケネディ暗殺・初の衛星生中継

テレビの画像がアメリカ大陸から日本に初めて通信衛星で生中継されたのは、今から40年ほど前、正確に記すと1963年11月23日（日本時間）のことであった。その日、予定では午前5時26分から5時46分まで、それに午前8時58分から9時15分まで、二回の実験放送を通じ、ケネディ米大統領の日本国民あてのメッセージやベルリン訪問、ローマ法王の戴冠式、パリ・ルーブル博物館などの録画が送られてくるはずだった。しかし実際にテレビのブラウン管を通して、日本国民の目に飛び込んできたのは、ケネディ暗殺という悲痛なニュースだった。当時の日本の**新聞・縮刷版**を読み返すと、そのときの模様が生々しく記録されている。

「この輝かしい試みに、悲しいニュースをお送りしなければならないことをまことに残念に思います」――毎日放送ニューヨーク特派員、前田治郎さんの声は重く沈んでいた。リレー衛星を使って太平洋に電波のかけ橋を渡すという初めての試みは、23日午前5時26分見事に成功した。しかし予定されたケネディ大統領のメッセージは送られてこなかった。そして2回目の実験が行われた8時58分からの15分間は、ケネディ大統領の模様をニューヨークから伝えてきた。前田アナウンサーは、悲痛な口調で「ケネディ大統領がダラスで暗殺者の銃弾を受けて倒れました」と語り出した。「ニューヨークでは、昼休みの時間にこのニュースが伝えられました。街角の新聞スタンドでは、争ってこの報道の載った新聞を買う（市民の）姿が見られます。学校も閉鎖されて、家路に急ぐ子供たちの姿も、悲しみにみちています」（『毎日新聞』1963年11月23日、夕刊・社会面）

①特別番組のハプニング

　NHK、民放テレビで全国に放映された特別番組に、毎日放送の前田特派員の声が入ったのはハプニングだった。毎日新聞の、その日の社会面記事の末尾には「とっさのアナウンス」という見出しの下、毎日放送・北尾報道局次長の談話が次のように添えられている。

　「毎日放送ではアメリカのABC放送とネットワークを組んでいる。前田特派員はリレー放送の打ち合わせのためABC放送に出向いたが、突然の大統領の悲報にめぐり合わせ、ピンチヒッターのアナウンスをやったのだろう。初の日米中継テレビに前田君がケネディの死を報じてくるとは予想もしていなかっただけに驚いている」

　こうして1963年11月23日は、日本のメディアには忘れられない一日となった。テレビにとってリレー衛星による実験生中継成功の意義は大きかった。「グローバル時代」を予見させる快挙だった。しかし、それだけではない。新聞にとっても今日の報道を考える上で見逃せない事がらが、当時掲載された記事の中にいくつも見いだせる。

②おお!! ノー!! と大統領夫人

　［ダラス（米テキサス州）22日発＝AP］テキサス州旅行中のケネディ米大統領は22日、ダラス市内を自動車行進中に撃たれた。目撃したAP通信カメラマンによると大統領の頭部に出血が見られた。同カメラマンはまた3発の銃声を聞いたが、最初は花火だと思った。しかしカメラマンは銃を持ったものを見ていない。同行していたケネディ夫人はとびあがって大統領を抱きかかえ「おお!! ノー!!」と叫んだ。大統領は市内のパークランド病院に運び込まれた。また同行のコナリー・テキサス州知事も撃たれた。

　この記事は、11月23日の『読売新聞』朝刊に1面トップで掲載されて

いる。衛星生中継の模様を伝えた夕刊ではなく、その日の朝刊で事件が報道されている事実に、まず注目しよう。「ケネディ大統領暗殺さる」。これが1面トップの見出しである。同じ紙面には別に、「大統領は米中部標準時22日午後1時（日本時間23日午前4時）死亡した。狙撃されたのち、1時間後であった」というAP電がある。「代理にジョンソン副大統領」「犯人は30歳前後の白人」という10行足らずの短い記事が、やはり外国通信社電で突っ込まれている。日本人の特派員電は一本もない。なぜだろう。大統領が死亡した午前4時といえば、当時、日本の新聞にとって原稿の最終締め切り後の時間だ。すでに記事提稿を全部すませ、編集局は一息ついていた。仮眠室に姿を消していた者もいた。そんなときにAP通信の配信機を通じて**URGENT**（至急）電が飛び込んできた。至急電はパレードの現場にいあわせたカメラマンの証言をもとに書かれている。第一報は「大統領撃たれる」とわずか1行。次いで「死亡」の原稿が入った。情報としては不完全だ。ケネディ夫人の「おお!! ノー!!」という悲痛な叫びは生々しく書き込まれているが、事件現場の詳しい状況や事件の背景には触れていない。しかし、そこに至急電特有の迫力があり、大事件が発生した直後の第一報を伝える外国通信社記者の切迫感が伝わってくる。荒っぽい日本語の翻訳が、事件を最終版に叩き込もうとする夜勤記者たちの緊張と興奮を伝えていた。

③衝撃が世界を回った

　その日の1面は、2日前に実施された第30回衆議院選挙の最終結果がまとまり、自由民主党の「池田体制動かず」という政局展望をトップに据えていた。通常ならその記事が最後までトップとして残るはずだった。そこに飛び込んできたのが、「ケネディ撃たれる」の突発ニュースだったのだ。

　「衝撃が世界中を回った瞬間だった。折しも暦は土曜日で、しかも勤労感謝の日、日曜日と続く連休気分が吹き飛んだ。『ケネディ大統領暗殺さる』の見出しのもと、23日付の朝刊トップが差し替えられた。

このころは祝日でも夕刊があったから、夕刊には暗殺関連の記事が満載されたが、さもなければテレビに惨敗だったろう」(『読売新聞120年史』1994年)

ケネディ暗殺事件を23日の朝刊に叩き込んだのは読売新聞だけではなかった。朝日新聞も23日の朝刊1面トップに、「ホワイトハウスのスポークスマンは22日『ケネディ大統領は現地時間22日午後1時(日本時間23日午前4時)に死亡した』と発表した」というロイター通信の至急電をいれ、「ケネディ大統領撃たれ死亡」と報じた。同様にNHKや他の民放テレビが、早朝のニュース番組で暗殺の第一報を流していた。23日午前8時58分から始まった2回目の衛星中継では、ケネディ大統領の在りし日の姿とともに、ダラス空港から飛行機でホワイトハウスに運ばれる遺体、悲しみにくれ怒りに顔をゆがめるアメリカ国民の表情などが、太平洋上の高度7,000キロの軌道を飛ぶリレー衛星を経て日本中に流された。

こうして63年11月23日はテレビというメディアが、悲しい形で新たな可能性を世に問うた歴史的な日となったが、ケーススタディの一例として、暗殺事件にかかわる報道を分析してみると、この日が新聞報道史上でも画期的な日であり、テレビ対新聞の報道競争の面できわどい1日であったことが『読売新聞120年史』からうかがえる。同時に、今日の「グローバル時代の報道」を読み解くカギが、いくつも秘められていることに気づくだろう。テレビ・ラジオ、新聞、インターネットの機能と特性、さらには、以下この章で取りあげる世界の情報・発信のメカニズム、情報提供システムのさまざまな相が、そこに浮かび上がってくる。

2 メディア新時代

インターネットの出現は私たちを取り巻く情報環境を一変させた。2000年12月から日本でも本格化したテレビのデジタル放送にも、インターネットは深くかかわっている。インターネット情報を駆使して精力

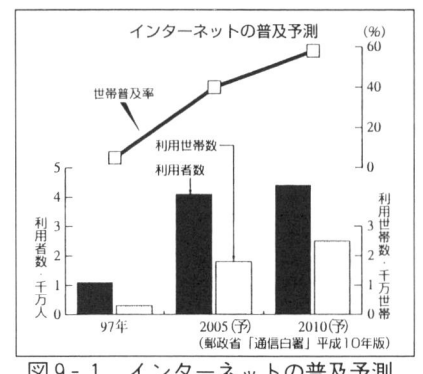

168　第9章　グローバル時代の報道とマスメディア

図9-1　インターネットの普及予測
（日経）

図9-2　ホストコンピューターの設置台数
（日経）

的な執筆活動を続ける評論家・立花隆は『新世紀デジタル講義』（新潮社、2000年）の中で、「インターネット時代のコンピュータはコミュニケーションの道具であると同時に、情報収集のマシンです。この二つの能力を強力に持つコンピュータの登場によって、知の世界の様相が世界的にまったく変わってしまったというのが、ここ四、五年ほどの状況だろうと思います」と書き、「コンピュータは情報の錬金術を可能にする機械」とまで言い切っている。その指摘のように、コンピュータははたして万能かどうか。この点については後に触れるとして、新聞の世界をみる限り、コンピュータに代表されるメディア新時代が、報道の在り方を激変させているのは紛れもない事実だ。新聞を街角や駅のキオスクで売り、世界に類をみない宅配制度に乗っかり家庭に配達すればよかった時代は過去のものになろうとしている。新聞社がインターネット上にホームページを開き、またデジタル・テレビ向けにも「デジタル・データ放送」用の新聞情報を提供し、多角的な報道形態を模索しなければ生き残れない時代である。当然、新聞記者の取材活動スタイルも変わってくる。その顕著な例が海外特派員の仕事と役割の変化である。

①事故現場からダイレクトに写真

「例えばホワイトハウスで開かれる米大統領の記者会見。以前なら特派員は会見に出席し、メモを取り、記事を書く、それが大原則だった。大ニュースがあれば、会見途中に席を抜け、近くの電話ボックスに駆け込み、東京本社に原稿を国際コールで送る。大統領会見は日本の新聞・夕刊の締め切り時間直前に開かれることが多く、記事を夕刊に間に合わせるのが勝負だった。しかしいまでは電話ボックスに駆け込む必要はない。手持ちのパソコンで直接送稿すればすむ時代なのだ。インターネット上に流れる膨大な情報は新聞を脅かす存在とはなっているが、立花氏が指摘する情報収集のマシンは新聞記者にとっても情報伝達の有力な武器となっている。写真ですら電子カメラで撮影すれば、飛行機墜落の現場からインターネットで映像をダイレクトに東京本社に送りこめる」

こう語るのは、読売新聞・東京本社の斎藤彰国際部長。ワシントン特派員を三度、通算10年以上をアメリカで過ごしたベテラン記者である。その彼が語る特派員の「取材スタイルの変化」は、ほんの一例に過ぎない。極端に言えば、記者会見に出なくても記事が書ける時代なのだ。大統領の声明やコメントは、ほとんど同時にインターネットで流される。それをワシントン支局にいて目を通せば、一応の記事は書ける。東京本社でも大統領の会見の様は、インターネットでキャッチできる。ひと昔前までは、東京で海外情報をいち早く知る手段はAP、ロイター、AFPといった世界の3大通信社が英語で流すニュースに限られていた。

②変わる国際報道

斎藤彰国際部長によると「これらの通信社のなかには、インターネットとの競合で経営が苦しくなり、記者の規模を縮小しているところがある。外国通信社が速報ニュースを独占した時代は終わった」。しかし、それだけではない。90年なかばから始まった本格的なインターネット時代を迎え、新聞の国際報道の在り方それ自体が転機を迎えている。世界の出来事をいち早く知ろうとして読者が世界各国の政府機関、各種マスコミのホームページに直接アクセスし始めるにつれて、特派員の仕事の比重は、事件の速報を離れ、独自のインタビューやルポルタージュ、

それに踏み込んだ解説・分析記事に移っている。それしか新聞ジャーナリズムの生きる道はないというのだ。

| 論点1 | 新聞縮刷版から63年11月23日の初のテレビ衛星中継とケネディ大統領暗殺に関する記事とをコピーし、朝日、毎日、読売各紙の報道の報道を検討し、メディアの速報性、記録性、解説機能といったものを、新聞・テレビで比較してみよう。外国通信社の役割（後述）も考えてみよう。 |

2 世界の情報・発信のメカニズム
―― 情報にはさまざまな"顔"がある

1 特異な存在・新聞大国日本

そもそも情報とは何だろう。21世紀は情報の時代だと言われ、いま、情報にまつわる言葉が氾濫している。私たちの身近な存在として「生活情報」「就職情報」がある。「企業情報」「外交情報」「秘密情報」「海外情報」もある。こうした情報を幅広くカバーするのがメディアの役割だった。マス・メディアが社会にもつ意味、つまり有用性はジャーナリズム性にある。「日々の記録」を刻むもの――それがジャーナリズムの本質であり、「新聞は世界史の秒針」という言葉まで生まれた。第四のメディア・インターネットの時代でもジャーナリズムの役割と使命に変わりはない。

この2節では情報の発信メカニズムを検証するが、情報環境における日本の特殊性からまず触れていきたい。情報伝達の主役がかつての新聞からラジオ・テレビに移り、そしていまインターネットやデジタル放送を軸にした新しいメディアに人々の関心が集まっている時代でありながら、一方で日本が依然として世界に冠たる新聞超大国であるという現実を、私たちはどう考えたらいいのだろう。一新聞社が朝・夕刊をあわせて発行しているのは日本だけである。一新聞社の発行部数が1,000万部を超える、あるいはそれに近い部数を誇る国も日本以外に例はない。21世紀を迎えた今も、私たちはこのような特殊な環境の中で、さまざまな情報と向かいあっている。

①7,000万部を超す発行部数

表9-1　ABC部数18年間の変遷

	98年10月	80年10月	増減部数（△は減）	増減率
朝　日	8,307,999部	7,421,948部	886,051部	11.9%
毎　日	3,977,911部	4,624,560部	△646,649部	△13.9%
読　売	10,234,947部	8,478,879部	1,756,068部	20.7%
日　経	3,030,979部	1,856,241部	1,174,738部	63.2%
産　経	1,978,375部	2,005,195部	△26,820部	△1.3%
道　新	1,230,526部	1,006,265部	224,261部	22.2%
中　日	2,661,676部	1,822,746部	838,930部	46.0%
西日本	853,805部	677,317部	176,488部	26.0%

(『新聞展望』)

日本新聞協会が発行している『データーブック・日本の新聞2000』によると、1998年の時点で日本の新聞・発行総部数は、朝・夕刊をそれぞれ1部として数えた部数で7,241万部。この数字は新聞、雑誌の販売部数を調査・認証している非営利組織・ABC協会（Japan Audit Bureau of Circulations）の調べに基づいており、これに次ぐアメリカの5,618万部をはるかにしのいで、文字どおり世界一である。3位は中国(4,274万部)、そのあとにインド、ドイツ、ロシア、イギリス、タイ、ブラジル、イタリアと続いている。人口1,000人あたりの日刊紙部数でも、1位ノルウェーの588人には及ばないが日本は576人で2位。アメリカでは地方の新聞が発行部数を落とし新聞界の再編が進行しているが、日本でなぜ同じような現象が起きないのか。この特殊性が私たちの日頃手にする情報に「歪み」や「色」をつけていないだろうか。グローバル時代の報道という視点で考えたとき、日本の世界への情報発信力はどうだろうか。私たちが検証しなければならない問題はいくつもあるようだ。

2　情報の現場

ケネディ暗殺のような突発事件をジャーナリストが目撃し、報道できるチャンスはきわめてまれである。あの報道は、現場が移動する車のパレードに随行するカメラマンがいて初めて可能になった。1981年10月6日、エジプトのサダト大統領が暗殺されたときは、劇的シーンがテレビの画像になり、連続する銃声と群集の悲鳴とともに全世界に伝えられた。このときは第4次中東戦争（1973年）記念パレードがカイロ市内のスタ

1977年カナリア諸島で起きたジャンボ機衝突事故現場
（パリ特派員当時の筆者撮影。新聞掲載は1週間後の4月4日）

ジアムで開催され、大統領が式典に出席し、暗殺現場には前もってつめかけた記者団やテレビ・クルーがいた。1960年10月12日、東京・日比谷公会堂で社会党の浅沼稲次郎書記長が、公衆の面前、壇上で17歳の少年に刺殺されたときも状況は似ている。あのときの写真は報道史に残る1枚だ。

　しかし通常は、このようにはいかない。取材記者は現場にいず、記事を書くケースが圧倒的に多い。以下、最も初歩的な取材の一例として、地方で起きた交通事故のニュースが私たちの手元に届くまでの経路をたどり、情報発信の基本的な構図をケーススタディしてみよう。

　12月1日午後3時15分ごろ、秋田市千秋北の丸1丁目の市道交差点で同市新屋松美が丘の会社員村井靖男さん（28）運転の乗用車と、男鹿市五里合神谷の自動車整備工上野隆さん（20）のオートバイが出会い頭に衝突、上野さんは病院に運ばれたが、胸など強く打っていてまもなく死亡した。乗用車に同乗していた会社員男性（25）も顔に軽傷を負った。秋田署の調べによると、上野さんの信号無視と村井さ

の前方不注意。

①駆け出し事件記者

　報道の基本はニュースだ。ニュースとは日々の出来事や社会のルール（政府為政者の決定、方針）を伝えること、社会環境の変化、暮らしや生命の危機、安全にかかわることを通知すること、さらには人々の営み、経済や商業活動に関する情報を伝えるのがニュースの基本である。

　上記・交通事故の記事を書いたのは朝日、毎日、読売といった**全国紙**に入社して８か月目の新米A記者（24）だ（としておこう）。A記者は、いわゆるサツ（警察）回り記者である。全国紙に入社した新聞記者の"卵"たちは、まず地方に配属され、警察が扱う交通事故、盗み、強盗、詐欺、誘拐、麻薬、殺人といった事件記事から書き始め、そのあと市・県の行政、教育問題、地元の産業経済などをひと通り学び、４、５年の修行期間を経て東京本社に引き上げられる。テレビでも報道体制がしっかりしているNHKは、配属人員はやや少ないが、ほぼ全国紙と同じような人事体制を敷いている。

　A記者の事故報道はこうした修行時代の仕事の一つなのだ。ところで彼はこの交通事故の場合、現場には行っていない。では、なぜ記事が書けたのか。彼はニュースカバー領域の一つである秋田署でその情報を入手した。事故が発生すると、通報はまず警察に入る。そのあと直ちに交通担当の警察官が現場に行き、調書をとる。警察では、調書のほかに簡単な事件報告書を用意する。サツ回り記者への便宜のためだ。A記者はその報告書をもとに記事を書いた。記事の最後に「秋田署の調べによると」とあるのはニュース・ソースを示している。同時にこの断り書きは、裁判沙汰になる恐れのある「事故原因」の判定責任が、新聞社ではなく、警察にあることを示している。

②国家機構に回収される情報

　事故や事件がまず警察に通報されるように、火事が発生すれば消防署に、鉄道事故は鉄道公安局に、地震は気象観測所にそれぞれ通報される。

一例として挙げた交通事故の記事は、日本のような近代国家において、さまざまな情報が治安とのかかわりで国家機構に収集・回収され、報道機関がそれを伝えるという一つのシステムができあがり、機能していることの証しだ。新聞を仔細に検討すれば、記者が現場に行き自分の目で見たことをそのまま伝えているルポルタージュ、街の声を集めたレポート、足で稼いだ政治・経済記事がある一方で、A記者の記事のような「発表もの」が多いことに気づくだろう。60年代の初頭、アメリカやフランス、中国の原爆・水爆実験で"死の灰"に人々の関心が集まったころは、雨が降ると気象観測所に電話を入れ、雨水に含まれる放射能の数値を記事にするのがサツ回り記者の重要な仕事になった。

③競合する新聞・テレビ

　日本において大衆社会が形成される過程で新聞が果たした役割は大きい。巨大な情報収集機関としての新聞は、同時に国民の意識を均質化させ方向づける情報の提供者としての役割を果たしてきた。とくに取材網を国の隅々に広げた全国紙の存在は大きかった。朝日、毎日、読売、産経、日本経済新聞は県庁所在地にそれぞれ支局を設け、郡部に通信部を配置して県内で起きるさまざまな出来事や催し、県民の暮らし、県政、市政の動向などを細かく取材し報道する。一つの県だけで記者、カメラマンは15人から30人に達する。A記者が配属された秋田県の場合、地元紙として有力な秋田魁新報があり、仙台に本社をおく河北日報も勢力を広げ、全国紙の読売、朝日、毎日、産経、日本経済新聞と報道と部数拡大の激しい戦いを繰り広げている。それにNHKと大手新聞社の下、系列化が進む民放テレビのキー・ステーション、地元テレビがからんでくる。

④特派員は孤軍奮闘の日々

　地方に配属された駆け出し記者の「夢」は本社勤務だ。一日も早く東京に戻り、政治部、経済部、社会部、国際部、文化部、運動部、生活情報部、科学部のいずれかの部署に身をおくこと。そして、いずれはベテラン記者集団の解説部か論説委員会に籍をおき、健筆を振るうことを夢

見ている。本社では、取材を支える周囲の体制も万全だ。社旗をひるがえした車でいざ出陣。テレビに映し出される記者の姿は格好いい……。

　そのような本社記者の中でも、海外特派員は特別の地位にあった。特派員人事をまるで大使並みに、海外任地発令の際、記者の顔写真入りで新聞の1面に掲載する新聞社さえあった時代がある。しかし特派員がおかれている状況は、読者が想像するほど華やかなものではない。先に触れた日本国内の取材網を想い描いてみよう。日本国内には2,000人近い記者を配置している大新聞社が、海外では多くてアメリカに10人、ロンドンで5人、他の国には普通1人の特派員しか送り込んでいない。それで「勝負」をしようというのだから大変だ。特派員といえども、千里眼の持ち主でもなければスーパーマンでもない。孤軍奮闘。それでいったい何ができるのか。特派員の仕事の「質」という面で、そこからさまざまな問題が生じてくる。

⑤世界に広がる取材拠点

　それでも日本は、他国メディアに比べると圧倒的に多い数の特派員を海外に送り出している。日本で最大の部数を発行している読売新聞

1972年サイゴン（現ホーチミン市）北部郊外の難民キャンプ
（中央は筆者・大空、撮影は読売新聞記者（当時）・広瀬昌三）

(2000年12月現在・朝刊1,023万部、夕刊450万部）をまず例にとって実態を見てみよう。2001年1月1日現在、ワシントン・アメリカ総局、ロンドン・欧州総局、バンコク・アジア総局、北京・中国総局の下、世界各地に34の支局を開設、送り出している特派員は64人（うち女性記者8人）。その取材拠点は、〈アメリカ〉ワシントン、ニューヨーク、ロサンゼルス、シリコンバレー、メキシコ、ハバナ、リオデジャネイロ〈欧州〉ロンドン、ブリュッセル、パリ、ベルリン、ボン、フランクフルト、ジュネーブ、ローマ、ウイーン、プラハ、モスクワ〈アジア〉バンコク、プノンペン、ハノイ、マニラ、ニューデリー、シンガポール、ジャカルタ、シドニー〈中国〉北京、上海、香港、台北、それに韓国のソウル〈中東〉カイロ、エルサレム、テヘラン、イスタンブール、それに南アフリカのヨハネスブルクである。ハワイ、アテネには駐在員をおいている。

　4総局には10－5人の特派員が常駐、ニューヨーク、モスクワ、ブリュッセル、ソウルは特派員4－2人の複数支局、他の支局は常駐特派員1人だ。

⑥海外情報網でも日本は世界一

　朝日新聞（朝刊・発行部数850万部）の布陣も読売とほとんど変わらない。そのあとに日本経済新聞、毎日新聞、産経新聞といった全国紙が発行部数の順で続き、支局・特派員数も規模と財政状態に応じて少なくなる。また全国紙とは別に、ブロック紙と呼ばれる北海道新聞、中日新聞、西日本新聞が3社共同の支局網を形成、他の地方紙には共同通信社が国際ニュースを配信するシステムができ上がっている。共同通信社は全国紙のほかブロック、地方紙が出資した「協同組合組織」であり、全国紙は国際ニュース、地方紙は国際・国内双方のニュースを契約に応じて受信している。

　日本という国は、海外情報網という形の上で見る限り、特筆に価する"先進国"である。問題は「グローバル時代」を敏感にとらえた情報が、特派員の目を通してどれだけ的確に送り込まれているかだろう。テレビ

ではNHKの海外取材網が朝日、読売新聞に匹敵する。他の民放ネット局は重点主義で規模はぐっと小さい。最後に付言すると、日本の週刊誌や月刊誌に常駐特派員はいない。海外雑誌との特約、現地在住の日本人への依頼原稿で海外情報を補っている。

> 論点2　情報はどのような経路をたどり、新聞の読者やテレビの視聴者のもとに届くのだろう。情報はどのようにして発掘されるのか。情報の量と質の本質的な違いについて考えてみよう。

3　メディアの寡占化と情報の「南北格差」
―――世界を正しく読み解くカギは何か

1　国際情報の発信源

　イギリスの国際的な通信社ロイター・グループは、21世紀を目前にした2000年12月6日、新社長に記者経験のない米国籍のトム・グローサー取締役を抜擢した。新社長は41歳。ピーター・ジョブ社長が7か月後に60歳で定年退職するための後任人事だが、アメリカ人で、しかも記者経験がない人物がトップに立つのは、1851年のロイター創業以来初めてである。近年、ロイター通信社は一般ニュース配信から経済情報に主軸を移し、インターネット利用の金融市場業務に事業の拡大を図っており、ビジネスの手腕がトップの条件になった。

　インターネット時代とはいえ、ロイターやアメリカのAP、フランスのAFP通信社が国際情報発信の主役であることは、今も変わりない。外国の新聞は規模が小さく、スタッフライター中心の少数精鋭主義で、一般ニュースは通信社まかせという割り切った分業体制が、これまで通信社の規模拡大を助けてきた。国内取材網を誇り、海外に多数の特派員を送り出している日本の新聞さえ、実は海外ニュースの大半を外国通信社に依存している。

①通信社情報の偏り

情報は、世界中どこからも、平等に発信されているわけではない。私たちの周辺にアメリカ情報が圧倒的に多いのはなぜか。パリのファッション、欧州の政治・経済・社会情報は比較的身近でも、中東、アフリカ、南米といった地理的にも心理的にも遠いところの日常ニュースはまれである。かつて植民地大国だったイギリスとフランス、それに20世紀に世界の超大国となったアメリカの情報支配体制が、ロイター、AFP、APという大通信社の形でいまも残り、情報発信に偏りがあるのは否めない。冷戦時代、情報閉鎖国だった旧ソ連（現在のロシア）や中国からのニュースは偏り限られていた。北朝鮮情報も同様だ。そして、これらの国の情報をもカバーしているのが欧米の通信社である。

②日本メディアの特殊性

日本の新聞では、往々にして海外特派員電や「支局」発の原稿が、東京でつくられる。その場合の情報源は通信社のニュースだ。本来ならAP、AFPなどと明記し使用すべきところ、自社取材のように装うケースが多く、版権や道義的におかしなことが、常識としてまかり通ってきた。

「せっかく特派員を出しているのに、なぜ通信社電を使うのか。特派員電にしてしまえ」。情報の本質を忘れ、新聞社の面子にこだわり紙面をつくる編集幹部がいた時代には、そのようなことを平気でやった。最近でこそ海外のニュース速報は通信社にまかせ、特派員は独自の記事を書けばいいという新聞社が出てきているが、国内の取材手法を基準に、通信社の働きまでも特派員に求める古い体質はいまだに一部に残っている。ニュース速報を求められると、特派員は千里眼の持ち主でもスーパーマンでもないだけに、独自取材の時間と余裕がない場合、支局で受信している通信社電を用い、翻訳・焼き直して日本に送り急場をしのぐ。しかしそれでは「グローバル時代」の社会の変化を、独自の目でとらえることにはならない。1節で読売新聞の斎藤彰国際部長が強調した、特派員の「仕事の比重の変化」はまさにその一点にあるだろう。通信社依存の速報主義を離れ、独自に企画したインタビューやルポルタージュ、

解説記事を書くことである。
③「報道」と「隠蔽」

　メディアが伝える情報が「客観的」であり「公正」であると考えるのは、受け手の幻想に過ぎない——イギリス信任統治下のエルサレムで生まれたエドワード・W・サイードは、著作『イスラム報道』(みすず書房、1996年) でこのような視点を強調し、欧米の、なかでもアメリカ報道がイスラム世界への無知と偏見に満ちていることを暴いた。

　「アメリカの多くのジャーナリストは、自分の会社がアメリカの権力の一翼を担っていることを潜在的に意識しながら報道するが、その権力が外国の脅威にさらされると、報道の独立は後退して忠誠愛国をうたいあげてしまう。」

　サイードが指摘するまでもなく、ジャーナリズムには国籍がつきまとう。それが自国中心のナショナリズムに陥りやすい危険の典型を、彼は米ジャーナリストによる『イスラム報道』にみたのだが、この本の主タイトル "Covering Islam" に言及した序文の中で、英語のCoverには「ニュースを報道する」と「隠蔽する」の二つの意味があり、アメリカのマスメディアはイスラムを「報道」しながら、同時に真実を「隠蔽」してきたとも書いた。

④IT時代の落とし穴

　情報が氾濫するIT、インターネットの時代において新聞やテレビに現れる情報のさまざまな相と歪みを、私たちはこれまでみてきた。インターネットの巨大なリンク上で膨大な情報を検索できる時代だが、それら情報の大半は新聞、書籍、雑誌などにすでに掲載されたものの集積である。情報は日々に生まれ、作り出される。それを取材し発掘するのがジャーナリズムだ。インターネットに寄稿するコラムニストやフリーの記者が誕生しているとはいえ、本来、覆い隠されたものを暴き、ニュースにするといった機能をインターネットに求めるのは筋違いである。

インターネット万能主義。それさえあれば情報収集に、本も新聞も不要という一種の信仰は、明らかに誤りだ。「インターネット上の情報は、もはや情報ではない」といった極論が一方にある事実を忘れてはなるまい。情報に接する場合、メディアの使い分けと識別が必要なのだろう。

情報には「色」がついている。国籍がある。**客観報道**[*]やメディアの"不偏不党"が神話に過ぎないことを、私たちは日常の生活体験から肌で感じとっている。IT革命が、一方で深刻なデジタル・ディバイド（情報格差）を世界に広げている。「グローバル時代」とはいったい何なのか。いま一度考え直してみよう。グローバル時代の真の姿を解明し伝えるのがメディアの任務だ。

⑤メディア・リテラシーのすすめ

「ジャーナリストは、まず、すべてを疑ってかかれ」とかつて教えられた。情報の受け手である読者には、「メディアが流す情報に歪みや色がついていないか。誤りはないか。誰のための情報か」まず疑ってかかることをすすめたい。情報を吟味し識別する力を養ってほしい。「グローバル時代」を真に理解できない記者の書いた記事に、その視点はなく、実相を伝える力はない。しかし、次のようにも言える。「グローバル時代」を察知できない人々の間から、時代の変化をすくいとるニュースは生まれない。メディアは世の動きをそのまま映す鏡でもあるのだ。

私たちは、この章を通してメディアが伝える社会情報への認識を深め、その活用の仕方を学んでいくことで、新世界を読み解いていきたい。メディアは世界を読み解く上で、貴重な手段となるだろう。

> 論点3　世界に広がる情報格差の実態を具体的に検討してみよう。例えば主要言語・英語に支配されるインターネットの世界を、どう理解したらいいのだろう。

〈参考文献〉

1）原寿雄『ジャーナリズムの思想』岩波新書、1999年
　　元共同通信社編集主幹による入門書。新聞だけでなくテレビにも言及、その原理と

倫理、ジャーナリストの役割、日本における客観報道の問題点など、現場の視点で明快に提示している。
2）國保徳丸『マスコミ・ビッグバン』木本書店、1999年
　元テレビ東京編成局長が、大学での講義をまとめたデジタル革命時代のマスコミ論。インターネットの衝撃、デジタル情報革命下の新聞、放送、出版、映像の未来像を幅広く取りあげている。
3）ピエール・ブルデュー『メディア批判』藤原書店、2000年
　フランスを代表する社会学者による刺激的なメディア論だ。フランスのテレビを批判の対象軸に据え、それが芸術、文学、科学などさまざまな文化的生産領域を危険にさらしている現状を告発する。
4）和田千年『テレビは何を伝えているか』新潮社、1997年
　日本テレビのワシントン支局長、外報部長、解説主幹を歴任した筆者が、オウム報道、松本サリン事件などの事例を通し、テレビ報道の在り方への疑問と危機感を吐露。テレビの見方が変わる。
5）大空博『特派員の眼』新潮社、1997年
　南ベトナム「解放区」への潜入ルポなど筆者が特派員時代に書いた主要原稿を再録、四半世紀におよぶ過去と現在を交錯させたジャーナルエッセイ。報道の在り方についても学ぶところは多い。

用語解説

新聞・縮刷版
　朝・夕刊を1か月ごとに縮刷した「大型本」。記事や広告がそのまま当時の形で読める。内外の主要新聞を収めたマイクロフィルム版もあり、近年、明治、大正期の記事を収録したCD版も発行され始めている。"時代の雰囲気"を知る上でも、貴重な第一次資料として活用できる。

URGENT（至急）電
　通信社が大事件発生を伝える第一報。配信ニュースにURGENTの印がつけられ他の情報と区別して送信される。

全国紙
　日本国中の各県に支局を開設、主要都市で印刷している読売、朝日、毎日、産経、日経の各紙を全国紙という。これに対して道新、中日、西日本などのブロック紙と、各県の地元紙がある。

客観報道
　報道は常に「中立」でなければならない、という発言をよく耳にする。「客観報道」についても同じ範疇で語られることが多い。だが、本当に「客観報道」は存在しうるのか。ジャーナリズムを学ぶにあたってこれは基本的な問いかけだ。この点について十分に調べ、客観報道の意味を考えよう。

コーヒーブレイク

戦場のカメラマン

「戦場での報道カメラマンは、特別の地位を占めていた。尊敬に値する地位であった。私たち記者は、彼らより一歩さがったところにいた。

一方はレポーターであり、一方はカメラマンだった。彼らと同じ働きをした記者はまれだ。

戦場でのカメラマンは本物だった。そうでなければ務まらない。彼らは一歩でも遅れると戦闘を撮影できない。私たち記者にはそれができた。あとで戦闘のブリーフィングを受け、加えてインタビューや、その他のジャーナリズムの手法を駆使すれば、戦闘シーンを細かく再現できた。あたかも読者が戦場にいるかのような記事が書けた。しかし、そのような報道は戦場の真実を伝えていなかった。本物の戦闘を伝えていなかった。私たちはいまも同じようなやり方で仕事をしている。しかしカメラマンにはそれができなかった。真実に到達するにはただ一つの道しかなかった。現場の目撃者になる以外に、道はなかったのだ。この写真集のすごさは、そこにある。カメラマンたちの完璧な献身、永遠に変わることのない、仕事への恐ろしいほどの情熱があふれている。シャッターを切る瞬間に、眼前に展開する恐ろしい光景を私たちは実感できる。そこでは彼らは孤独だ。彼らが属した文明の世界とは別の世界で、恐怖と戦い、そうした状況のもとで危険を感じとっている。かつて見たこともない光景だったに違いない。

ここでは器材と肉体が生理的にむすびついている。シャッターがカメラマンの目と直結し、さらには目と心が連動している。シャッターを切る瞬間、心が激しく揺れ動いている。ここに登場するすべてのカメラマンが、危険と立ち向かっている。いくつかの戦闘シーンは最後の撮影となったものであり、最後に見た光景である。」

(デイヴィッド・ハルバースタム『レクイエム』(集英社) 序文、大空博訳)

注) 1950年のインドシナ戦争から1975年のサイゴン陥落にいたるベトナム戦争の間に、135人の報道カメラマンが殉職、行方不明になった。

Multi Culture

第10章 文化って何だろう？

原　毅彦

―〈本章のねらい〉―

　私たちのまわりには文化住宅もあれば文化包丁もある。果ては文化人まで生きている。ここで使われている「文化」とはどんな意味をもっているのだろう。

　本章では、ヨーロッパで育まれた「文化」という見方を対象とする。「文化」という見方自体が歴史的、空間的産物であり、その中で、特定の基準に照らし、「異なり」が認識されてきた。同時に「文化」の外部も設定されてきた。例えば「文化果つるところ」と言った具合に。そこはどこだ？私たちが何気なく、無前提に使っている「文化」、「異文化」という概念をもう一度立ち止まって考えよう。頭はからだのおもしではない！

　「文化」はまず抽象的なものというより、個別具体的なかたちを取る。そこで、1節では、まず「文化」の中に含まれそうな具体的なものを取りあげる。そして「文化」について語るとはどういうことなのかを考える。次いで、「文化」という言葉でよく挙げられるいくつかの要素を取りあげて、何が排除され、何が対置されるのかを考える。動物（自然）や機械（人工）の間で人間（文化）の意味はどのような意味をもつのか。3節では、「文化」や「人間」といった考えが成立するやいなや始まる、その中での細分化を取り扱う。ヨーロッパにおける異文化の生成の歴史を展望する。

1　レッスン1：具体的なものから

1　辞書の中の雑煮

　お正月に、お雑煮を食べた人、手ーあげて！　それじゃー、雑煮って何だろう？　もしここに、雑煮を見たことも聞いたことも、食べたこともない人がいたら、言葉で何て説明する？（プレゼンの練習ですぞ）辞書を見てみよう。「餅を主に仕立てた汁もの。新年の祝賀などに食する。餅の形、取り合わせる具、汁の仕立て方など地方により特色がある」（『広辞苑』）。いろいろバリエーションはあるにしろ、要するに、餅の入ったスープということらしい。

　でも「餅」ってなんだ？　当たり前？　そうでもないよ。世界中、どこでも食べているわけではないし。「糯米（もちごめ）を蒸し、臼でついて種々の形に作った食物。多く正月・節句や祝事につく」（『広辞苑』）。日本ではどこでも？　今は品種改良と流通の向上でどこでも手に入る。でも、高温多湿の場所が原産地のイネは品種改良されるまでは東北地方や北海道、山国ではなかなか栽培できなかったからね。当然、糯米って、そんなにどこでもできたものじゃない。以前は、山国では、トチの実などのドングリの類や、キビからも餅はつくっていたんだよ。観光地に行くとトチ餅やキビ餅があるのを知ってる人もいるだろう？　どんな地域だった？　米の穫れなかったところだろう？　いわゆる、雑穀類が米の代わりになっていたところさ。だから、「餅」って言ったって、同じ日本でも違うものを指していた時代があるのさ。「臼」なんて見たことも、使ったこともないよなー。かろうじて聞いたことあるくらいかな。今は餅つき機と言えば説明は簡単。つく「機械」と言っておけば説明せずにすむ？　機械の説明はできないよなー。

　「新年の祝賀」だって結構説明は難しい。太陽暦が当たり前の人なら問題ないけど。新しい年のお祝い。この「年」がくせ者だな。一年は365日。これは太陽暦。「地球が太陽の周囲を一公転する時間を一年とす

る暦」(『広辞苑』)。古代エジプト人が着目して、1582年教皇グレゴリウス13世が制定したのが今日のグレゴリウス暦の始まり。ヨーロッパから日本の暦になるのが明治5（1873）年の12月。日本でもそれまでは月の満ち欠けを基準にした太陰暦が普通だった。月の立つのが「ついたち」で、月のこもるが「つごもり」。いまでも、「一日」と書いて「ついたち」って、読めないよなー（何でこう読むんだ？って疑問が大切です）。「つごもり」のほうは、あんまりなじみがなくなった言葉。樋口一葉の小説に「おおつごもり」なんてーのがあるけど、樋口一葉って誰だ？かな。月の満ち欠けはだいたい28日、当然太陽を基準とした一年とは一致しない。一致するのは女性の月経（文字どおり。英語や他の外国語を調べてごらん）周期。これを十回数えると出産となる。といった具合に意外に人間の身近にある数え方。そもそも英語の「moon」は計測を意味する言葉（me）に起源をもつ。meter, measureも同じ起源。月は時間を計る物差しだったのさ。

コーヒーブレイク

辞書のおはなし

　レヴィ=ストロースがかつて言ったように、言葉を勉強することは、その言葉の背景にある文化を学ぶことでもある。文法から時間の意識（時制）や、空間の意識（指示代名詞）を垣間見ることもできる。語彙や言い回しはさらに深く、いろいろなことを教えてくれる。「目からうろこが落ちる」ってなんだ？という具合に。辞書は、こうした情報に満ち満ちているのだよ。いろんな辞書を目的に応じて使えるといい。もちろん、だからといって辞書の内容を鵜呑みにしてはいけない。辞書もまた、ある地域や時間の制約を受ける（配列の仕方、語彙の選択、説明など）。つまり、その中で生きた辞書編纂者の意図によって変化するのだから。例えば、動物園の項「生態を公衆に見せ、かたわら保護を加えるためと称し、捕らえて来た多くの鳥獣・魚虫などに対し、狭い空間での生活を余儀無くし、飼い殺しにする、人間中心の施設」。恋愛の項「特定の異性に特別の愛情をいだいて、二人だけで一緒に居たい、できるなら合体したいという気持ちを持ちながら、それが、常にはかなえられないで、ひどく心を苦しめる・（まれにかなえられて歓喜する）状態」。（ともに、『新明解国語辞典』三省堂、ただし三版、四版。版によって記述が異なる。詳しくは赤瀬川原平『新解さんの謎』文藝春秋、1996年、参照）

でも、月や太陽以外にさまざまな星や動植物を、時間を計る物差しにしている社会はある。第一、いつ種を蒔くのか？とか、いつイノシシを狩りに行くのかといった事柄は、時に応じて異なるでしょう。今年は雪が多く降ってなかなか春が来ないから遅めという具合にね。そんなとき、あてになるのは、壁に貼ってあるカレンダーの日付でも、月の満ち欠けでもない。山の頂付近に残った残雪の白と岩肌の黒がおりなす図柄に目をやる農民。「あー、しろかき馬の形が見えてきた、そろそろ、しろかきをやろう」ってな具合（図10-1）。これは毎年異なる日にち。自然に沿ったカレンダーが必要なわけ。あー、田圃の準備のため、土塊を砕いて平らにする作業をする馬のことを代掻き馬という（各自辞書を引いてみよう！）。代掻き馬は「しろうま」とも言う。北アルプスの白馬岳はこれさ。いまじゃ、「はくば」という呼び名に変わりつつあるけどね。音を漢字に訳して、そこから別の意味が生じた例です。おかげで、元の意味がわからなくなった。自然に応じて農業や漁業、狩猟を行おうとすれば、あてになる暦は、毎年同じ太陽や月では用をなさない。カレンダーに合わせようとすれば、自然に従わせるより他にない。つまり、自然の改良、人工化。人工栽培や、養殖が、要求をのんでくれるよ。そうでなければ、カレンダー以上の新しい年の意味はない。「新しい」という意味だって、あやしい。どうして12月31日に終わるの？ 1月1日に始まるの？ 何

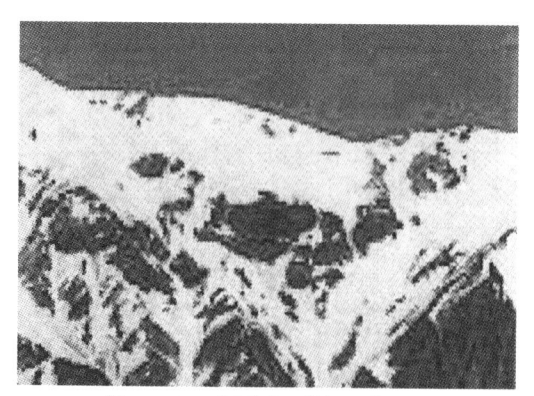

図10-1　白馬岳の代掻き馬の雪形

出典）市川健夫『信州学ことはじめ』第一法規、1988年、37頁

が？ キリスト教の世界で「クリスマス」と「新年」、どっちが「新たに始まる」といった意味が多いか聞いてごらん。

2　自分の雑煮

　さてさて、やけに面倒なことになったね。当たり前のはずの「お雑煮」がこうもややこしい。ここまでで、「新年のお祝いのための餅スープ」は何とかなったことにしよう。こんどは、具体的に「わたしのお雑煮」を言ってごらん。つまり「餅の形」、「中に入れる具」、「汁の仕立て方」などのこと。

　餅の形なんて決まっているでしょ。と思ってはいけない。紐型、星形、六角形、そんなのあるわけないか？ ないよ。舟形、鳥居に大文字、これは違った（何でしょう？）。でも、四角だけがお餅じゃないよ。そう思っていた人いるだろう？ 逆に、丸餅当たり前と思っていた人もいるだろう。恥ずかしくない、恥ずかしくない。正直に言ってごらん。お雑煮に丸いお餅、あるいは四角のお餅。地域差があるのです（図10-2）。かなりはっきりと。何個入れるかって？ それはお腹に聞いてみな。でも、焼いてから入れる？ それとも生でそのまま煮込む？ こんなこと知らないよなー。でも説明するためには知らなければなりません。あるいはどこかで実演するためには、知っておかねばなりません。お餅には何か入っているの？ 馬鹿いえ！ 入っているわけないだろう、と思った人いるでしょう。いえ、いえ、入っているわけがあるのです。四国の一部ではお雑煮のお餅の中に餡が入っているのです。あーん。おかしでないよ。おかしくないよ。おいしいよ。

　汁の中に入れる具はどうかな？ そんなのは勝手でしょ？ そう思う？ 毎年自分の家のお雑煮、具は冷蔵庫にあるもので間に合わせる？ そんなことはないと思うよ。今年の自分の雑煮の中身、なーんだ？ 各自言ってごらん。野菜がたくさん入っている？ どんな野菜だ。壬生菜なんてどこでもあるわけじゃないよ。小松菜だってそうさ。地域ごとの特産野菜があった時代、東京なら小松川でとれた小松菜ってなところ。も

188　第10章　文化って何だろう？

地図の外の雑煮は
明治39年4月14日発行
奥村繁次郎著
『名物諸国料理』から抜すい。

・越前の雑煮、平たい丸餅、味噌、町方は清汁
　小かぶとその菜

・加賀の雑煮、丸餅、清汁
　里芋、若菜、かち栗、かや、かずのこ

・金沢の雑煮、切り餅、清汁
　くわい、里芋、若菜、焼たいの切り身

・穴水の雑煮、平たい丸餅、小豆汁、黒砂糖

・燕町の雑煮、切り餅、清汁、きな粉
　だいこん、ごぼう、油揚、こんにゃく
　するめ、鮭はららご、塩鮭の服部

・新潟の雑煮、切り餅、清汁、きな粉
　だいこん、里芋、かまぼこ、鮭はららご

■　角餅を焼く
□　角餅を煮る
●　丸餅を焼く
○　丸餅を煮る
◎　あん餅を煮る
―――　角餅・すまし文化圏
---　丸餅・すまし文化圏
▨▨　赤味噌文化圏
||||||　白味噌文化圏
……　小豆汁文化圏
‥‥‥　煮餅文化圏
―――　餅を煮る・焼く混合圏
---　里芋なし文化圏

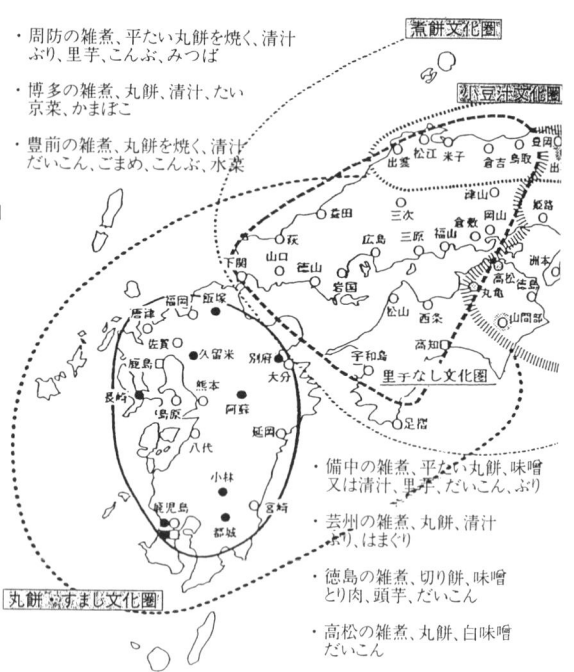

・周防の雑煮、平たい丸餅を焼く、清汁
　ぶり、里芋、こんぶ、みつば

・博多の雑煮、丸餅、清汁、たい
　京菜、かまぼこ

・豊前の雑煮、丸餅を焼く、清汁
　だいこん、ごまめ、こんぶ、水菜

・備中の雑煮、平たい丸餅、味噌
　又は清汁、里芋、だいこん、ぶり

・芸州の雑煮、丸餅、清汁
　ぶり、はまぐり

・徳島の雑煮、切り餅、味噌
　とり肉、頭芋、だいこん

・高松の雑煮、丸餅、白味噌
　だいこん

・松山の雑煮、小判餅、清汁
　里芋、ごぼう、にんじん、水菜

図10-2　雑煮の味噌・すまし文化圏マップ
出典）奥村彪生「雑煮と組重」『季刊ヴェスタ』No.30、1998年、10～11頁

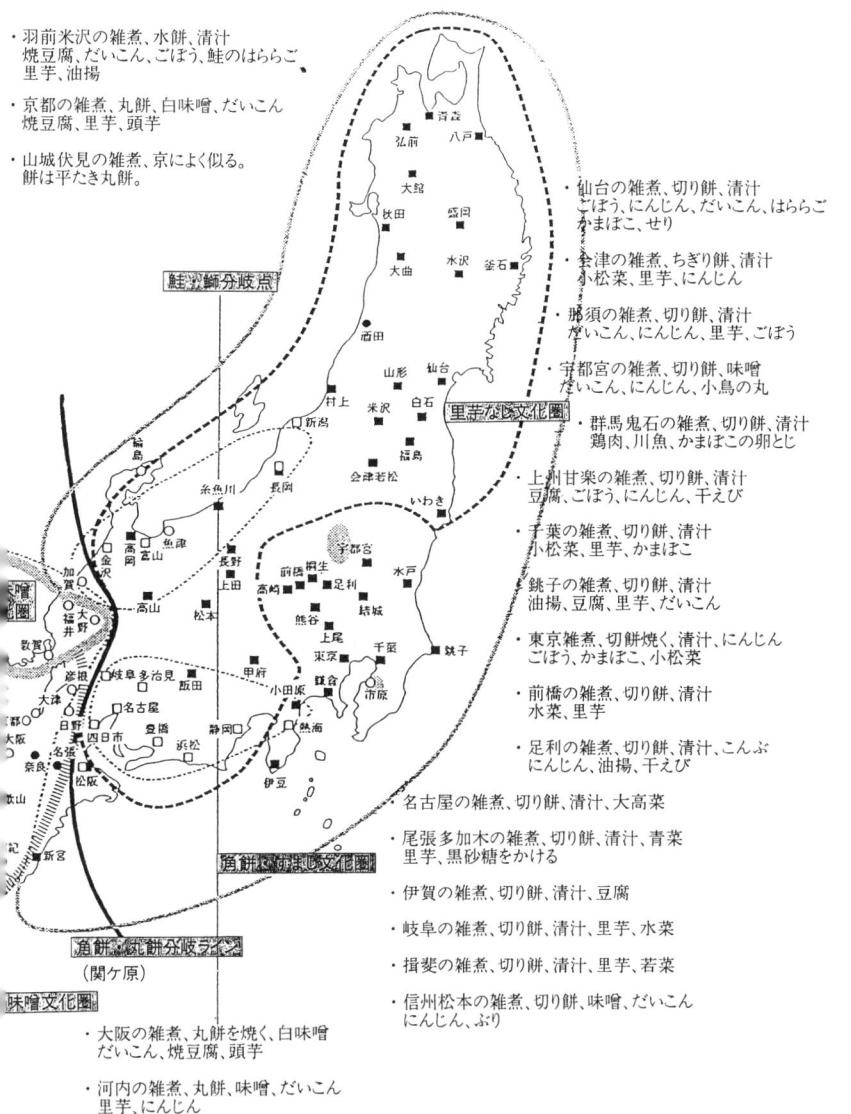

- 羽前米沢の雑煮、水餅、清汁
  焼豆腐、だいこん、ごぼう、鮭のはららご
  里芋、油揚
- 京都の雑煮、丸餅、白味噌、だいこん
  焼豆腐、里芋、頭芋
- 山城伏見の雑煮、京によく似る。
  餅は平たき丸餅。

鮭・鰤分岐点

里芋なんとか文化圏

角餅なんとか文化圏

角餅・丸餅分岐ライン
（関ケ原）

味噌文化圏

- 仙台の雑煮、切り餅、清汁
  ごぼう、にんじん、だいこん、はららご
  かまぼこ、せり
- 会津の雑煮、ちぎり餅、清汁
  小松菜、里芋、にんじん
- 那須の雑煮、切り餅、清汁
  だいこん、にんじん、里芋、ごぼう
- 宇都宮の雑煮、切り餅、味噌
  だいこん、にんじん、小鳥の丸
- 群馬鬼石の雑煮、切り餅、清汁
  鶏肉、川魚、かまぼこの卵とじ
- 上州甘楽の雑煮、切り餅、清汁
  豆腐、ごぼう、にんじん、干えび
- 千葉の雑煮、切り餅、清汁
  小松菜、里芋、かまぼこ
- 銚子の雑煮、切り餅、清汁
  油揚、豆腐、里芋、だいこん
- 東京雑煮、切餅焼く、清汁、にんじん
  ごぼう、かまぼこ、小松菜
- 前橋の雑煮、切り餅、清汁
  水菜、里芋
- 足利の雑煮、切り餅、清汁、こんぶ
  にんじん、油揚、干えび
- 名古屋の雑煮、切り餅、清汁、大高菜
- 尾張多加木の雑煮、切り餅、清汁、青菜
  里芋、黒砂糖をかける
- 伊賀の雑煮、切り餅、清汁、豆腐
- 岐阜の雑煮、切り餅、清汁、里芋、水菜
- 揖斐の雑煮、切り餅、清汁、里芋、若菜
- 信州松本の雑煮、切り餅、味噌、だいこん
  にんじん、ぶり

- 大阪の雑煮、丸餅を焼く、白味噌
  だいこん、焼豆腐、頭芋
- 河内の雑煮、丸餅、味噌、だいこん
  里芋、にんじん
- 奈良の雑煮、切り餅を焼く、味噌
  だいこん、里芋、豆腐
- 神戸の雑煮、丸餅、白味噌、だいこん
  ごぼう、里芋、豆腐

資料）『朝日たべもの百科』朝日新聞社
　　　『日本の食生活全集』１～50、農山漁村文化協会
　　　『家庭の郷土料理』婦人之友社
　　　『dancyu』プレジデント社

ちろん、複数の野菜、イモやニンジン、ゴボウ、ダイコン、カブやホウレンソウが入るところもある。この中のニンジンやゴボウだって黙っちゃいないよ。馬込大太三寸ニンジンや滝野川ゴボウのようにちゃんと名前があるんだから。具はなにも野菜に限ったものではないよなあ。肉（鶏か、豚か、それとも……）、あるいは魚、これも種類があるね。魚のたまご、イクラ入りなんてのもありです。他にもお麩や蒲鉾なんかも入るかなあ？何が入るかは個人の勝手と言うよりも、お雑煮つくる人のはからいです。一日目はお父さんの実家の雑煮（つまりパパのママ風？）、二日目はお母さんの実家の雑煮なんて場合もある。むろんこれはさらに世代を遡る可能性がある。そして、そのお雑煮がつくられた自然環境にも左右される。きみの雑煮はどのように決まったのかな？

　ついでに言っておくけど、江戸時代以降つい最近まで、野沢菜や桜島大根、練馬大根などの他にも地域環境に根ざした品種がたくさんあったのですよ（ためしに自分の出身地の野菜を探してごらん）。たくさんの品種（今の言葉で言えば遺伝子型）が単一の品種になっていくのはなぜだろう？考えてごらん。もちろん、これは資源的にとても危険なことなのです。世界規模で起こっていることだね。

　汁の仕立て方はどうかな？透明が当たり前？そう、日本語では「おすまし」と言う。おすましだって何でだしをとるの？単なるお湯ってことはないよなー。鶏のだしかな、昆布だし、それとも別かな。複合形もあるよな。いやいや、味噌汁ですよと言う人もいるでしょう。京都なら、味噌仕立て。それも京都の白味噌。味噌だっていろいろあるものね。各自自分の味噌を見せてごらん。色もいろいろ、白から黄色、茶色、焦げ茶から黒に近い色まである。粒だって餡と同様、つぶ粒のはっきり見えるのもあれば（あのつぶ粒は材料何か知ってるよなあ？）、こしあん状に粒の見えないのもある。においだってさまざまある。もっと言えば製造法が違う。大豆麹に米麹、麦麹と使う麹の差（麹って何だ？）。まあ、これは味噌の作り方の問題だね。味噌って意外に世界中にないから説明に困るよ。お雑煮と同じように試してごらん。身近にあっても知らないこ

とが多いねー。

　もちろん、日本でも、お雑煮を正月や祝日などに食べない家や地域もあるよ。それは、雑煮を知らないからからでなく、知っていてなお、食べない選択をした場合。ここでは、材料を買う金がないとか、作るのが面倒くさいと言う理由は除外しよう。「餅なし正月」を迎える地域がある。たいていは、何らかの言い伝えによって、「この食べ物は食べてはいけない」という決まりを守っての結果。ヒンドゥー教、イスラム教やユダヤ教などでも「食物禁忌」があるのは知ってるね。これらははっきり、宗教上のものと言える。では、鯨やイルカはなぜ、食物として問題になるのかな？　馬肉や、ウナギはどうだろう？　料理法だって「人間なら食べない」と言われてきた「生」（日本語では「刺身」だね。）の問題はどうだろう？「昔から食べてきた」とか「習慣」といったものだね。

　「餅なし正月」のところでは何を食べるのか？　餅以外なら何でもいいのか、というとそうではない。ここで主役なのは「イモ」です。さて、ここで問題。「イモ」と聞いたときにどんなイモを想い描いたかな？　サツマイモかな。サトイモ？　それともジャガイモ？　この違いは何なのかな？　同じ日本なのに。ただし、この中でもサツマイモとジャガイモは比較的新しい。ジャガイモは起源がはっきりしている。新大陸起源の植物です。コロンブスが新大陸に到達しなければ、16世紀のヨーロッパにはもたらされなかった。そうして当時の飢饉を救えなかった。スペイン風オムレツから始まって、ヨーロッパを北上、寒さのドイツやイギリスでおいしいジャガイモ料理にありつける。イギリス、そしてオランダの東インド会社を経由して、ジャガイモの旅はジャガタラ（どこでしょう？）から長崎へ。だから、ジャガイモの日本登場は17世紀、江戸時代以降なのですよ。サツマイモ（薩摩芋だぞ！）についても調べてごらん。

　イネが暖かく、湿度の多い南から日本に伝来したことは前にも言ったね。江戸時代には税金の代わりに納められたのも知っているね。「〇〇藩五万石」と言っているのは、そこの領地の米の収穫量を指している。「〇石取りの旗本」と言えばその旗本の給料（米で換算される）を指す。こ

うして全国津々浦々、米を中心とする価値観は行き渡る。何でもお金に換算する社会みたいなものさ。でも、魚を穫って生計を立てていた漁民や、山の資源（動物や木）を生きるなりわいにしてきた人々、あるいは米ができない地域の人々はどうしたのだろう？（何で納税したか考えてみよう）雑穀を主食にしていた地域でのお雑煮は無理があるね。米がいつでも口に入るのは特定の階層と都市部だけさ。さらに言えば、大都市部で雑煮が流行したのは江戸時代も中期になってからという記録もあるくらい。もちろん、金銭経済がいきわたり、流通が発達した「コンビニエント」社会なら別だけど。サトイモは米が手に入らない地域でもけっこう広く使われていた。だから、今でもお雑煮にサトイモが入っているのは不思議ではない。山の斜面を焼き畑にして、とれたカブやダイコンもよく雑煮に入っているものです。お餅の代わりに、サトイモがお祝い事に使われる場合もあるね。十五夜の月見に「きぬかつぎ」（何だ？と思ったら辞書まっしぐら！）。お煮物にサトイモ。もちろん、時間を遡ってイネが伝来する以前、イモが主役だったことは想像に難くない。大まかに言えば、稲作以前／稲作以降、もっと大雑把に言えば縄文／弥生の違い。時間だけでなく、空間も、サトイモの道ははるか向こうにまで続いているよ。沖縄からさらに南に、台湾、フィリピン……。興味のある人はタロイモ（サトイモ）の道をたどってごらん。

3 〈私〉ってなーに？

　お雑煮に目を向けたおかげでずいぶんと遠くまできたね。でも目を向けなければこれは始まらないよ。これが難しい。自分が日常的に使っている言葉や、行っている行為にはふつう目を向けないものなのです。だから、よく言うだろう。「海外勤務になって初めて日本のことに興味をもった」ってね。どうして目を向けたのだろう？誰かが目を向けろと言った？それもありえるけど、誰かが自分であってもいいよな。大学で、サークルで、みんなが集まってわいわいしている中で、「あれっ、みんなと違う（らしい）」、自分の当たり前と思っていたことが、意外にみ

んなバラバラであったりすることってないだろうか？ものに限らず、「言葉」でもいい。「言葉」はけっこう日常的だから、気がつくよね。自分の発した「言葉」が当たり前に流通しないことに気付くときがあるだろ？ここで道は二つに分かれる。みんなと同じものに目を向けて、違ったほうは黙殺、デリート！つまり自分の消去だな。他人のものを借りて穴埋めをする。自分のものでない以上、もはや目を向けることはない。自分には目をつぶる。せっかく気付いたのに、その芽を摘んでしまった。残念！芽を大切に育てれば、そこから自分がもっているものが次第に明らかになってくるね。あとは果てしない旅かもしれない。嫌なこともあるよ。鏡を前に冷や汗たらーり、これが自分かってね。

　自分のもっているものはどこから来たのだろう？一方に、遺伝子による決定論もありうるね。他方、家族でやっているから、この地域の特徴だから（例えば、地域語）、日本人だから（例えば、日本語）、東アジアに共通、アジアに共通……、と最後は人類共通の持ちものに行き着く考え方もある。食べ物を口にするのは人類共通だね。コメ（イモ）はどうかな。同じコメ（イモ）でも、どんな種類かな。どんな料理方法かな。どんな作法でたべるのかな。こうしてみると、自分の行為（言葉や思考も含め）が意外と自分だけの持ちものではない場合が多い。いわば、たくさんのお仕着せを重ねて着ているようなもの。にもかかわらず、裸と思っていることもある。自分で選んでいるつもりでも、案外日本人の普通の選び方だったりする。日本語（音、文法、語彙）で考えることによって、枠がはまっていることがあるのさ。こうして、がんじがらめになっているのを、鬱陶しいと感じることがあるだろう。あるいは、それを認めたくない人もいるでしょう？（無論、多数派になりたい人もいる）解放されたい！でも何からだろう？自分がなににも決定されない、自分そのものでありたい欲求？究極の自分？しかし、「自分」という考え方（意識）からの解放はどうだろう。案外、どこかで、誰かが発明して流行したものかもしれないよ。鬱陶しくない？それは。

194 第10章 文化って何だろう？

> 論点1　身近なものを題材に、エイリアン（外国人）と説明者に分かれて、問答してみよう（日本語でかまわない）。

2　レッスン2：どこから、どこまで？

1　人間と動物

　人間はどこまで動物かという問いを聞いたことない？ 人間は生物です。だから、生物と一つにくくられる共通性をもっているのは当たり前だな。同様に動物、哺乳動物とも共通性がある。最後には霊長類ヒト科ホモ (Homo) 属に属する。こうして、前に述べたのと同じように「人間」を限定するたくさんの枠（着物）が、取り巻くこととなる。でも、どこから人間だ？「あいつ、動物的なカンだよな」とか、「人間をすてて、本能のおもむくままに」とか「野獣のごとく」という表現があるね。だとすれば、「本能」や「動物（的）」「野獣」になにが加わったら「人間」なのだろう？ もっとも生物学的に近い霊長類と比較して、何が加わったのだろう。何がヒトをヒトたらしめているのだろう。「人間であることすなわち文化を身につけていることだ」（クラックホーン『人間のための鏡』サイマル出版会、1971年、22頁）とすれば「文化」とは何を指すのだろう。
　「二足歩行」「道具の使用」「火の使用」「言語の使用」はそれぞれ、永らくヒト様の「自分たちだけ」のものと思い込んできたものだね。ちょっと本を開けばこの四つはたいてい指摘されている（例えば、蒲生正男・祖父江孝男編『文化人類学』有斐閣、1頁、江口信清『ヒトと文化』八千代出版、1頁など）。この中で、火の使用は料理、暖房のいずれであれ、ヒト様以外には耳にしない。二足歩行は物理的な身体構造によって決まるから除外しよう。もっとも、近未来に、二足で立ったり、歩いたりすることを止める社会が出現すれば別だけどね。二足（主義）人と反二足（主義）人なんてね。まじめな議論や諍い（いさか）が続いて、そのうち反二足人が勝利をおさめる。博物館で「昔は人間って、二本足で立って歩いていたんだっ

---コーヒーブレイク---

文化の諸定義

　タイラー「文化または文明とは、知識・信仰・芸術・法律・慣習・その他、社会の成員としての人間によって獲得された、あらゆる能力や習慣を含む複合的全体である。」(1871年、『原始文化』誠信書房)
　リントン「一文化とは、習得された行動と行動の諸結果との綜合体であり、その構成要素が或一つの社会のメンバーによって分有され伝達されているものである。」(1945年、『文化人類学入門』創元新社)
　クラックホーン「文化とは、思考、感情、信仰についての方法である。いいかえると集団が将来にそなえて、記憶、書物、物品などに蓄積した知識である。」(1950年、『人間のための鏡』サイマル出版会)
　ラドクリフ＝ブラウン「ある一人の人間が他の人々と接触することによって、あるいは書籍や芸術作品のようなものを通して、知識、技術、思想、信仰、趣味、情操を得る過程」(1952年、『未開社会における構造と機能』新泉社)
　レイモンド・ウィリアムズ「①知的、精神的、美的発展の一般的過程を表す独立した抽象名詞で、18世紀からみられるもの、②独立した名詞で、一般的に使われても、特殊な意味で使われても、ある国民や時代や集団の特定の生活様式を示し、ヘルダーおよび19世紀からみられるもの。(中略)③知的、そしてとくに芸術活動の作品や実践を表す独立した抽象名詞」(1976年、『キイワード辞典』晶文社)

て！」「うっそー」ってな会話が交わされないとも限らない。オリンピックで「二足100メートル歩行」なんていう競技が登場する。その頃には、ヒトの二足歩行は珍しく、たいていは車、歩行機械（足の代わりを機械が行う）、あるいは短距離なら、手も使うってな具合。これはSF？

　「アフリカのチンパンジーには、道具使用や求愛などで少なくとも三十九種の「文化」と呼べる行動が確認できる」という記事がここにある（『朝日新聞』1999年6月16日）。動物園のサルや餌付けされたサルを見に行ってごらん。木の枝でアリを釣る姿や、与えられた食べ物を海水で洗う彼らの姿を見ることができる。あれは人間様が教えた？そうではない。野生チンパンジーだってたくさん道具を使っている。棒によるシロアリ釣り、水を飲むための葉っぱの使用、ヤシの実を割るための一組の石の使用、眠くなれば自分のベッドを木の枝で折りしいて作り上げる。

西アフリカ、ギニアのボッソウ地区のチンパンジーの先生に教えてもらおう（松沢哲郎『チンパンジーはちんぱんじん』岩波ジュニア新書、1995年）。

　森を歩いていてお腹が空いた。さあ、飯だと思ってもコンビニはない。しめしめ、おいしいサファリアリだ、指で摘んだら、いててっ！こいつはかまれると痛い。棒で釣って口に入れよう。近くに適当な枝か草の茎はないかな？それを折りとって、適当な長さに噛みきる。だいたい35センチくらい。それから樹皮などを取り除き、まっすぐな棒にする。釣竿の完成。一方を持って、アリの集まっているところに置く。アリがかみついてきたところでつり上げて、口の中。うまい、うまい。

　森を歩いていてのどが渇く。ペットボトルは持っていない。水たまりの水を飲もう。水をすくうものはないかな？葉っぱを使おう。適当な葉っぱはないか。幅が広く、しなやかで、加工しやすい葉がいい。これだ、ヒボフリニウム・ブラウニャノム（ムニャムニャ。学名ですぞ。学名って何だ？）。これに限ります。まわりにいくらでも別の葉っぱがあるけど。少し離れたところからでも、探す労を惜しんではいけません。近くの村ヒトも同じ葉っぱを使っているよ。まずは葉っぱを持ってきて、これを手と口を使って折り畳み、水に浸す。十分に水を吸ったら葉を口にする。ヒトはこの葉を丸めてじょうご型にして水をすくい飲んでいるようです。あー、甘露、甘露。

2　道具を使う

　アブラヤシは広くアフリカ各地で栽培され、油分と繊維の多い植物である。ボッソウ村の人たちも実を穫ってきて、赤い果肉を煮て突きほぐし、食用油を穫っている。果肉の下に硬い殻でおおわれた種がある。その種をたたき割ると乳白色の胚がある。これも食用や油用になる。100グラムあたり663カロリーの栄養がある。この、胚までたどりつくのが難しい。1979年、初めて野生チンパンジーのアブラヤシ種割り行動が

杉山幸丸により、英語論文で発表された。さて、われらがチンパンジー先生の言に耳を傾けよう。

　まずハンマーとなる石と、台になる石を探します。ハンマーとなる自分の手にぴったりのお気に入りの石を見つけて下さい。台になるのは硬くて、適当な大きさが必要です。むろん、台は石でなくとも、硬い木があれば代用できます。次においしい種を選んで下さい。子供はまだ選ぶ目ができていないようですな。右手の人差し指と中指で挟むように種を拾い、台石の上に固定して、左手に握ったハンマー石を振り下ろします。割れたら、右手の人差し指と中指で種の中の胚をつまみ出して口に入れます。おいしいー！次の種をまた右手で拾って、薬指と小指で台に残ったかすをよけて、台石の中央のくぼみの上に置いて、左手でえーい。利き手の違う方は反対にして下さい。
　左右の手の働きが分化しているってことは、左右の大脳半球の機能分化があるということですね。言語機能は左の大脳半球といった具合にね。実を選ぶのも子供じゃ無理だけど、石器の使用自体三歳以下では無理なようです。一歳までは親のやることをじっと見ています。そして、親の割ったのを横取り、三歳以下ではみんな横取りですが許されています。一歳頃から石や種を手にしてもてあそぶようです。二歳半までは試行錯誤が続きます。種と種、石と石、種と石の関係付けが試されます。しかし、第三の石は出てきません。石の上に種をのせても手でたたいたり足で踏んだり。三歳頃になってやっと、もう一つの石が登場する。早いものは三歳半くらいで割れるようになる。それでも時間がかかったりで効率は悪い。この向上が九歳くらいまで。大人と同じヤシの種割りができるようになるのは、女性で言えば初潮の始まる約九歳頃です。この行為はまわりの大人から学んでいくもので、もちろん遺伝的なものではありません。学校はないけれど、コミュニティーが学習の場になっているのです。当然、学習行為ですから、地域の差もできるでしょう。(拍手)

第10章 文化って何だろう？

記号素
H	O	W	S	B	D	L	C	R

物体：錠前　手袋　靴　コップ　ボウル　横木　ロープ

9種類の記号素の相対的位置関係

身体部位：眼　耳　鼻　口

物体：紙　まり　ます　スプーン　歯ブラシ　鍵　鉛筆

色：赤　橙　黄　緑　青　紫　桃　茶　白　灰　黒
　　あか　だいだい　きいろ　みどり　あお　むらさき　ももいろ　ちゃいろ　しろ　はいいろ　くろ

数：0　1　2　3　4　5　6　7　8　9　10
　　零　壱　弐　参　四　五　六　七　八　九
　　ぜろ　いち　に　さん　し　ご　ろく　なな　はち　く　じゅう

名前（ヒト）：K T S Z X F
きよこ　としお　しょうぞう（しょうじ）　てつろう　じゅんぞう　ふしみ

名前（オランウータン）：D N
ドゥドゥ　ナナシ

形容詞：大　小
大きい　小さい

名前（チンパンジー）：M A L P O R
マリ　アキラ　アイ　ペンデーサ　ポポ　レオ

人称代名詞：わたし　あなた　かれ　かのじょ

食物：リンゴ　バナナ　ニンジン　キャベツ　イモ　固形飼料

動詞：近づく

集合名詞：色　物

接続詞：&　…と…

図10-3　アイがおぼえた文字

出典）松沢哲郎『チンパンジーはちんぱんじん』岩波ジュニア新書、1995年

　先生の言うこと、わかったかな。さて、同じ行為をヒト様で見てみよう。地元のマノン人に石も種も同じ条件でヤシの種割りをしてもらう。三歳くらいでは、石を持つことができても割ることができない。種を地面に置いたりしてしまう。五、六歳では左右の手の機能分化が見られな

い。片手でハンマー、もう一方の手で種を掴む機能分化は七歳の女の子、11歳の男の子でようやく確認できる。とまあ、違いはあんまりないのです。

　道具の使用に関して、それでも人間様だけの「文化」だと言いたいむきもある。その場合には「道具のための道具」が独占！　人間文化と言われている。残念でした。これもボッソウの野生チンパンジーで確認されている。それでは「言語」の使用はどうかな。

　チンパンジーに言葉を教える研究は1930年代から行われてきた。始めは人間と同じような分節言語を語らせる努力であった。自分の子供と同じように育てて、やがて「ママ」という声がなんとか発せられた。しかしそれ以上の分節音を出し、言葉を話すようにはいかなかった。そういった音が物理的に出せないことがわかると、60年代後半には聾唖者が使う手話を教えることとなった。これによってヒトとチンパンジーは双方向のコミュニケーションが可能になった。その後プラスチックの彩片を言葉に対応させ、言語を作らせる方法へ進み、日本ではコンピュータで作った図形文字を採用するにいたっている。文字をおぼえたチンパンジー、「アイ」ちゃんの登場です。こうして、日本語（？）を覚えたチンパンジーとの会話が始まる（図10-3）。もちろん、アイちゃんがとくに賢いのではない。チンパンジーなら誰でも同じ能力をもっている。残念ながら、ヒトのほうが彼らの言葉を学んだという話はあまり聞かない。教える側と教わる側はどうしてこうも一方向なのだろう。彼らの識字教育、啓蒙教育。ヒトはそれほど、教わるものがないのかなあ？　それほど「すぐれた文化」をもっているのかなあ？

3　近親相姦

　1949年に『親族の基本構造』を著した文化人類学者レヴィ=ストロースはその中で、近親相姦の忌避を「文化」の重要な要素として取りあげた。彼の言い方を借りれば、「自然」（西欧諸語でいう「文化」の対概念）から「文化」への移行には、近親相姦の忌避は避けて通れないハードルで

あるという。言い換えれば、生物としてのヒトが他の生物とは異なる存在になるための、いわば文化的存在になるためのハードルというわけ。ゆえに、近親相姦を犯すことは「けだもののような行為」なのです。「このインセスト・タブーこそが、人類以外の霊長類ではまれな現象であり、それゆえに人類を他の動物から一段高い地位におく根拠とする特徴とされてきた」(山極寿一『家族の起源』東京大学出版会、1994年、26頁)。残念でした。これも、ニホンザルが否定している。日本各地で、個体識別に基づいた長期研究がなされた結果、母親と息子ばかりか、兄弟姉妹、叔母甥の関係にある異性間でも交尾は起こらないことが報告されている。京都、嵐山のニホンザル群ではオスが自分と一～三親等の関係にあるメスとは交尾をしないことが確認されている。この範囲は母親、祖母、姉妹、叔母、姪にあたるメスを含む。もっとも、だからといって、どの霊長類でもそうなっているわけではない。彼らの社会構造の違いとかかわっているようです。

　近親相姦を忌避することは、婚姻できる女（男）性と、できない女（男）性を決定することに等しい。そこで、婚姻は別の集団の中から女（男）性を選ぶこととなる。それゆえ、レヴィ＝ストロースの論は女（男）性の、集団間での交換論であり、それは、言葉や観念の交換（コミュニケーション）にまで広がるものなのです。この文脈で、チンパンジーの食物の分かち合い行為を検討する論も出ているよ。「食物分配は、個体維持行為の社会化という社会関係の根本的な変革であるだけでなく、経済とコミュニケーションの進化における一大転回点であったと考えられる。食物が個体間を動くことは、自己の客観視、他者理解、所有、価値などの出現と連動している現象でもあった」（黒田末寿『人類進化再考』以文社、1999年、173頁）。チンパンジー社会にはこれだけのものがあるのです。子殺し、戦争、同盟と裏切り、道具に頼る生活、薬草を使った自己治療と挙げられて、もはや、ヒト様の「文化」独占の野望は雲散霧消しない？

　こうしたことがわかったのも、日本のサル学のおかげ。サルと一緒に

生活をして、彼らの顔をちゃんとおぼえる。誰だっ、サルにもいろいろな顔があるの？なんて言ってるのは。よく、外国人の顔はみんな同じに見えるって言うね。それと何が違う？もちろん顔だけじゃない、体つきや、毛並みなど。こうして彼らの個体識別を行う。サルとつきあうのではない。「アイちゃん」とつきあうのだよ。サルだ、動物だと言って自分を棚に上げて分け隔てしてはいけない。だから、昔、ルソーが言ったろう。「われわれの旅行者たちは、古代人たちが、サテュロス、ファウヌス、シルヴァヌスという名のもとに神としたその同じ存在を、ポンゴ、マンドリル、オラン・ウータンという名で、無造作にけだものとしている。おそらくさらに正確な研究ののち、人々はそれがけだものでも神でもなくて、人間であることを見いだすだろう」(『人間不平等起源論』中公文庫、158頁)。ヨーロッパの学の伝統からはサルはどこまでもサル、人間とは一線を画すという根強い差別意識があったことは否めないね。そこには、人間／動物の壁があつーく存在している。レヴィ=ストロース風に言えばこれは文化と自然の間の壁でもある。日本人がいとも簡単に彼ら（サル）の側に行けたことは、日本人にとっての文化／自然の壁の厚さとかかわっているとも言われている。お雑煮に地域の違いがあるように、サル学にも地域の違いがあるのだよ。学問は中立だって？

4　人間と機械

どうやら、文化というのはヒト様の独占物ではないようだね。それともチンパンジーをチンパン人と認めることで独占体制を維持しますか？

さて、最初の問いを覚えているかな？人間はどこまで動物か。これとよく似た問いがある。むかーし、むかしからある問いだ。人間はどこまで機械か？1748年にはフランスの哲学者ラ・メトリによって『人間機械論』が書かれている。人間と動物との間には根本的な違いはないってね、脳組織の優越だけだって言ったのさ。その百年前にデカルトも動物は魂のない機械で、魂こそ脳の物質的組織だって言っている。動物が道具を発明し、それが切っても切り放すことのできぬものと化す。わが身

一つで行えていたものが、歯の代わりにナイフ、拳骨の代わりにハンマー。こうして身の回りにはたくさんの道具が生まれる。それはやがて機械となって複雑化し、自分で作れないものとなる。眼鏡や入れ歯、果ては人工臓器、歩く代わりに車が、計算する代わりに計算機が。脳さえもが部分的に代わりをしてもらう。ロボットの登場だよ。ロボットの労働機械。ロボットの愛玩動物（？）ロボットのお巡りさん！ヒト様は「あいつはロボットみたいだ」という言葉をはいて抵抗する。「俺たちは違う。機械じゃない」。しかし、一方でヒト様の身体の中にもどんどん人工の手が加わってくる。ヒト自体が人工的に作られていく。たくさんのSFが暗示するように、彼ら機械もターミネーターとなって反乱を起こすかもしれない。「俺たちこそ文化を生み出しているんだ」ってね。オートメーション、つまり自動人形の反乱だよ。『紀元2001年宇宙の旅』のコンピューター「ハル」みたいに。あるいは、『ブレードランナー』のレプリカントのように、彼らもまた「どこから来て、どこにいて、どこへ行くのか」と悩むかもしれない。「オレハイッタイナニモノナンダ」。電気羊も夢を見るかもしれない（フィリップ・K・ディック）。そのとき、ヒトと電気羊はどう違う？

　自然（動物）と機械のはざまで小さくなっている人間がいる。わけのわからぬ「文化」を独占しようと、よそ者の進出におびえる人間がいる。これは何だか、勝手に「文化」とは何かを決めて、意気揚々、「お前たちのは文化じゃない」と言ってきた人々の言葉に似てはいないか？　排除するのか？　共生するのか？

論点2　なぜ近親相姦が忌避、禁止されるのか調べて、議論してみよう。

3　レッスン3：文化の分化——異文化へ

1　ことばと文化

「有史以来死んでいった全世界の人々よ、あなたがたは、時の果てに子孫がヨーロッパ文化によって幸福になれるように、大地をあなたがたのなきがらで施肥するためにのみ生きていたのではない。よりすぐれたヨーロッパ文化というまさにその考え方が、大自然の主権に対するずうずうしい侮辱なのである。したがって、きっぱりと一新して、『諸文化』という複数形で表現する必要がある、と彼は論じている」（レイモンド・ウィリアムズ『キーワード辞典』晶文社、1980年、107頁）。

彼、ヘルダーの時代（18世紀後期）には「文化」と言えば単数形が当たり前。特定の集団、特定の時代の可変的諸文化（「文化」は空間的な概念であると同時に、時間的なものでもあるのだよ）なんていう考え方は20世紀初頭に確立するのです。だから、当然「異なった文化」もかつてはなかった。「宗教」(religion)も同じ。17世紀末か18世紀の初頭ぐらいまでは「宗教」と言えば特定の宗教を指していた（何ていう宗教のことかな？）。じぶん(か)勝手の考えが普遍性をもつと思ってしまう。自分たち決めたものが唯一の正しい「文化」であったり、「宗教」であったり、「音楽」であったり、「言語」であったり、「人間」であったり……。「彼らは文化的生活を送っていない。」「そんなの迷信だよ。」「ロック（ジャズ、邦楽）なんて騒音だ。」「そんなの言語とは言えない。ぶつぶつ言ってるだけ。」「人間じゃないよ。動物（機械、化けもん）だ。」そんな言い方ってどこから出てくるのだろう。こういう考え方をエスノセントリズム（自文化中心主義、自民族中心主義）と言うのは知ってるね。

紀元前5世紀、ところはギリシャ、ヘロドトス（『歴史』岩波文庫）は旅が大好き。「歴史学の父」「地理学の父」「人類学の父」と呼ばれた彼は、東はペルシャ、西はイタリアに及び、黒海の沿岸を巡り、ナイル川をアスワンの向こうまで遡る。聞き及んだ範囲はさらにずっと広く、東はインドまで。当時ギリシャは植民地拡大の真っ只中だった。ヘレニズムの名の下に異なる言語や習慣をもつ社会がギリシャ世界に組み込まれていった。ギリシャ語ヘレニゼインはギリシャ語を話すこと、広義にはギリシャの風俗慣習を身につけることだった。ギリシャ語を話さず、理解

不可能な人々は、バルバロイと呼ばれたのさ。辞書を見てみよう。barbarian：野蛮人、未開人、言葉の通じない異国人。残忍な人、粗野な人なんていう意味もある。フランス語（『新仏和中辞典』白水社、45年版barbareの項）では「非人間的」なんてのもある。当時はギリシャ語を話さない者たちが何やら「バルバロ」言っているように聞こえたらしい。このとき、それが野蛮や未開、いわんや残忍とか粗野、あるいは非人間を意味していたかどうかは疑わしい。ここでは、固有の言語が「われわれ」と「かれら」を分け隔てている。遠い世界はどうかな？ 世界の果てには例外なく、多量の金や香料が約束される。そこはもはや人間の住む所ではなく、巨大なアリや有翼のヘビ、ゾウ、怪鳥グリュプスス、角のあるロバがいる。そのこっちには犬頭人、無頭人、禿頭人、一眼人が住んでいる。さらにこっちには片方の性しかない民族（「アマゾン」だよ）や、喰人民族や住居をつくらぬ民族、正義もなければ掟もない野蛮人が住むといった具合。つまり、「われわれ」から何かが欠けている「かれら」の存在。こうして、「われわれ」のよく知っている空間から、遠く離れた空間まで、さまざまな存在が配置される。「箱根の向こうには化け物がすむ」と、「坊ちゃん」に注意をうながした「清（きよ）」のことばもあるよ（『坊ちゃん』）。

2　宗教と文化

次の時代、言葉による区別は「宗教」にとって替わる。キリスト者か否か。真の宗教を知らない邪教の徒が排除されたり、教化されたり。1492年にはイベリア半島から、イスラム勢力を排除、ユダヤ教徒に改宗を迫り、従わぬ者は排除。同年、ご存じ！ 意欲に燃えたコロンブスの新大陸到着。着いた浜辺で、彼は「いかにしてこの島をその主君である国王ならびに女王のために、並居る者の面前で占有せんとし、また事実、この地において作成された証書に委細記されるように、必要な宣言を行ってこれを占有したかを立証し、証言するようにとのべた」（『コロンブス航海記』岩波文庫、37頁）。この宣言はのちに「催告（レケリミエン

ト)」と呼ばれるものです。聖書に基づいて世界の創造を説き、その後のキリスト、ローマ教皇の来歴を述べ、全世界の支配者であるローマ教皇アレクサンデル六世によりインディアスはスペイン国王に与えられたという。カトリック信仰を受け入れ、カスティーリャ国王を君主と認めることを説く。もし反抗すれば、領土は奪われ攻撃が加えられるというもの、まあ、体のいい脅迫ですね。この物言い自体も問題ではあるけど、はなしはもっとあるぞ。この宣言は何語でなされたと思う？ 先住民の言葉？ それはありえないよなあ。これは公式の宣言です。当時はすべてラテン語。唯一「言語」と認められた正しい言語。そりゃ、通じないわ。君たちわかる？ したがって、反論の出る余地はない。黙って、ぶつぶつ（ばるばろ）言っているのを聞いているだけ。1492年は実はもう一つ重大な出来事が起こるのです。この唯一の「言語」に対して、当時は「俗語」と言われていたスペイン語が「言語」の名乗りを上げる。こうして、フランス語や英語、ドイツ語も言語の位置を獲得して、辞書や文法書が編まれる。聖書の翻訳がなされる。もちろん、カスティーリャ語が「帝国の伴侶」の第一歩を始めるように、神の認めた「言語」ではなく、国家が決めた「言語」が生まれたのです（国語だよ！）。

「彼らはどんな宗教も持っていないと思います。彼らは物わかりが非常に良いので、すぐにもキリスト教徒になるものと信じております」（『コロンブス航海記』51頁）。こうして宗教のない（と思われた）彼らに宗教が教えられていくのです。もっとも彼らを教えるに値しない存在、宗教を受け入れる魂をもっていない存在、だから動物のように使役すればよいと考えた人たちもたくさんいたんだな。当然、奴隷が欲しかったのですよ。かくして「インディオは人間か否か」の論争がスペインを舞台に起こります。その結果、ラス・カサスというカトリックの僧によって「世界の全ての民族は人間である」と主張される。とても驚くべき発言、18世紀の終わりでもハワイの布教におもむいた伝道師はそこの先住民を「人間と獣の中間」の存在と言っていたくらいなのだから。19世紀の中頃、ロンドン人類学協会創立者の言。オーストラリア原住民が文明

コーヒーブレイク

「文化Culture」という言葉の歴史

　cultureはラテン語のculturaに由来する語である。語源はラテン語colere。この語は住む、耕作する、守る、尊敬するなどの意味をもつ。「住む」はラテン語colonusを経て、植民地（colony）に、「尊敬する」はラテン語cultusを経て、崇拝（cult）になった。「耕作する」の系統は穀物や動物の手入れにかかわる（horticulture, apicultureなど）。16世紀初期には拡大され人間の成長にかかわる語となった。心を耕すという意味として18世紀後期から19世紀初期まで主要な意味となった。19世紀には、今日cultureと使われるところにcivilityという語が見出される。フランスでも18世紀中葉から「洗練されたもの」を意味する語として使われ、他方、civilisation（「文明」）の語も同じ頃現れた。ドイツでは18世紀初頭にフランス語から借用されたculturが、19世紀後期からkulturと綴られ、「文明」と同義語、第一に「開化」「洗練」の過程、第二に人間の成長の過程として使われた。1900年頃までにはcultureが精神的、civilizationが物質的という区別もなされた。コーヒーブレイクにあるウィリアムズ言うところの②の意味を英語で決定的にしたのは、1871年のタイラー『原始文化』である。①から派生した③は新しい用法。「文化とは、世界で最高のものと評価される有名なものを知ることである」（マシュー・アーノルド『教養と無秩序』1867年）（詳しくはOxford English Dictionary参照）

　日本では明治の初期にはまだ西洋語cultureの翻訳はない。「文化」はもっぱら漢語的意味。「文」は漢籍であり、その渡来の意味を表す。日本最初の英語辞書（1814年）にはcivility「遜譲、慇懃、丁寧」の記載はあるが、cultureの項はない。ヨーロッパの語彙の歴史からも当然である。1867年の『英和対訳袖珍辞書』には、culture「耕作、育殖、教導修繕」と書かれている。1886年のヘボンによる『和英語林集成』には「学問、教育、風雅」の意味で、1903年の『双解英和大辞典』には「耕すこと、耕作、稼穡、栽培、培養、攻修、琢磨、練習、教化、開化、博雅、文雅」の意味で載っている。まだ「文化」は現れない。1900年の初頭には「文化」という語は「文明」と同義に使われ出した。1910年代にドイツ語のkulturが「文化」と訳されて、「文化国家」は知識人の間で大流行。精神的な意味での「文化」は大正時代「文化住宅」や「文化村」「文化主義」といった形で宣伝された。俗に言う「大正教養主義」の「教養」がこの「文化」を背景とした。1937年には「文化」勲章が制定され、戦後は「文化日本」に向けてまっしぐらである。その担い手として「文化人」も登場している（詳しくは柳父章『文化』三省堂、1995年）日本語の「文化」は翻訳語であるため、いまひとつ意味が明確にならない。「自然」「個人」「社会」「象徴」「恋愛」などについても調べてごらん。

を受け入れるのは、サルがユークリッドの問題を理解するのと同じくらい困難！ 目の前にあらわれた存在が「人間」かどうか、というのはそれほど簡単な問いではなかった。そして、「人間」とひとたび認められるや、どのような「人間」かの疑問が生じる。16世紀で言えば、「人間」である以上、神の創造物ですから、アダムとイブの子孫、聖書のどこかに記載されていることが期待される。新大陸の先住民はどこから来たのか？ 今でも十分議論になる問題だね。興味のある人は調べてごらん。キリスト教世界では、当然、人類の起源は単一となる。これまた、今でも大きな議論、人類起源の単源論と複源論です。新大陸の先住民を対象に、初めて、具体的に「人間」とは何かが論じられ、彼らの位置づけが議論される。新たな空間そして、新たな生物に出会った大航海時代の置きみやげです。当然、中心だったスペイン、ポルトガルでの議論。17世紀には、植民地の主は少しずつ、イギリスやオランダ、フランスに替わっていく。そこでも同じ議論が持ち上がるのは言うまでもないことです。18世紀の後半は南太平洋が舞台、あいもかわらず、「われわれ」にとっての「かれら」の位置づけ。ルソーやハワイの伝道師の言を思い出そう。

3　文化の進化

　19世紀はご存じ、進化論の時代。ダーウィンの言葉を聞いてみよう。「私は、初めて一団のフエゴ島人を海岸で見かけたときに感じた驚きを決して忘れないだろう。というのは、われわれの祖先もまさにこのようだったのだ。(中略) 人間（われわれ）は、生物のものさしの一番上の目盛にまで登りついたことに対し、ある誇りを感じたとしても許されるであろう」(原著は1871年、『人類の起源』中央公論社、1967年、括弧内は筆者)。何でも一番てっぺんがいいんだ。宗教だったら、何にでも霊や魂の存在を感じてしまう段階より、神を信じる状態、多神より一神、単なる一神より、至高神といった具合。八百万よりはキリスト教がてっぺんなのだ。結婚ならば、原始乱婚よりは複婚（一夫多妻や一妻多夫）、それよりは単

婚、すなわち一夫一婦制がてっぺん。こうして、政治や法制度まで進化の図式が書かれる。進化という時間の流れの中に位置づけられる。もちろん、「われわれ」が一番上の目盛まで登っているのだという思いこみ。ここから出てくるのは、ものさしのより低い目盛のところにいる人々の援助、教育、啓蒙だね。こうして、ヨーロッパを頂点として、世界中の民族が目盛の中に当てはめられる。進化の度合いはいかほどか？ というわけ。「われわれ」の決めた「文化」にみんな到達すべきだという思い。進んでいる？ 遅れている？ 遅れていると損するよ。よーいどん。審判は「われわれ」。「かれら」のとる道は、二つある。「わー、遅れている、かっこわるーい。すすんだところにあわせよー」と、遅れた自分をうちすてて、ゴール目指してまっしぐら。もう一つは「遅れているってどういう意味かな？ 損するってどういう意味かな？ 誰が決めているのかな？」と鏡をみたり、回りをみたり。

> 論点3 「文化」が遅れているって、何を意味しているの？ 考えてみよう。

〈参考文献〉
1）『柳田國男全集』全32巻、筑摩文庫
　身近な日本の文化にかかわることを、時間的にも空間的にも余すところなく論じている。とくに「ことば」とのかかわりに注目。
2）エヴァンス・ブリチャード『ヌアー族の宗教』岩波書店、1982年
　異なる文化（宗教）をいかに、自分の文化に翻訳して、説明するかの素晴らしい見本。
3）黒田末寿『人類進化再考』以文社、1999年
　副題に「社会生成の考古学」とあるように、ヒトが独占してきた、「文化」や「社会」現象の再検討を迫る。
4）ルイス・ハンケ『アリストテレスとアメリカ・インディアン』岩波新書、1974年
　新たな存在（人間）と出会ったとき、どのような問題が起こるのかについての詳細な事例研究。
5）グールド『人間の測りまちがえ』河出書房出版社、1989年
　人間（文化）を、数量的に差異化し、意味づけてきたことの意味を探る名著。脳の重さや、頭蓋骨のかたち、IQのことだよ。

Epilogue

終章　国際関係学の未来

関下　稔

> 「たしかにこのような不平等が充満している世界にあっては、恵まれた地域に住むことは事実上、その地域の外にいる人々の経験や反発心から切り離されることを意味しています。われわれの住みやすく、保護された、自己中心的な小世界の外に出て、人類の大多数が暮らしている住みにくく、保護されていない、より大きな世界の中に入っていくには、想像力を働かせる大きな努力と多くの知識が必要です。集められた情報の総量はマウスをクリックするだけでどこでも入手できますし、地球の果ての様子は夜も昼もいつもわれわれの元に届いています。われわれの中の以前よりももっと多くの人々が、以前よりももっとひんぱんに文明と文明の間を旅しているのは事実であるとしても、われわれはこの貧しい世界から切り離されているのです。これが、地球化された21世紀の逆説です。」
> 　（『歴史家ホブズボームが語る21世紀の肖像』河合秀和訳、三省堂より）

1 グローバリゼーションの進展と国民国家の体系

1 グローバリゼーション・グローバリティ・グローバリズム

現在、世界ではグローバリゼーションの嵐が猛威をふるっている。モノ、カネ、ヒト、技術、情報が国境を越えて頻繁に移動し、ボーダーレス（＝脱国境）化が生じていることをグローバリゼーションと呼んでいるが、このことは、伝統的な国民国家の枠組みを一面では基礎にしているが、他面ではそれを素通りし、かつ乗り越えて出ていくものであるため、国家のもつ役割の変容を否応なく迫ることになる。とりわけ、逃げ足の速い短期資本やインターネットを利用した情報の国際的な移動は、国家による捕捉困難や管理不能と見える事態を生み出している。ストレンジはそれを国家の退却（retreat）と呼んでいるが、このことは、国民国家を中心とするこれまでの国際的な体制（＝ウェストファリア体制）が意味をもたなくなるのではという恐れになっている。

歴史的にみて、資本主義制度はその成立以来、一面では国家単位でのまとまり、つまりは国民経済的性格をもつとともに、他面では世界市場を前提にし、かつまたそこにたえず活動舞台を求めてきた。例えば、15世紀末の地理上の大発見以来、西欧諸国はアジア、アフリカ、ラテンアメリカに先を争って進出していったが、そこでは金銀財宝の奪取や有利な貿易品（＝特産品）の獲得が目指された。これを広く重商主義と呼んでいるが、資本主義の成立期にはこの重商主義思想が有力であった。やがて、産業革命を経て国内生産基盤を確立すると、今度は国内で過剰になった製品の販路、あるいは工業製品の原材料の供給源として世界市場が大事になり、貿易が盛んになる。同時に新大陸への大量の移民も生じた。さらに19世紀後半からは、西欧列強の資本の輸出も当初は証券投資の形で、やがては直接投資になって展開された。そしてそれに伴って、技術の移転も頻繁に行われるようになった。このように、現実には総体としての世界経済は基礎単位としての諸国民経済の複合体として存

在するという独特の形式をとってきたのである。

　ところで、グローバリゼーションとは不断に進行するグローバル化の全過程を意味するが、それをそれぞれの発展段階に分け、到達度あるいは度合を図ることをグローバリティと言う。通常、その到達度を資本と国家の関係として捉えると、企業の多国籍化の過程を表す言葉として、インターナショナル、マルチナショナル、トランスナショナル、そしてスーパーナショナルの諸段階が考えられる。とりわけ、トランスナショナルの意味するものをしっかりと理解することが、この場合大事になる。というのは、企業の多国籍化が進んで、世界中に子会社網を作りあげると、国家の領土とは異なる、相対的に独自な排他的な支配領域を非国家アクターである多国籍企業はもつようになり、いわば国家に跨った、国家横断的な組織を形成して、国民国家との間に利害対立や緊張関係を生みだす。これがトランスナショナルの含意しているものだからである。

　こうしたトランスナショナルな企業組織は世界中に張り巡らされた海外子会社網を活用して、グローバルな利益追求を行っている。企業活動の重点が海外に移転した結果、本社所在国の生産基盤の喪失、つまりは産業の「空洞化」が生じ、失業問題が深刻になる。また本社と海外子会社との間で頻繁な部品・中間財の移動（＝企業内貿易）が行われるが、そこではトランスファープライス（振替移転価格）という企業内での特別の価格づけが行われ、通常の独立企業間の貿易とは異なる実体が生まれ、その結果、国家間の取引を前提にした貿易収支も異なる内容を帯びてくる。さらには枢要な技術を子会社にだけ移転する企業内技術移転のルートが使われるため、閉鎖性や秘匿性が強まる。最後に企業内の資金移動にあたっては税率の低いタックスヘイブン(租税回避国)に集中させたりして、税逃れとみられる行動をとったりする。このように、多国籍企業は一面では世界経済の牽引車として世界全体の経済成長に大きく寄与するが、他面では国家の枠を超えて活動し、その規制や制約をたやすく突破する手段とノウハウをもっていて、国家の力能を後退させてもいる。またその活動は国境を越えた企業内での取引を主要なチャネルにするた

め、市場原理に基づかない、非市場化（＝内部化）された領域が広がることになる。

2 「市場原理主義」の蔓延

ポスト冷戦時代の到来は唯一の覇権国ともいうべきアメリカの力と役割を際だたせるようになったが、その源になっているのは、IT革命に先導されたアメリカ経済の好調さである。情報・通信分野では、従来とは違って、収穫逓増の法則が作用するという、この「ニューエコノミー」論の台頭はごく一部企業の一人勝ちの世界を生みだし、その勢いに乗ったアメリカ経済の活況を生んでいる。空前の株式ブームに湧く金融化とITに代表される経済のサービス化、そして規制緩和と自由化の波がアメリカ経済を覆っているばかりでなく、今やグローバリゼーションの嵐となって世界を席巻している。そこではネオ・リベラル（経済学的な意味での）と呼ばれる人々の主張する「市場原理主義」が横行・闊歩している。

資本主義の最も基本的な原理である市場競争にすべてを委ね、政府の規制や保護を極力排するというこの市場原理主義がアメリカにおいて提唱され、優勢になったということには、アメリカ独特の歴史的風土がある。アメリカは封建制などの歴史的前提なしにいきなり資本主義的なシステムが西欧から直接に移植されたという独特の歴史をもっている。そのため、資本主義の原理に立ち返り、あらゆる規制をなくすことが自由であり、アメリカに適したもので、かつ建国の思想に戻ることでもあるというのが、保守層の伝統的な主張であった。これに対して、政府による保護によって弱者を救済したり、累進課税によって所得格差を解消したり、反トラスト法によって巨大企業の市場独占を排除したり、あるいは政府の公共投資によって追加需要を生み出し失業を減らしたりするのは、資本主義の原理に修正を加えることであり、その行き詰まりを打破し、改善を加える革新的で発展的な方向であった。したがって、資本主義の原理に立ち戻れというこの市場原理主義は、実は自由主義という外見とは違って、きわめて保守的で復古主義的なものであった。これが

1970年代の世界経済の激変期を経て、アメリカ経済の内容が悪化する中で、1980年代以来、急速に強まってきた。

　こうしたアメリカ経済の新潮流は、実はアメリカが深刻な双子の赤字（貿易赤字と財政赤字）に悩まされていた1980年代から徐々に用意されてきたものである。競争力の回復には規制緩和（デレギュレーション）と民間主導（プライバタイゼーション）による経済の活性化が必要だということから、レーガン政権下でその動きが始まり、やがてイギリスのサッチャー政権や日本の中曽根政権にも波及して世界的な潮流になっていった。また、証券化（セキュリタイゼーション）の波は、債務国アメリカの国民通貨ドルが同時に国際通貨としての役割を果たすという特殊な条件下で、ドル高・高金利という政策誘導の中で、産油国や日本が獲得した膨大な外為が短期のドル資金となってアメリカに環流し、それを利用して国内外に株式投資するという動きが強まった。これはデリバティブと呼ばれるさまざまな金融派生商品を組み合わせて提供するという金融上の革新と結びついて、ヘッジファンドなる投資仲介機関の興隆を生んだ。その結果、アメリカには空前の株式ブームが招来し、ハイリスク・ハイリターンに踊らされるカジノ経済が出現した。

　これに関連して、途上国の累積債務の処理にあたっても、債務を株式化して売りに出すというデット・エクイティ・スワップが登場した。これはIMF・世銀によるメニュー方式の提示とコンディショナリティー（融資条件）強化につながり、途上国の経済再建にあたってのワシントン・コンセンサスと呼ばれる画一的な方策の、強引な合意形成と事実上の強制へと整備されていった。そしてこれらの動きが1980年代末からのIT革命と結びついて、ニューエコノミー論として結実し、90年代の長期にわたるアメリカ経済の繁栄につながったのである。同時に、これを基礎にして、国際的な短期資本の移動が経済実態のよい一部途上国をめがけて集中的に起こり、その過熱と引きあげが1997年のアジア通貨危機の引き金になった。

　しかも忘れてならないことは、この背後には世界における力（パ

ワー）の配置の変化、とりわけソ連・東欧での社会主義体制の崩壊や中国その他での市場経済化への移行、さらにはそれに連動して、西欧諸国での、戦後営々として築かれてきた福祉国家からの後退という一連の事態があり、これらの中でアメリカの力の突出と、そこから来る自国本意的行動への傾斜が、このような形での市場原理主義の暴走として、グローバリズムの蔓延の中で進んでいることである。ポスト冷戦期におけるアメリカのこうした自国本意的行動の基礎にあるのは、経済安全保障の重視という考えである。そのことがアメリカ経済の一人勝ちを生んだが、このことがかえって世界的な政治的不安定性を増してきていると、ギルピンは指摘している。したがって、アメリカが経済の一人勝ちに酔いしれず、世界の政治的安定の確立のためにいかに政治的リーダーシップを発揮するかがグローバルキャピタリズムの時代の最も重要な課題になると、彼は結んでいる。

2 国際関係学の射程とその限界

1 国際関係学の有効性

　国際関係学は複雑、多岐な現実の世界を多元的、多重的、多面的に考察し、それを一つの総体として、政治、経済、法律、社会、文化などの諸部面の入り組んだ国際関係を整序だったものとして説明する、新しい学際的な学問として登場してきた。それは、現代社会が要請している、事態の総合的で統一的・立体的な理解とそれらの構成要素の細部にわたる綿密な説明との、双方に応えようとするものである。その最大のメリットは総合的で多原理的かつ価値多様的なところにある。つまりそれによって、現実世界の複雑な様相と決定過程が、あたかもセル画を幾重にも重ね合わせて一つの統一的な画像が出来上がるようなものとして、理解できるからである。あるいは多くの断片を含んだモザイクを組み合わせて、一つのものに完成させたようなものとして理解できるだろう。

いずれにせよ、国際関係学は多数の個別学問を総合させた学際的な性格をもったものであり、優れて今日的な学問だということができよう。

だが同時に、それは生成過程にあるこの学問の弱点や未熟さにもつながっている。各構成パート間の整序に一定の規則性や順序をあらかじめ想定することが困難なことや、その序列の確定を容易に行えないことである。さらには、複雑な要素の組み合せであればあるほど、それぞれの個別のケースごとに異なった結論を引き出すことが可能になり、どうしても個別的で反復性の薄いものになってしまって、一般法則を導きだしにくいことである。あるいは決定論を排することは、逆にいかようにも解釈できる曖昧さを残すことになり、ある種の融通無碍な世界に漂うことになるなどである。こうしたことが、事象に対する説明的ではありえても、規範的にはなりにくい印象をこの学問に与えている。

だがこれらの弱点については、この学問が進化していくに従って、次第に改善されていくだろう。というのは、国際関係学の学説の流れをみていくと、圧倒的にネオリアリストアプローチ（政治的現実主義）が主流ではあるが、それに対置されるネオリベラル（政治的自由主義）からの批判を受けて、両者が相互に補完し合い、一つに収斂されていく過程が多くみられるし、さらに過激なクリティカルセオリー（批判理論）による、両者がよって立つ土台そのものに対する根本的な批判とオールタナティブの提示によって、大きく揺さぶられているからである。これらの動きの中で、国際関係学はより精緻化され、完成されたものになっていくことが予想される。

ただし、その際にこれからの国際関係論が是非とも突破していかなければならないのは、国家中心的な分析視角への過度の依拠を改めることであろう。国際社会が主権国家の複合体として存在し、この国家以上の、全体を総括する存在がなかったという歴史的条件の下では、国家中心的な分析視角は有効であった。しかしながら、グローバリゼーションが進んだ今日の世界においては、この視角をいつまでも保持することは、時代錯誤になり、その結果、致命的な弱点に転化しかねない危うさにもつ

ながる。

　例えば、国家を超えた、世界を最終的に統括する主体がない中で、ポスト冷戦時代の唯一の覇権国となったアメリカの力と主導性によって、世界の秩序の維持が可能だと考えて、現在、アメリカ中心の組織化がさまざまな分野で強まってきている。そのことが逆に世界の不安定性を増し、その結果、グローバリゼーションが事実上アメリカナイゼーションになってしまっているという批判の声は強い。アメリカが世界最大のパワーの持ち主であり、かつ現代の経済革新の震源地であることは認めたとしても、すべてアメリカ流にあわせなければならないという理屈はない。世界はむしろそうした画一化を拒否しているようにみえる。

　数世紀にわたるグローバリゼーションと主権諸国家間の国際関係の発展によって、今や世界には多元性と多様性が満ち溢れている。それを伸ばし、上手に管理するためには、何か一つの極と一つの原理に頼るのではなく、そこにいたる多様な道、そしてその将来の発展方向の多くの可能性を重視すべきときが来ている。というのは、たとえ時間がかかるにせよ、できるだけ多くの英知を結集できるこの道のほうがはるかに創造的であり、かつより発展するのは必定だからである。また国際組織を初めとするさまざまな組織や場において、民主主義の原理が貫かれることは言うまでもないが、それに加えて、参加と異議申し立てに基づく、公開性（オープンネス）、透明性（トランスペアレンシー）、説明責任性（アカウンタビィリティ）など、グローバルガバナンス上の準則が保障されることも大事になってきている。

　したがって、われわれには今や新しいパラダイムが求められている。そのことを促迫している最大の要因は地球規模の問題群の登場である。そしてそれに伴って、長い間、国際関係を扱う際の前提になっていた国家に代わって、非国家的アクター（多国籍企業、多国籍銀行、国際投資機関、NGO、NPOなど）の台頭が近年際だってきている。最後にこれらの問題群のいくつかについて触れておこう。

2　21世紀の新たな問題群

　世界は新たな世紀に入ったが、そこには解決を求められる多くの問題群がある。とりわけ国境を越えたグローバル（全地球的）な問題群と呼ばれる一連の問題群が登場してきた。

　その第一は、地球人口の増加とそのための食糧・エネルギー等の供給の問題である。現在、地球人口は60億人ほどであるが、これが2050年には89億人に達するという見通しを国連は立てている。その場合の食糧やエネルギーの供給がどうなるかということは、世界にとってきわめて緊要な課題である。しかもこの問題は単に食糧やエネルギーの供給の問題にとどまらず、当然にそのための経済開発（持続的成長）や環境問題もが関連してくる。産業革命に始まる近代工業の歴史は、経済活動を飛躍的に拡大し、巨大な富を生み出し、経済生活を豊かにした。その結果、人口は飛躍的に増大した。しかしながら、それは資源とエネルギーの大量消費を生み、それらの枯渇の危機と同時に、大量廃棄に伴う地球規模での環境の悪化をもたらした。このことが21世紀世界の重要課題になっている。

　しかも人口増加の過程は世界で一律に進むのではなく、一方での先進国における高齢化と、他方での途上国における人口爆発との双方が、同時的に進行しているところに特徴がある。先進国では工業化などを経て生活水準が上昇し、それに伴って、教育費などの子育て費用がかかり、かつ女性の社会進出意欲が高まった結果、多産少死から少産少死への転換が起き、人口が高齢化し、伸びも鈍化してきている。一方途上国では医療は発達したものの、工業化など経済発展を経ないで多産少死社会に突入したため、人口がうなぎ登りに上昇している。これらの異なる傾向が世界全体としては急速な人口爆発として現れているところに複雑さがあり、したがってその問題を解決するための合意形成は一律にはいかない。

　第二は、新技術の性格と知的財産権の問題である。情報・通信における革新は現代における最大の流行であるが、IT革命が生み出したインパ

クトは計り知れない。近代工業は機械によって促進されたが、人間に代わって力仕事をこなす機械こそはエネルギーの担い手であり、力と発展の具現者であった。やがてその機械は情報を担う装置として社会の枢軸に入り込み、人間の意識や認識の領域を広げる知的な支援者へと変身を遂げるようになった。さらにコンピュータを中核に据えた自動化システムは、人間の判断より機械の決定を上位におくことによって、安全と安定を保つようになる。選択・判断・決定という知的なプロセスを機械に任せることで人為的なミスを防ぎ、安心を得られるという理由からである。しかしながら、その結果、人間が機械に動かされるという主従の逆転が多くみられるようになったし、信頼した機械への人間の入力ミスが大事故につながったということも起きている。

　さらに携帯電話やインターネットは人間のコミュニケーションの在り方すら変えようとしている。ヒト特有の脳の進化をもたらし、人間関係の微妙な綾や、感性と知性の相互作用といった要素は機械に依存したバーチャルコミュニケーションによって、次第に希薄になってきている。その結果知的退廃の芽を生み出しているとすれば、われわれへの警鐘だと言えなくもない。こうしたことが程度の差はあれ、全世界的な規模で一挙に起きているのが、現在の情報・通信の「革命」と呼ばれているものである。

　その他にも個体的要求の急速な拡大に伴って、一方で個人所得が国家を超えるような極端な富の蓄積と、他方では依然として貧困に打ちひしがれた多くの人々との間の所得格差の驚くべきほどの広がりといった、現代の貧困を巡る問題も次第に大きな問題になってきている。

3　国際関係学を超えて——新たな理論と秩序の模索

　さて、以上のことから、21世紀世界の人類の期待に応えられる国際関係学はどのようなものであろうか。否、既存の国際関係学を超えて求め

られるものは、世界学やグローバル学とでも呼ばれるようなものであろうか。それはわれわれの学問的営為とそのための不断の努力の結実するところで得られるもので、あらかじめ結論を先取りすることはできないだろう。ただし、そうした知的営為の前提である、われわれの眼前に広がる現実社会の中で起きている一つ確かなことがある。それは、ますます個性が尊重され、個体化が進む中では、大量生産・大量消費・大量廃棄からの訣別と、ニーズに合わせたニッチな部分の開拓が求められ、われわれの技術の探求はますます微細なもの（ナノ技術）に、そして生産、消費、廃棄の一体化された資源循環型（いわばゼロエミッション）の社会に向かうだろうということである。

これを3N＆Rと呼んでみると、無制限な欲望充足の時代は終わり、われわれ自身が欲望を確かなニーズ（需要）に変え、かつそれを自覚的に管理する時代がくるだろう。そして無駄をなくし廃棄物をゼロに近づける循環（リサイクル）型が望まれる。そのために、生産はますますニッチ（すき間）部分の開発に向かうだろう。そして微細（ナノ）と極大（宇宙）とが同時追求されて、一つに合一される方向に向かうだろう。そこでは誰しもが自らのアイディアを実現するために起業家になりうる時代、国家のしがらみを超えて自由に世界を行き来することが可能な時代、自らのアイデンティティの根拠を民族性（国民性）におかずに、自らの内に求める時代が到来するだろう。それこそヒューマニズム（人間性・人類愛）の概念の意味するものだろう。国際関係学は、名称はどうであれ、そうした人間の地球大での、極小と極大を舞台とする活動の実態を照らし、その在り方の根拠と指針を提示するものにならなければならない。要約すれば、現実への批判（クリティーク）の中に創造（クリエイティブ）が芽生え、そして現状に代わる代替（オールタナティブ）を提示できたとき、それは本物になるということだろうか。

〈参考文献〉
1）スーザン・ストレンジ、西川潤・佐藤元彦訳『国際政治経済学入門』東洋経済新報社、1994年
国際政治経済学の構成要素を富（ウェルス）と力（パワー）と知（ナレッジ）の間の相関関係として描き、かつそれらを構造的力と関係的力の二つに分けて論じている。
2）関下稔「グローバリズムの嵐と国民国家の体系」『立命館国際地域研究』15号、2000年3月
グローバリゼーションの過程をインターナショナル、マルチナショナル、トランスナショナル、スーパーナショナルの諸段階に分け、かつグローバリゼーション、グローバリティ、グローバリズムのそれぞれの概念規定を説明している。
3）Gilpin, Robert, *The Challenge of Global Capitalism: The World Economy in the 21st Century,* Princeton University Press, 2000
ポスト冷戦期におけるアメリカの単極支配のメカニズムとその脆弱生や不安定性を経済安全保障の概念を中心に据えて論じている。

執筆者紹介
〔執筆順〕

関下(朝日)稔　立命館大学国際関係学部教授（国際経済）
1942年生、京都大学大学院経済学研究科、経済学博士（京都大学）
『現代世界経済論』有斐閣、『日米貿易摩擦と食糧問題』同文舘

松下　冽　立命館大学国際関係学部教授（途上国政治論）
1947年生、明治大学大学院政治経済学研究科
『アジアの人びとを知る本』（第4巻：支配する人びと）（編著）大月書店、『現代ラテンアメリカの政治と社会』日本経済評論社

中逵　啓示　立命館大学国際関係学部教授（米国政治史、国際関係論）
1953年生、シカゴ大学大学院歴史学部、歴史学博士（シカゴ大学）
『地域社会と国際化―そのイメージと現実』（編著）中国新聞社、『冷戦後の世界と米中関係』財団法人平和文化センター

本名　純　立命館大学国際関係学部専任講師（政治学）
1967年生、オーストラリア国立大学アジア・太平洋研究所大学院、政治学博士（オーストラリア国立大学）
『インドネシア・ワヒド政権の誕生と課題』（共著）アジア経済研究所、"Military Ideology in Response to Democratic Pressure," *Indonesia*, Vol.67

永田　秀樹　立命館国際関係学部教授（憲法）
1950年生、京都大学大学院法学研究科
『新憲法教室』（共著）法律文化社、「ヨーロッパの憲法裁判所と日本の憲法裁判所構想」『法律時報』70巻1号

中川　涼司　立命館大学国際関係学部教授（開発経済）
1960年生、大阪市立大学大学院経営学研究科
『国際経営戦略―日中電子企業のグローバルベース化』ミネルヴァ書房、『中国のコンピュータ産業』（共著）晃洋書房

高橋　伸彰　立命館大学国際関係学部教授（日本経済論）
1953年生、早稲田大学政治経済学部
『日本経済と設備投資』（共著）東洋経済新報社、『数字に問う日本の豊かさ』中央公論社

丸岡(河村)律子　立命館大学国際関係学部助教授（食料社会学、広用社会統計学）
1957年生、京都大学大学院農学研究科
『フィールドワークの新技法』（共著）日本評論社、『地球環境50の仮説』（共著）東海大学出版会

中本真生子　立命館大学国際関係学部専任講師（比較文化）
1968年生、奈良女子大学大学院人間文化研究科
「アルザスと国民国家」『思想』887号、『世紀転換期の国際秩序と国民文化の形成』（共著）柏書房

大空　博　立命館大学国際関係学部教授（ジャーナリズム論）
1937年生、京都大学文学部フランス語フランス文学科
『特派員の眼』新潮社、『フランスの新しい風』中央公論社、『フランス生活情景』有斐閣

原　毅彦　立命館大学国際関係学部教授（文化人類学）
1953年生、東京都立大学大学院社会科学研究科
『ラテン・アメリカからの問いかけ』（共編）人文書院、『ろう文化』（共著）青工社、『都市民族へのいざない』（共著）雄山閣

執筆者分担一覧（＊印　編集委員）

＊関下(朝日)稔	（せきした　みのる）	編集代表、終章
松下　洌	（まつした　きよし）	第1章
中逵　啓示	（なかつじ　けいじ）	第2章
本名　純	（ほんな　じゅん）	第3章
＊永田　秀樹	（ながた　ひでき）	第4章
＊中川　涼司	（なかがわ　りょうじ）	第5章
高橋　伸彰	（たかはし　のぶあき）	第6章
丸岡(河村)律子	（まるおか　りつこ）	第7章
中本真生子	（なかもと　まおこ）	第8章
大空　博	（おおぞら　ひろし）	第9章
原　毅彦	（はら　たけひこ）	第10章

Analyse Critique des Relations Internationales

クリティーク国際関係学　　　　　　　本体価格はカバーに表示してあります。

2001年4月10日　　初　版第1刷発行　　　　　　　〔検印省略〕
2003年4月15日　　初　版第2刷発行
2004年9月20日　　初　版第3刷発行

編集代表ⓒ関下　稔／発行者　下田勝司　　　印刷・製本／中央精版印刷

東京都文京区向丘1-20-6　　振替00110-6-37828　　　　　発　行　所
〒113-0023　TEL(03)3818-5521　FAX(03)3818-5514　㈱東信堂
Published by TOSHINDO PUBLISHING CO., LTD.
1-20-6, Mukougaoka, Bunkyo-ku, Tokyo, 113-0023, Japan
E-mail : tk203444@fsinet.or.jp
ⓒ Minoru Sekishita　2003 Printed in Japan

ISBN4-88713-394-4　C3030

東信堂

東京裁判から戦後責任の思想へ〔第四版〕	大沼保昭	三二〇〇円
〔新版〕単一民族社会の神話を超えて	大沼保昭	三六八九円
なぐられる女たち——世界女性人権白書	米国国務省 有澤・小寺訳 鈴木・米田訳	二八〇〇円
地球のうえの女性——男女平等のススメ	小寺初世子	一九〇〇円
国際人権法入門	小寺初世子	二八〇〇円
摩擦から協調へ——ウルグアイラウンド後の日米関係	中川淳司訳	三四〇〇円
入門 比較政治学	大木啓介訳	二九〇〇円
国家・コーポラティズム・社会運動——制度と集合行動の比較政治学	T.ショーエンゲム H.J.ウィアルダ編著	五四〇〇円
ポスト冷戦のアメリカ政治外交——残された「超大国」のゆくえ	桐谷 仁	四二〇〇円
巨大国家権力の分散と統合——現代アメリカの政治制度	阿南東也	四二〇〇円
ポスト社会主義の中国政治——構造と変容	三好陽編	三八〇〇円
プロブレマティーク国際関係	小林弘二	三八〇〇円
クリティーク国際関係学	関下稔他編	三〇〇〇円
刑事法の法社会学——マルクス、ヴェーバー、デュルケム	中永開秀司編	四二〇〇円
軍縮問題入門〔第二版〕	松本・宮澤・ヴァラリティ 上井訳 川村訳	四四六〇円
PKO法理論序説	黒沢満編	三二〇〇円
時代を動かす政治のことば——尾崎行雄から小泉純一郎まで	柾山亮司	三八〇〇円
世界の政治改革——激動する政治とその対応	読売新聞政治部編	一八〇〇円
比較政治学とデモクラシーの限界	藤本一美編	四六六〇円
村山政権とデモクラシーの危機	岡野加穂留編	四二〇〇円
〔現代臨床政治学叢書・岡野加穂留監修〕	藤本一美編 岡野加穂留編 岡野加穂留編 伊藤重行編	四二〇〇円 四三〇〇円 三八〇〇円
政治思想とデモクラシーの検証		
〔シリーズ〈制度のメカニズム〉〕		
アメリカ連邦最高裁判所	大越康夫	一八〇〇円
衆 議 院——そのシステムとメカニズム	向大野新治	一八〇〇円

〒113-0023 東京都文京区向丘1-20-6　☎03(3818)5521　FAX 03(3818)5514　振替 00110-6-37828
E-mail:tk203444@fsinet.or.jp

※税別価格で表示してあります。

━━━東信堂━━━

国際法新構〔上〕	田畑茂二郎	二九〇〇円
国際法新講〔下〕	田畑茂二郎	二七〇〇円
ベーシック条約集〔第4版〕	編集代表 山手治之・香西茂　編集 松井芳郎之	二四〇〇円
国際経済条約・法令集〔第2版〕	編集代表 小原喜雄・小室程夫　編集 山手治之	三九〇〇円
国際機構条約・資料集〔第2版〕	編集代表 香西茂　編集 安藤仁介	三二〇〇円
資料で読み解く国際法〔第2版〕〔上〕	編著 大沼保昭	二八〇〇円
資料で読み解く国際法〔第2版〕〔下〕	編著 大沼保昭	二〇〇〇円
国際立法──国際法の法源論	村瀬信也	六八〇〇円
判例国際法	編集代表 松井芳郎　編 坂元茂樹・田中則夫・薬師寺公夫・松田竹男	三五〇〇円
プラクティス国際法	松井芳郎	一九〇〇円
国際法から世界を見る──市民のための国際法入門	松井芳郎	二八〇〇円
テロ、戦争、自衛──米国等のアフガニスタン攻撃を考える	松井芳郎	八〇〇円
〔21世紀国際社会における人権と平和〕〔上・下巻〕		
国際社会の法構造──その歴史と現状	編集代表 山手治之・香西茂　編集 坂元茂樹・薬師寺公夫	五七〇〇円
現代国際法における人権と平和の保障	編集代表 山手治之・香西茂　編集 松田竹男・田中則夫・薬師寺公夫・坂元茂樹	六三〇〇円
国際人道法の再確認と発展	編 藤田久一・浅田正彦	四八〇〇円
人権法と人道法の新世紀		六二〇〇円
海上武力紛争法サンレモ・マニュアル解説書	人道法国際研究所　竹本正幸監訳	四八〇〇円
〔現代国際法叢書〕		
領土帰属の国際法	太壽堂鼎	四五〇〇円
国際法における承認──その法的機能及び効果の再検討	王志安	五二〇〇円
国際社会と法	高野雄一	四三〇〇円
集団安保と自衛権	高野雄一	四八〇〇円
国際「合意」論序説──法的拘束力を有しない国際「合意」について	中村耕一郎	三〇〇〇円
国際人権条約・宣言集〔第3版〕	松井・薬師寺・坂元・小畑編	改訂中・近刊

〒113-0023 東京都文京区向丘1-20-6　☎03-3818-5521　FAX 03(3818)5514　振替 00110-6-37828
E-mail: tk203444@fsinet.or.jp

※税別価格で表示してあります。

東信堂

[現代社会学叢書]

書名	サブタイトル	著者	価格
開発と地域変動	―開発と内発的発展の相克―	北島　滋	三二〇〇円
新潟水俣病問題	―加害と被害の社会学	飯島伸子編著／舩橋晴俊	三八〇〇円
在日華僑のアイデンティティの変容	―華僑の多元的共生	過　放	四四〇〇円
健康保険と医師会	―社会保険創始期における医師と医療	北原龍二	三八〇〇円
事例分析への挑戦	―個人・現象への事例媒介的アプローチの試み	水野節夫	四六〇〇円
海外帰国子女のアイデンティティ	―生活経験と通文化的人間形成	南　保輔	三八〇〇円
有賀喜左衛門研究	―社会学の思想・理論・方法	北川隆吉編	三六〇〇円
現代大都市社会論	―分極化する都市？	園部雅久	三三〇〇円
インナーシティのコミュニティ形成	―神戸市真野住民のまちづくり	今野裕昭	五四〇〇円
ブラジル日系新宗教の展開	―異文化布教の課題と実践	渡辺雅子	八二〇〇円
イスラエルの政治文化とシチズンシップ		奥山真知	三八〇〇円
正統性の喪失	―アメリカの街頭犯罪と社会制度の喪失	G・ラフリー／宝月誠監訳	三六〇〇円
福祉政策の理論と実際	―福祉社会学研究入門	平岡公一卓編	三〇〇〇円
福祉国家の社会学	―21世紀における可能性を探る［シリーズ社会政策研究1］	三重野卓編	三〇〇〇円
福祉国家の変貌	―グローバル化と分権化のなかで［シリーズ社会政策研究2］	小笠原浩一／武川正吾編	三〇〇〇円
新潟水俣病問題の受容と克服		堀田恭子著	四八〇〇円
新潟水俣病をめぐる制度・表象・地域		関　礼子	五六〇〇円
イギリスにおける住居管理	―オクタヴィア・ヒルからサッチャーへ	中島明子	七四五三円
ホームレス ウーマン	―知ってますか、わたしたちのこと	E・リーボウ／吉川徹・轟里香訳	三三〇〇円
タリーズ コーナー	―黒人下層階級のエスノグラフィ	E・リーボウ／吉川徹監訳	二三〇〇円

〒113-0023　東京都文京区向丘1-20-6
☎03(3818)5521　FAX 03(3818)5514　振替 00110-6-37828
E-mail: tk203444@fsinet.or.jp

※税別価格で表示してあります。

― 東信堂 ―

〔シリーズ 世界の社会学・日本の社会学 全50巻〕

タルコット・パーソンズ	―最後の近代主義者	中野秀一郎	一八〇〇円
ゲオルク・ジンメル	―現代分化社会における個人と社会	居安 正	一八〇〇円
ジョージ・H・ミード	―社会的自我論の展開	船津 衛	一八〇〇円
アラン・トゥーレーヌ	―現代社会のゆくえと新しい社会運動	杉山光信	一八〇〇円
アルフレッド・シュッツ	―主観的時間と社会的空間	森 元孝	一八〇〇円
エミール・デュルケム	―社会の道徳的再建と社会学的	中島道男	一八〇〇円
レイモン・アロン	―危機の時代の透徹した警世思想家	岩城完之	一八〇〇円
奥井復太郎	―都市社会学と生活論の創始者	藤田弘夫	一八〇〇円
新 明正道	―綜合社会学の探究	山本鎭雄	一八〇〇円
米田庄太郎	―新総合社会学の先駆者	中 久郎	一八〇〇円
高田保馬	―理論と政策の無媒介的合一	北島 滋	一八〇〇円

白神山地と青秋林道	―地域開発と環境保全の社会学	井上孝夫	三三〇〇円
現代環境問題論	―理論と方法の再定置のために	井上孝夫	二三〇〇円
日本の環境保護運動		長谷敏夫	二五〇〇円
現代日本の階級構造	―理論・方法・計量分析	橋本健二	四三〇〇円
BBCイギリス放送協会〔第二版〕	―パブリック・サービス放送の伝統	簑葉信弘	二五〇〇円

〔研究誌・学会誌〕

日本労働社会学会年報 4～13	日本労働社会学会編	各一八〇〇円
労働社会学研究 1～3	日本労働社会学会編	三九〇三円
社会政策研究 1～3	社会政策研究「編集委員会」編	三三〇〇円
社会と情報 1～4	「社会と情報」編集委員会編	一八六〇円～
東京研究 3～5	東京問題研究所編	三三八〇円～

〒113-0023 東京都文京区向丘1―20―6 ☎03(3818)5521 FAX 03(3818)5514 振替 00110-6-37828
E-mail:tk203444@fsinet.or.jp

※税別価格で表示してあります。

===== 東信堂 =====

大学の自己変革とオートノミー——点検から創造へ	寺﨑昌男	二五〇〇円
大学教育の創造——歴史・システム・カリキュラム	寺﨑昌男	二五〇〇円
大学教育の可能性——教養教育・評価・実践	寺﨑昌男	二五〇〇円
〔シリーズ〕教養教育改革ドキュメント・監修寺﨑昌男・絹川正吉 立教大学へ〈全カリ〉のすべて——リベラル・アーツの再構築	全カリの記録編集委員会編	二二〇〇円
ICUへリベラル・アーツのすべて	絹川正吉編著	二三八一円
新版・大学評価とはなにか——自己点検・評価と基準認定	宇佐美寛	二五〇〇円
大学評価の理論と実際——自己点検・評価ハンドブック	宇佐美寛編著	一九〇〇円
アメリカの大学基準成立史研究——「アクレディテーション」の原点と展開	バートン・R・クラーク編 潮木守一監訳	五六〇〇円
大学力を創る：FDハンドブック	寺﨑・別府・中野編	五〇〇〇円
私立大学の財務と進学者	横尾壮英	三二〇〇円
私立大学の経営と教育	喜多村和之	一九四二円
短大ファーストステージ論——飛躍する世界の短期高等教育と日本の課題	H・R・ケルズ 喜多村・舘・坂本訳	三三〇〇円
短大からコミュニティ・カレッジへ	前田早苗	三八〇〇円
夜間大学院——社会人の自己再構築	大学セミナー・ハウス編	二三八一円
現代アメリカ高等教育論	丸山文裕	三五〇〇円
私立大学の経営と教育	丸山文裕	三六〇〇円
アメリカの女性大学：危機の構造	舘高鳥正昭夫編	二〇〇〇円
アメリカ大学史とジェンダー	舘昭編	二五〇〇円
アメリカ教育史の中の女性たち——ジェンダー、高等教育、フェミニズム	新堀通也編著	三二〇〇円
	喜多村和之	三六八九円
	坂本辰朗	二四〇〇円
	坂本辰朗	五四〇〇円
	坂本辰朗	三八〇〇円

〒113-0023 東京都文京区向丘1-20-6
☎03(3818)5521　FAX 03(3818)5514　振替 00110-6-37828
E-mail:tk203444@fsinet.or.jp

※税別価格で表示してあります。

IUCN	International Union for Conservation of Nature and Natural Resources	国際自然保護連合
IWC	International Whaling Commission	国際捕鯨委員会
JET	Japan Exchange and Teaching	JET（日本の中・高校生の外国語教育の一環として、外国の青年を日本に招く事業）
JETRO	Japan External Trade Research Organization	日本貿易振興会（ジェトロ）
JICA	Japan International Cooperation Agency	国際協力事業団
KEDO	Korean Peninsula Energy Development Organization	朝鮮半島エネルギー開発機構
LDC	Least Developed Countries	後発開発途上国
MERCOSUR	Mercado Comun del Sur	南米共同市場（メルコスール）
MFN	Most-Favored-Nation Treatment	最恵国待遇
MIGA	Multilateral Investment Guarantee Agency	多数国間投資保証機関
MTCR	Missile Technology Control Regime	ミサイル関連技術輸出規制
MTN	Multilateral Trade Negotiations	東京ラウンド諸協定
NACC	North Atlantic Cooperation Council	北大西洋協力理事会
NAFTA	North American Free Trade Agreement	北米自由貿易協定
NAM	Non-Allied Movement	非同盟運動
NATO	North Atlantic Treaty Organization	北大西洋条約機構
NGO	Non-Governmental Organization	非政府組織
NMD	National Missile Defense	（米国の）国家ミサイル防衛
NIEs	Newly Industrializing Economies	新興工業経済群
NIS	New Independent States	旧ソ連新独立国家
NPO	Non-Profit Organization	非営利組織
NPT	Nuclear Non-Proliferation Treaty	核不拡散条約
NSG	Nuclear Suppliers Group	原子力供給国グループ
OAS	Organization of American States	米州機構
OAU	Organization of African Unity	アフリカ統一機構
ODA	Official Development Assistance	政府開発援助
OECD	Organization for Economic Cooperation and Development	経済協力開発機構
OEM	Original Equipment Manufacturing	相手先ブランドによる製品供給
OPCW	Organization for Prohibition of Chemical Weapons	化学兵器禁止機関
OPEC	Organization of Petroleum Exporting Countries	石油輸出国機構
OSCE	Organization for Security and Cooperation in Europe	欧州安全保障・協力機関
PECC	Pacific Economic Cooperation Council	太平洋経済協力会議
PFP	Partnership for Peace	「平和のためのパートナーシップ」
PKF	Peace Keeping Force	国連平和維持軍
PKO	Peace Keeping Operation	国連平和維持活動
PLO	Palestine Liberation Organization	パレスチナ解放機構
PPP	Polluter Pays Principle	汚染者負担原則
SAARC	South Asian Association for Regional Cooperation	南アジア地域協力連合
SALT	Strategic Arms Limitation Talks	戦略兵器制限交渉
SII	Structural Impediments Initiative	日米構造問題協議
SDI	Strategic Defense Initiative	戦略防衛構想
SPF	South Pacific Forum	南太平洋フォーラム